CZUJĄC

ROZMOWY O EMOCJACH

AGNIESZKA JUCEWICZ

CZUJĄC

ROZMOWY
O EMOCJACH

ILUSTROWAŁ AROBAL

SPIS TREŚCI

WSTĘP — 7

MOI ROZMÓWCY — 11

WDZIĘCZNOŚĆ
SZTUKA PRZYJMOWANIA PREZENTÓW. Rozmowa z Danutą Golec — 19

MIŁOŚĆ
ILU OSOBOM POWIEDZIAŁEŚ, ŻE JE KOCHASZ? I GDZIE ONE SĄ TERAZ W TWOIM ŻYCIU?
Rozmowa z Bartłomiejem Dobroczyńskim — 37

ZAZDROŚĆ I ZAWIŚĆ
JAK UGASIĆ TEN PŁOMIEŃ? Rozmowa z Danutą Golec — 55

KRZYWDA I WINA
JAK WYJŚĆ Z DZIUPLI? Rozmowa z Bogdanem de Barbaro — 73

LĘK
JAK OSWOIĆ SMOKA? Rozmowa z Bogdanem de Barbaro — 91

ZŁOŚĆ
JAK WYDŁUŻYĆ SWÓJ LONT? Rozmowa z Danutą Golec — 111

RADOŚĆ
TYSIĄC SPOSOBÓW PICIA SZAMPANA. Rozmowa z Bartłomiejem Dobroczyńskim — 129

POKORA
JAK PRZESTAĆ BYĆ PĘPKIEM ŚWIATA? Rozmowa z Bogdanem de Barbaro — 149

STRATA
JAK NIE UTKNĄĆ W ŻAŁOBIE? Rozmowa z Ewą Chalimoniuk 167

WSPÓŁCZUCIE
WYOBRAŹNIA SERCA. Rozmowa z Bogdanem de Barbaro 185

WSTYD
SCHOWANI W SOBIE. Rozmowa z Anną Król-Kuczkowską 203

NUDA
JESTEŚ MNICHEM CZY KARDASHIANKĄ? Rozmowa z Bartłomiejem Dobroczyńskim 217

EUFORIA
PIERWSZY KĘS EKLERKI. Rozmowa z Cezarym Żechowskim 235

NAMIĘTNOŚĆ
GDY TRAFIA CIĘ NAGLE PIORUN SYCYLIJSKI. Rozmowa z Andrzejem Depko 255

BLISKOŚĆ
W DWÓCH GŁOWACH, W DWÓCH SERCACH. Rozmowa z Zofią Milską-Wrzosińską 271

PRZYJEMNOŚĆ
ZMYSŁY TO ZA MAŁO. Rozmowa z Paulem Bloomem 291

SMUTEK
PIĘKNA UTRATA ZŁUDZEŃ. Rozmowa z Bartłomiejem Dobroczyńskim 309

WSTĘP

„Chciałabym nie czuć nic" – powiedziała mi ostatnio znajoma, której zawaliło się życie, i choć dobrze ją rozumiem, to zastanawiam się, jak by wyglądał świat, gdybyśmy nie czuli nic. Kim byśmy byli? Jakie relacje tworzyli? Jak wychowywali dzieci? Bez miłości, zachwytu, radości, współczucia, ale również bez złości, smutku, zazdrości, poczucia winy i krzywdy?

Kłopotliwe są te uczucia. Bywają nieprzyjemne, bolesne, wstydliwe, czasem sprawiają, że życie wymyka się spod kontroli. Ale bez nich nie byłoby także tych wszystkich magicznych chwil bliskości, euforii, momentów, których nie da się „objąć rozumem".

Często robimy z nimi różne dziwne rzeczy: wypieramy, chowamy głęboko albo wciskamy komuś innemu, najczęściej bliskiej osobie: „Wściekła, ja? Popatrz na siebie!", „Ja zawistny? Kompletnie mi to obce!", „To ja mam kłopot z bliskością? Chyba żartujesz" itd. Od wielu uczuć uciekamy, bo nie nauczyliśmy się, jak się z nimi obchodzić. Wydają się tak nie do wytrzymania, że wolimy je zapić, zakrzyczeć, coś na nie wziąć…

Tego, które uczucia są „ładne", a które „brzydkie", które są „dobre", a które „złe", uczymy się najczęściej w domu, ale potem też dorastając, spotykając różnych ludzi, konfrontując się z określonym środowiskiem, kulturą. Dowiadujemy się również, jakie uczucia nam się opłaca okazywać, które zjednają nam ludzi albo coś pomogą załatwić. Tak, uczucia można też próbować udawać albo sztucznie w sobie wzbudzać, ale...

Tak naprawdę największy kłopot z uczuciami polega na tym, że nie da się ich przechytrzyć. Nie da się oszukać smutku, rozpaczy. Udawać, że nie istnieją. Nie da się upchnąć gdzieś złości ani poczucia straty. One zawsze wracają. Nie da się zafałszować radości, euforii ani podziwu. Uczucia po prostu są. A do tego są mądre. Mówią nam wiele o nas samych, o innych ludziach, o tym, w czym żyjemy. Jak drogowskazy pokazują nam, czego nam potrzeba, co nas uwiera, gdzie daliśmy z siebie być może za dużo, a gdzie oczekiwaliśmy więcej. Jedne przychodzą na chwilę, inne zostają dłużej. Do jednych szczególnie nam blisko, inne ledwo znamy. Pytanie, co z nimi zrobimy dalej. Czy oddamy im władzę nad sobą? Czy spróbujemy je raczej zrozumieć?

Współczesny świat niespecjalnie zachęca do refleksji, nie tylko nad uczuciami. Polityka, media społecznościowe, media w ogóle oczekują od nas błyskawicznej, najczęściej właśnie emocjonalnej reakcji. Naszymi emocjami się pogrywa, manipuluje: strachem, nienawiścią, ale też współczuciem, zachwytem. Zanim zdążymy się obejrzeć, już jesteśmy w środku tej gry, cali rozemocjonowani. Z jednej strony o uczuciach mówi się praktycznie bez przerwy, z drugiej strony, mam wrażenie, coraz mniej o nich wiemy, coraz gorzej je rozumiemy. I z tego mojego „wrażenia" wziął się pomysł najpierw na cykl rozmów pt. „Szkoła uczuć" w „Wysokich Obcasach", a potem na tę książkę.

Razem z moimi rozmówcami – prof. Bogdanem de Barbaro, Paulem Bloomem, Ewą Chalimoniuk, Andrzejem Depko, Bartłomiejem Dobroczyńskim, Danutą Golec, Anną Król-Kuczkowską, Zofią Milską-Wrzosińską i Cezarym Żechowskim – przyglądamy się siedemnastu uczuciom i stanom: wdzięczności, miłości, zazdrości i zawiści, poczuciu krzywdy i winy, lękowi, złości, radości, pokorze, poczuciu straty, współczuciu, wstydowi, nudzie, euforii, namiętności, poczuciu bliskości, przyjemności i smutkowi. Każdy z moich rozmówców trochę inaczej patrzy na człowieka i na krajobraz emocjonalny, który go otacza. Niektórzy z nich są psychoterapeutami, inni psychologami, psychiatrami, jeden – seksuologiem, co zabarwia ich spojrzenie i sprawia, że te rozmowy są tak różne, tak zaskakujące.

Jednak przewija się przez nie jak refren jeden ważny wątek: warto mieć taką przestrzeń w głowie, w której można myśleć o tym, co się czuje. Danuta Golec nazywa ją raz „pokojem", a raz „pomieszczeniem" i mówi o nim tak: „Ono jest bardzo potrzebne. Nie wymaże tego, co się czuje, ale złagodzi dolegliwości, które się z danym uczuciem wiążą. (…) To »pomieszczenie« pozwala też sobie wyobrazić, co jest w głowie drugiego człowieka, co on może czuć". I dodaje: „Dzięki myśleniu o uczuciach otwierają się różne rzeczy. Rzeczywistość się poszerza i zaczyna się ją rozumieć w bardziej złożony sposób: można coś dać innym, można coś od innych wziąć, czymś się podzielić. Łatwiej jest znaleźć rozwiązanie swojego problemu".

Bardzo chciałabym, żeby ta książka była dla Państwa korytarzem prowadzącym do tego „pokoju", jeśli trudno jest go Państwu w sobie odnaleźć. A jeśli wiedzą już Państwo, gdzie on jest, to żeby była taką lampką, która pozwoli go nieco lepiej oświetlić.

Oddając tę książkę do druku, zdałam sobie sprawę, o jak wielu uczuciach jeszcze nie rozmawiałam o: nadziei, rozczarowaniu, bezradności, tęsknocie. Kto wie, może powstanie „Czując 2" i będę miała szansę to naprawić.

Co do moich własnych uczuć, to obok aż zbyt dobrze znanego mi lęku mam w sobie teraz mnóstwo wdzięczności, przede wszystkim dla moich rozmówców. Bez ich wiedzy, mądrości, czasu, który mi poświęcili, cierpliwości i wyrozumiałości te rozmowy nigdy by nie powstały. Dziękuję!

Dziękuję również Arobalowi, ilustratorowi, który towarzyszył mi dzielnie w tej podróży przez uczucia, mimo że chwilami na pewno nie było mu łatwo. Jego rysunki nadają tym rozmowom jeszcze jeden wymiar.

Przede wszystkim jednak dziękuję Tomkowi, Tosi i Frankowi, którzy o uczuciach nauczyli mnie (i nadal uczą) najwięcej.

Państwu życzę, żebyście, jak to ujął jeden ze znajomych redaktorów, „dogadali się ze swoimi uczuciami". Bo potrzebujemy ich wszystkich, chociaż może nie wszystkie są urodziwe, „fajne" i sympatyczne. Przynajmniej na pierwszy rzut oka.

Agnieszka Jucewicz

MOI ROZMÓWCY

Bogdan de Barbaro – profesor dr hab. n. med., psychiatra, psychoterapeuta. Kierownik Katedry Psychiatrii Uniwersytetu Jagiellońskiego, Collegium Medicum. Superwizor psychoterapii Polskiego Towarzystwa Psychiatrycznego. Członek Editorial Advisory Board pisma „Psychiatry. Interpersonal and Biological Processes", Rady Programowej pisma „Psychoterapia", Rady Naukowej pisma „Medycyna Praktyczna. Psychiatria". Autor i współautor publikacji z zakresu psychoterapii, terapii schizofrenii, terapii rodzin.

Paul Bloom – profesor psychologii na Uniwersytecie Yale, autor i redaktor książek, m.in. „To tylko dzieci. Narodziny dobra i zła" (Smak Słowa, 2015), „Przyjemność. Dlaczego lubimy to, co lubimy?" (Smak Słowa, 2018) oraz „Przeciw empatii. Argumenty za racjonalnym współczuciem" (Charaktery, 2017). Wielokrotnie nagradzany za działalność badawczą i dydaktyczną. Publikuje artykuły naukowe i popularnonaukowe, m.in. na łamach „The New York Times Magazine", „Nature", „The New Yorker", „The Atlantic", „Science", „Slate", „The Best American Science Writing".

Ewa Chalimoniuk – certyfikowana psychoterapeutka Polskiego Towarzystwa Psychologicznego, związana z Laboratorium Psychoedukacji w Warszawie.
Prowadzi terapię indywidualną i grupową. Specjalizuje się w pracy z osobami po stracie i z doświadczeniem traumy. Dzieli się również swoim doświadczeniem i wiedzą, prowadząc wykłady, warsztaty i seminaria z obszarów straty, więzi rodzinnych, mitów i skryptów rodzinnych oraz roli rodzeństwa. Stworzyła autorską grupę terapeutyczną „Gdy przeszłość nie daje żyć". Zaangażowana w działalność Polskiego Stowarzyszenia Integracji Psychoterapii.

Andrzej Depko – dr n. med., neurolog, specjalista seksuolog. Pełni funkcję kierownika studiów podyplomowych „Seksuologia kliniczna", prowadzonych w Centrum Kształcenia Podyplomowego Warszawskiego Uniwersytetu Medycznego. Wykłada na Uniwersytecie Humanistycznospołecznym SWPS. Od roku 2012 sprawuje obowiązki prezesa Polskiego Towarzystwa Medycyny Seksualnej. Jest certyfikowanym seksuologiem sądowym oraz superwizorem psychoterapii zaburzeń seksualnych Polskiego Towarzystwa Seksuologicznego. Należy do Europejskiego Towarzystwa Medycyny Seksualnej oraz do Światowego Towarzystwa Medycyny Seksualnej. Specjalizuje się w leczeniu zaburzeń seksualnych kobiet i mężczyzn oraz zajmuje się opiniowaniem sądowo-seksuologicznym.

Bartłomiej Dobroczyński – psycholog, dr hab., profesor nadzwyczajny w Instytucie Psychologii UJ. Członek Kolegium Interdyscyplinarnego Centrum Etyki Wydziału Filozoficznego UJ oraz zespołu miesięcznika „Znak". Zajmuje się historią psychologii, psychopatologii i psychoanalizy, irracjonalizmem, a także sztuką i alternatywnymi ruchami kulturowymi. Autor m.in.: „New Age. Il pensiero di una 'nuova era'" (1997), „Idea nieświadomości w polskiej myśli psychologicznej przed Freudem" (2005), „Kłopoty z duchowością. Szkice z pogranicza psychologii" (2009). Współautor książek: „Historia polskiej myśli psychologicznej" (2009, z Teresą Rzepą), „Od Jekelsa do Witkacego. Psychoanaliza na ziemiach polskich pod zaborami 1900-1918. Wybór tekstów" (2016, z Pawłem Dyblem), „Czyje jest nasze życie?" (2017, z Olgą Drendą) oraz „Niezabliźniona rana Narcyza. Dyptyk o nieświadomości i początkach polskiej psychoanalizy" (2018, z Mirą Marcinów).

Danuta Golec – psycholog, psychoterapeutka psychoanalityczna. W latach 2006-2010, przez dwie kadencje, pełniła funkcję prezesa Polskiego Towarzystwa Psychoterapii Psychoanalitycznej. Od 30 lat pracuje klinicznie z pacjentami, zajmuje się także działalnością tłumaczeniową i wydawniczą. W roku 2008 założyła Oficynę Ingenium, wydawnictwo specjalizujące się w literaturze psychoanalitycznej.

Anna Król-Kuczkowska – psycholog, psychoterapeutka, członkini Polskiego Towarzystwa Psychologicznego, Naukowego Towarzystwa Psychoterapii Psychodynamicznej i Amerykańskiego Towarzystwa Psychologicznego. Szefowa Pracowni Psychoterapii HUMANI w Poznaniu. Wykłada w ramach Studium Psychoterapii przy Laboratorium Psychoedukacji w Warszawie.

Zofia Milska-Wrzosińska – psycholog, psychoterapeutka. Absolwentka Wydziału Psychologii Uniwersytetu Warszawskiego. Posiada certyfikat psychoterapeuty oraz superwizora psychoterapii Polskiego Towarzystwa Psychologicznego, a także certyfikat psychoterapeuty Europejskiego Stowarzyszenia Psychoterapii (EAP) oraz Europejskiego Stowarzyszenia Psychoterapii Integracyjnej (EAIP). Jest współzałożycielką Laboratorium Psychoedukacji i pracuje w nim od jego powstania w 1978 roku. Uprawia psychoterapię o orientacji psychodynamicznej. Prowadzi psychoterapię par i indywidualną. Zajmuje się również superwizją i szkoleniem psychoterapeutów.

Cezary Żechowski – dr med., psychiatra dzieci i młodzieży, psychoterapeuta psychoanalityczny. Kieruje Katedrą Psychologii Klinicznej Instytutu Psychologii na Wydziale Filozofii Chrześcijańskiej Uniwersytetu Kardynała Stefana Wyszyńskiego. W pracy badawczej interesuje się m.in. teorią przywiązania, związkiem neuronauki i psychoterapii, procesami refleksyjnymi, systemami emocjonalnymi, zaburzeniami odżywiania się oraz zaburzeniami osobowości.

Wdzięczność jest uczuciem, które czasem osłabia. Dojrzały emocjonalnie człowiek sobie z tym radzi, z tym że bilans w relacjach nie zawsze wychodzi na zero, że można być dłużnym.

Umiejętność przyjmowania czyni nas pełniejszymi ludźmi. Jeśli nie mamy w sobie wdzięczności, to wydaje się nam, że niczego nie warto od innych brać.

Jeśli kogoś zachwyca każdy kwiatek, każdy kubek herbaty, promień słońca, każdy spotkany człowiek, każdy gest – to czuć od razu, że to jest sztuczne.

SZTUKA PRZYJMOWANIA PREZENTÓW

Rozmowa z **Danutą Golec**

Wdzięczność to forma miłości, twierdzi pani. Barbara Ehrenreich, znana amerykańska dziennikarka i krytyczka społeczna, dodałaby, że owszem, ale miłości własnej. Jej zdaniem dzisiaj wdzięczność często postrzegana jest jako coś, co można „wytrenować" i co warto „praktykować" w formie różnych rytuałów, na przykład prowadzenia dzienniczków wdzięczności.

I czemu by to miało niby służyć?

Lepszemu samopoczuciu. Tak twierdzą między innymi przedstawiciele psychologii pozytywnej, którzy zajmują się tą tematyką od lat. O dobroczynnym wpływie tych praktyk na układ odpornościowy i sen już nie wspomnę. W tym ujęciu wdzięczność to klucz do szczęścia.

To ja bym chyba mogła przybić piątkę z panią Barbarą, bo moje doświadczenie, zarówno zawodowe, jak i życiowe, pokazuje, że prawdziwej wdzięczności nie da się wyćwiczyć na jakiejś siłowni emocjonalnej, narzucić jej sobie czy odegrać. Wdzięczność to głębokie, złożone uczucie, które potrafi człowiekiem wstrząsnąć i go zmienić, ale – podobnie jak wiele innych uczuć – pojawia się naturalnie, jest konsekwencją prawdziwej dojrzałości emocjonalnej.

Co to znaczy?

Jeden z moich nauczycieli powiedział kiedyś, że w wyniku rozwoju mamy się stawać nie tyle lepszymi ludźmi, ile ludźmi bardziej prawdziwymi. Człowiek emocjonalnie dojrzały dopuszcza do siebie całą gamę uczuć: radość, zachwyt, ale też przeżycia trudniejsze: złość, urazę – potrafi je od siebie odróżnić, wytrzymać, nie wszystko musi od razu wyrażać. I w tym naturalnym procesie rozwoju w pewnym momencie pojawia się także miejsce na wdzięczność. Nie da się powiedzieć: „Dobra, to ja sobie teraz wybieram wdzięczność i będę ją »praktykować«, a te nieprzyjemne uczucia przerzucę na przykład do ogródka partnera. A właściwie to co on taki ciągle wściekły/przygnębiony/rozżalony chodzi?". To znaczy da się tak powiedzieć i tak zrobić, ale to zapowiedź kłopotów – zarówno wewnętrznych, jak i w kontaktach z innymi.

Powtarzam tę myśl wielokrotnie, ale to jest naprawdę ważne: prawdziwa wdzięczność pojawia się w „pakiecie". Trudno też wyobrazić sobie miłość bez zdolności przeżywania wdzięczności, bo w dojrzałej miłości ciągle coś dajemy i dostajemy.

Dojrzałość emocjonalną można zdefiniować jeszcze inaczej: to efekt przepracowania najważniejszych faktów życiowych, ułożenia się z nimi – z tym, że nie jesteśmy samowystarczalni i wszechmocni, nie możemy też zatrzymać upływu czasu. Jak te trudne i bolesne lekcje odrobimy, to w świecie wewnętrznym znajdzie się przestrzeń na przeżywanie wdzięczności.

Dzieci też potrafią ją wyrażać, choć daleko im do dojrzałości. Czy ich wdzięczność jest jakaś inna?

Oczywiście, one też ćwiczą się w dawaniu i okazywaniu wdzięczności. Uczymy je przecież magicznego słówka. I mówią na przykład: „Tatusiu, ale fajnie, że poszedłeś ze mną do kina. Dziękuję", „Mamusiu, zmęczona jesteś, może herbatki ci zrobię?". To rozczula, chcemy, żeby się powtarzało, ale w umyśle dziecka takie stany nie są jeszcze w pełni ukształtowane. A kiedy stabilny dorosły przeżywa wdzięczność, to raczej nie spodziewamy się, że na drugi dzień będzie roszczeniowy i obrażony.

Różnie z tym bywa.

Powiedziałam „stabilny dorosły"... A u dziecka ta chwiejność jest jak najbardziej do przyjęcia. Jednego dnia docenia to, co dla niego robimy, a drugiego mówi: „Nienawidzę cię", i naprawdę nienawidzi.

Jak to się dzieje, że jednym dzieciom przeżywanie wdzięczności przychodzi łatwiej, a innym trudniej?

Nie do końca wiemy, z czego to wynika, ale część psychologów uznaje, że dzieci rodzą się z pewnym wyposażeniem i każdy, kto ma przynajmniej dwoje, wie, że one od początku są po prostu inne. Jedne łatwiej tolerują niepokój, jakiś brak, frustrację, innym przychodzi to z trudnością. Jedno dziecko można położyć i samo zaśnie, ssąc palec, inne trzeba uspokajać godzinę. O jednych powiemy, że są takie „wdzięczne", o innych tego nie powiemy.

Rozumiem, że te z mniejszą tolerancją na różne niewygody mają też utrudniony dostęp do wdzięczności?

Mogą mieć. Tylko trzeba pamiętać, że czasami dziecko naprawdę przeżywa różne niewygody, a nie tylko ma na nie niską tolerancję. Powiedzmy, że ma nierozpoznaną alergię na różne pokarmy, często boli je brzuch, dużo płacze. Dorasta w cierpieniu i choćby było otoczone miłością i czułą opieką, to może mieć kłopot z przeżywaniem wdzięczności, bo z jego perspektywy świat jest mu nieżyczliwy, zadaje ból. Dzieci bywają też nadwrażliwe na dźwięki, dotyk albo mają trudności z tzw. integracją sensoryczną. To wszystko sprawia, że ich życie bywa mniej przyjemne, niż mogłoby być.

Na dłuższą metę wdzięczność bierze się ze zdolności do czerpania przyjemności z życia. One są ze sobą ściśle powiązane. Nie mówię teraz o takich „wybuchach" wdzięczności, kiedy łzy nam nagle napływają do oczu, tak jesteśmy poruszeni tym, co ktoś dla nas zrobił. Myślę raczej o pewnej niesprecyzowanej wdzięczności wobec świata, na przykład za to, że mieliśmy piękne, słoneczne lato, że mamy wspaniałe trasy rowerowe w okolicach Jeleniej Góry. Osobiście jestem bardzo za to wdzięczna.

Jeśli ktoś potrafi czerpać przyjemność z takich rzeczy, zachwycać się nimi, to one w sposób naturalny będą w nim uruchamiać wdzięczność.

Jak taka niesprecyzowana wdzięczność albo wdzięczność dla przyrody ma się do tego, że uczucie to zawsze jest czymś, co rodzi się w relacji z drugą osobą?

Bo matrycą do kształtowania się wszelkich uczuć są relacje z ludźmi, te najwcześniejsze. Tak to w każdym razie widzi psychoanaliza. I można powiedzieć, że w takim spojrzeniu na emocje przyroda jest symboliczną matką, kraj to też inni ludzie, z którymi czujemy się powiązani, Bóg – wobec którego przecież często odczuwa się wdzięczność – to symboliczny ojciec itd.

Za co czują się wdzięczni pani pacjenci?

Za różne rzeczy. Często za to, że są „widziani", że staram się zrozumieć ich przeżycia i cierpienie. Ale też w trakcie naszej wspólnej pracy obiektem wdzięczności nieraz stają się postaci z przeszłości.

Nawet jeśli ta przeszłość była trudna?

Nawet, choć to jest bardziej złożone.

W miarę jak pacjent dojrzewa emocjonalnie, czyli przeżywa szerszą gamę uczuć, co jest jednym z głównych celów terapii, lepiej rozumie, co w tej przeszłości się działo, a to pozwala mu się powoli z nią ułożyć. Wie na przykład, co z czego wynikało, co sam w związku z tym chciałby zrobić inaczej w swoim życiu, co realnie dostał od innych, co ma wartość, co jej nie ma. Wdzięczność pomaga wybaczyć to, co nie wyszło. Bo rodzice bywają przemocowi albo zaniedbujący, krzywdzą dziecko, nie widzą go i to je wtedy bardzo uszkadza.

Zdarza się jednak, że historia wygląda podobnie, ale rodzice nie chcą dziecka niszczyć, tylko są po prostu emocjonalnie głupi. Wydaje im się, że tak trzeba je wychować – wystarczy nakarmić, ubrać, dać wykształcenie, przekazać jakiś system wartości, przy tym nie rozpuszczać, karać, a wszystko po to, żeby wyszło na ludzi. To też uszkadza, bo brakuje ciepła, zrozumienia, ale generalnie daje się wyczuć, że pod spodem był pewien rodzaj oddania, opieki, tylko rodzic nie umiał tego wyrazić.

Wdzięczność pozwala z perspektywy czasu zobaczyć, co było pod tym spodem?

Tak. I długo się można z tym wewnętrznie boksować, czasem nawet bardzo długo, bo to żmudny proces, ale warto zdobyć się na ten wysiłek, bo inaczej to się będzie ciągle mieszało – krzywda z winą, co dostaliśmy, a czego głównie nie, o co wciąż mamy żal. Potrzeba ułożenia się z tym, co było, jest bardzo istotna, w zasadzie nigdy nie znika i potrafi się silnie zamanifestować w późnym okresie życia, kiedy je podsumowujemy, chcemy coś zrozumieć i zamknąć. Obecnie mam sporo pacjentów, którzy właśnie po to przychodzą.

Na pewno natomiast nie da się tej „operacji" przeprowadzić na siłę.

Nie można powiedzieć: „To teraz bądź wdzięczny za to, że matka była zimna, a ojca głównie nie było, i wypisz trzy rzeczy, które od nich dostałeś, bo na pewno coś z tego wyniosłeś"? Niektórzy próbują zamknąć to w jakichś chwytliwych hasłach typu: „Nie ma złych doświadczeń, są tylko lekcje".

W ogóle nie o to chodzi. Są takie doświadczenia, które są bezdyskusyjnie złe – przemoc, uzależnienia. I tu nie ma za co być wdzięcznym. Ale można już sobie wyobrazić, że ktoś będzie odczuwał wdzięczność wobec tych, którzy pomogli mu przetrwać, byli oparciem, na przykład babci, cioci, nauczycielki, przyjaciół czy książek, w których znalazł ukojenie, czyli tak naprawdę autorów tych książek, etc.

Znajoma mówi: „Jestem w sumie wdzięczna za to, że wychowałam się w rodzinie alkoholowej, bo mam świadomość, z czym boryka się takie dziecko, czym w ogóle są lęk, cierpienie". Pracuje dziś jako psychoterapeutka uzależnień.

Pytanie, czy nie zyskałaby takiej wiedzy, tego rodzaju wrażliwości bez tych traumatycznych doświadczeń. Oczywiście, można je przerobić na coś pozytywnego. I ludzie to robią. Można na przykład napisać świetną powieść na podstawie trudnych przeżyć własnych, która iluś osobom pomoże. Ale czy w takiej sytuacji należy mówić o wdzięczności? Wdzięczność jest raczej za te dobre rzeczy, które dostajemy.

Można być wdzięcznym sobie, że się wyszło z tego obronną ręką?

Można siebie docenić za to, ale wdzięczność zawsze kieruje się do innych. Jeśli ktoś mówi: „JA sobie poradziłam. SAMA!", to jest już jakiś przejaw omnipotencji. Zwykle jeśli ktoś sobie poradził z czymś tak trudnym, to znaczy, że był obok ktoś, kto wspierał. Nawet samą obecnością.

Są tacy, którzy w ogóle nie dopuszczają do siebie wdzięczności? Stalin twierdził ponoć, że to „choroba psów". Ludzi słabych.

Stalin – jak wiadomo z historii – był osobą bardzo zaburzoną, niezdolną do przeżywania wielu uczuć, a przede wszystkim do widzenia swoich powiązań z ludźmi. Podobnie jak wielu dyktatorów uważał, że zwykłe ludzkie prawa go nie obowiązują. Ale nie trzeba być politycznym tyranem, żeby nie mieć dostępu do wdzięczności. W ogóle osoby o rysie narcystycznym mają z tym kłopot.

Bo?

Bo mają kłopot z przeżywaniem uczuć, które dotyczą relacji, nie tylko wdzięczności, również miłości, odpowiedzialności, ponieważ nie przeżywają innych jako odrębnych, tylko jako przedłużenie siebie samych. A jeśli ktoś widzi drugą osobę jako swoje przedłużenie, to znaczy, że uważa, iż ona tak naprawdę nie może mu nic dać – bo wszystko jest i tak „moje". Z tego samego powodu nie jest też w stanie nikogo prawdziwie kochać. Inni mogą mu się do czegoś przydać, służyć mu do realizacji jakichś celów i potrzeb, ale to tyle.

Komu jeszcze może być trudno przeżywać wdzięczność?

Osobom na różny sposób niedojrzałym emocjonalnie. To może być też pewien rodzaj neurotycznego skupienia na sobie. Ale też myślę o osobach ze skłonnościami – powiedziałabym – masochistycznymi, które odnajdują się w roli ofiary wiecznie krzywdzonej przez innych, przez los.

Dlaczego wdzięczność jest dla nich trudna?

Nie ma na nią miejsca, bo cała ich konstrukcja opiera się na podsycaniu rozżalenia.

Melanie Klein, znana psychoanalityczka, dokonała rozróżnienia na ludzi, którzy są raczej przepełnieni urazą do świata, raczej uważają, że jeśli przydarza im się coś złego, to płynie to z zewnątrz, którzy raczej czują się prześladowani i nie widzą swojego wkładu w życie, oraz ludzi, którzy raczej przeżywają odpowiedzialność za to, co się dzieje, którzy są bardziej skłonni szukać rozwiązań różnych problemów w sobie i raczej odczuwają wdzięczność za to, co dostają.

Ta pierwsza grupa ma skłonność do projekcji, czyli do wyrzucania z siebie różnych uczuć i umieszczania ich gdzieś na zewnątrz, w innych, co raczej ich nie wzbogaca. Ta druga grupa z kolei ma większą skłonność do tak zwanej introjekcji, czyli do przyjmowania do siebie różnych uczuć, w tym bolesnych. Jeśli to nie jest skrajne, to takie osoby poprzez kolejne doświadczenia się wzbogacają. Stają się mądrzejsze emocjonalnie, rozwijają się, a jak już wiemy, rozwój to większa szansa na przeżywanie wdzięczności. Te pierwsze natomiast chodzą po świecie zubożone. I niczego się nie uczą.

Wdzięczność im nie przyrasta?

Raczej przyrasta im uczucie prześladowania. I rozgoryczenia. Takie osoby na starość często siedzą na kanapie i żywią urazę do całego świata. „Utykają" w krzywdzie. Jak to niektórzy mówią: „Mądrość przychodzi z wiekiem, ale czasami wiek przychodzi sam".

Można by oczywiście zapytać: „A po co nam w ogóle ta cała wdzięczność? Nie można się bez niej obyć?".

No właśnie. Może można?

Myślę, że tu nie chodzi o to, byśmy cały czas unosili się dwa metry nad ziemią i piali z zachwytu: „Ojejku! Jak cudownie, jaki świat jest piękny, a ludzie wspaniali!". Chodzi o to, że umiejętność przyjmowania czegoś od innych czyni nas po prostu pełniejszymi ludźmi. Jeśli nie mamy w sobie wdzięczności, to wydaje się nam, że niczego nie warto od innych brać.

Znany, nieżyjący już psychoterapeuta Andrzej Wiśniewski na pytanie, co jest najważniejsze w związku, odpowiedział mi kiedyś: „Dawanie prezentów i umiejętność przyjmowania prezentów". To jest właśnie chyba to, o czym teraz rozmawiamy...

Zdecydowanie. Ja to rozumiem tak, że w tej umiejętności przyjmowania prezentów chodzi też o umiejętność docenienia samego wysiłku kogoś, kto nas obdarowuje. Bo prezent – materialny czy niematerialny – może być przecież nietrafiony, natomiast można być wdzięcznym za samą intencję. Za to, że ktoś o nas pomyślał.

Znajoma swojej mamie, która miała minimalną emeryturę, przez wiele lat pomagała finansowo. Za każdym razem, kiedy mamę odwiedzała, ona wyjmowała z portmonetki 50 złotych, wręczała je córce i mówiła: „Tu masz na drobne wydatki". Strasznie ją ten gest wzruszał i choć miała świadomość, że to są jej własne pieniądze, czuła się wdzięczna za to, że mama w ogóle miała taki pomysł, że chciała jej coś dać, choć sama miała tak niewiele. Ktoś, kto nie umie przyjmować prezentów, mógłby w takiej sytuacji powiedzieć: „Oszalałaś? Nic mi nie dawaj. Sama nie masz".

Albo i gorzej: „Po co mi to dajesz? Przecież to i tak ode mnie".

Podobnie bywa z reakcjami na nietrafione prezenty.

Są osoby, które po prostu nie potrafią dobrać prezentu. Mają kompletnie inny gust albo w ogóle nie mają do tego talentu, za to szczerze chcą komuś sprawić przyjemność. Ktoś bardziej skupiony na sobie powie: „Dziękuję, nie potrzebuję", „Nie noszę", „To nie dla mnie" itd.

W związkach ludzie dają sobie masę niematerialnych rzeczy: uważność na swoje potrzeby, troskę, czas, jakiś ekstrawysiłek. Chyba warto to umieć docenić.

Oczywiście, bo umiejętność docenienia takich rzeczy podbudowuje związek, jak powiedział Andrzej Wiśniewski. Ale niektórym to „przyjmowanie prezentów" przychodzi z wielką trudnością. Widzę to też u swoich pacjentów, niekoniecznie bardzo zaburzonych, że jak coś dostają, na przykład zrozumienie, to natychmiast muszą coś dać w zamian. I niby fajnie. Można powiedzieć, że to też jest przecież wyrażanie wdzięczności, tylko jak się w to wgłębić, to się często okazuje, że kryje się w tym raczej niezdolność do wytrzymania wdzięczności.

Co jest takiego trudnego we wdzięczności, że trzeba umieć ją „wytrzymać"?

Ona jest jednak pewnego rodzaju długiem. I niektórzy nie są w stanie tego znieść. Jak coś dostaną i zaraz oddadzą, to mają przynajmniej poczucie, że są kwita. W przeciwnym razie ich zależność się pogłębia i bardzo im z tym niewygodnie.

Wdzięczność jest uczuciem, które osłabia. I znów – dojrzały emocjonalnie człowiek sobie z tym radzi, z tym że bilans w relacjach nie zawsze wychodzi na zero, że można być dłużnym.

Myślę, że życie na kredyt może wzbudzać poczucie winy.

Ale niektórych długów życiowych nie da się spłacić – no bo jak? Jak można spłacić na przykład to, że ktoś się mną opiekował przez wiele lat? Można się oczywiście zrewanżować, kiedy ta osoba sama będzie potrzebowała podobnej opieki, ale w jakimś sensie nie da się tego rachunku wyrównać. Niedawno znajomy podzielił się ze mną taką refleksją: „Jak sobie pomyślę o swoich rodzicach, jakie to było poświęcenie wychować trójkę dzieci w biednych latach 60., ile wysiłku i rezygnacji z własnych potrzeb ich to kosztowało, to się zastanawiam, jak mam to spłacić". No nie da się. Musi z tym uczuciem zostać.

Czasami ludzie dają nam różne rzeczy i nie ma takiej opcji, żebyśmy się im zrewanżowali, bo relacja to uniemożliwia – na przykład z ważnymi dla nas nauczycielami, mentorami. Można im kupić album na zakończenie nauki, kwiatek, można list napisać. To wszystko.

Pamiętam, jak kiedyś musiałam skorzystać z czyjejś pomocy, ale nie stać mnie było na to, żeby za tę usługę zapłacić. Usłyszałam wtedy: „Proszę się nie martwić, odda pani kiedyś komuś innemu w jakiejś innej formie". Może czasem możemy właśnie to zrobić – oddać komuś innemu w innej formie?

Chodzi o to, że w ogóle nie musimy oddawać. Nawet komuś innemu. Jak pani podziękuje za wieloletnią przyjaźń? W jakimś sensie nie podziękuje pani nigdy.

Ale chyba rzeczywiście jednym z bardziej twórczych sposobów na to, żeby sobie radzić z tym „ciężarem", jest przekazywanie tego, o co się wzbogaciliśmy, innym. Thomas H. Ogden, psychoanalityk, w książce „Przeżywanie nieprzeżytego życia" pisze, że najlepszym wykorzystaniem tego, co dostaliśmy od rodziców, jest stanie się lepszym rodzicem dla własnych dzieci. To jest w zasadzie największy akt wdzięczności wobec nich. Ta spłata.

Niektórzy przeżywają wdzięczność, ale nie potrafią jej wyrazić. Brakuje im słów, nigdy tego nie ćwiczyli, ale widać ją właśnie w tym, jak wykorzystują to, co im ofiarowujemy.

Ja wyczuwam, kiedy pacjenci są mi wdzięczni. Nie muszą mi mówić: „Ojej, tak to pani ujęła, że cały aż płonę z wdzięczności!". Podobnie jest z dziećmi. Ich wdzięczność można poznać po tym, jak się rozwijają. To znaczy, że przeżywają to, co dostają, jako dobre. Nie muszą ciągle powtarzać: „Dziękuję ci, mamusiu, za wsparcie. Tu masz kwiatki".

Choć myślę sobie, że dla budowania relacji z innymi warto byłoby się nauczyć tę wdzięczność jednak wyrażać, bo ona po prostu zbliża.

Dla jednych to, że zbliża, jest „fajne", dla innych nieco mniej.

Na początku to może być krępujące, bo człowiek odsłania swoje miękkie podbrzusze, może być nieporadne, ale zdecydowanie to tka więzi między ludźmi. Co nie znaczy, że wszystkim za wszystko musimy być wdzięczni. Nie. I to też warto umieć odróżnić.

Pomyślałam sobie teraz, że niektórzy mogą bronić się przed przeżywaniem wdzięczności nie dlatego, że mają z nią kłopot, ale dlatego, że przez drugą osobę jest ona nadużywana.

Chodzi o wymuszanie na kimś wdzięczności?

Tak. Taki terror wdzięcznością. Kiedy ktoś nam coś daje i od razu mówi: „A tu jest rachunek, proszę. Bądź mi teraz wdzięczny i okaż to".

Po co ktoś tak manipuluje?

Jakby pójść dalej za myślą Andrzeja Wiśniewskiego, to prawdziwa umiejętność dawania prezentów polega na tym, że nie oczekuje się niczego w zamian. Kiedy daję, to czerpię przyjemność z samego dawania, a nie z wyobrażania sobie, jak ta druga osoba mi będzie za to dziękować albo co mi za to da.

Różnicę między tym, czy ktoś nam coś daje ot tak, po prostu, czy daje po coś, od razu się wyczuwa.

Od razu. Ale to znów jest kwestia dojrzałości emocjonalnej. Osoba dojrzała ma poczucie, że jej wewnętrzny świat jest bogaty. Sama potrafi brać od innych, ale też chce się dzielić tym, co ma – dawać ciepło, wsparcie, pomoc, wykonywać różne gesty. Nie towarzyszy jej przy tym uczucie, że czegoś jej przez to ubywa. Potrafi być hojna. Natomiast ktoś niedojrzały, o kruchym ja, niepewny siebie, kiedy daje, natychmiast czuje się przez to zubożony. Daje i od razu widzi: „Ups, ale dziura", więc automatycznie domaga się spłaty, żeby ją zalepić. To się dzieje najczęściej nieświadomie.

Jak to odbiera ten obdarowany?

Broni się przed odczuwaniem wdzięczności rękami i nogami, bo czuje się – słusznie – wykorzystywany. Poza tym tego rachunku nie daje się uregulować. Nawet jak się podziękuje takiej osobie, to się okazuje, że ciągle jej za mało, że nie tak. I ten taniec w kółko się powtarza. Kłopot polega na tym, że nawet jeśli w tym, co się dostaje od kogoś takiego, jest coś dobrego, to się to umniejsza we własnych oczach, żeby się bronić po prostu.

Często osoba manipulująca wdzięcznością daje, ale bez wyczucia, bo jest skupiona przede wszystkim na sobie: „To JA daję! Patrzcie! JA!", a nie na tym, co i komu daje. W związku z tym wciska te „prezenty" na siłę, bez uwzględniania potrzeb drugiej osoby. A przecież nie każdy potrzebuje różnych mądrości od innych, czasem trzeba się wstrzymać. Nie każdy potrzebuje trzydaniowego obiadu, pieniędzy itd. Jak ktoś daje po to, żeby samego siebie wzmocnić, to daje bez rozumu. I to jest często niedobre dla obydwu stron, bo w takiej relacji pojawia się napięcie, które ją definiuje.

Pani mówi o tym, kiedy to jest nieświadome, ale zdarzają się sytuacje, kiedy ktoś w sposób wyrachowany wymusza wdzięczność na drugiej osobie, choćby po to, żeby ją sobie podporządkować, związać ze sobą.

Tu już mówi pani o sytuacjach przemocowych, a to z prawdziwą wdzięcznością nie ma nic wspólnego. Przemoc zabija wdzięczność, tak jak zabija też miłość.

Barbara Ehrenreich wspomina o pracownikach amerykańskiej sieci supermarketów Walmart, którzy zarabiają najniższą stawkę godzinową i odczuwają wdzięczność za to, że dostali dolara podwyżki. Prof. Robert Emmons z Uniwersytetu Kalifornijskiego w Davis z kolei, jeden z najbardziej znanych na świecie badaczy tej emocji, pisze o „chorej" czy też „szkodliwej" wdzięczności odczuwanej przez ofiary przemocy domowej, które są zmanipulowane, żeby ją odczuwać wobec swojego oprawcy, „bo bez niego niczego przecież by nie osiągnęły".

Nie pracuję z ofiarami przemocy i nie chciałabym się w tej sprawie wypowiadać, ale myślę, że aby wdzięczność była zdrowa, to nie może być wpleciona w przemoc. Żadną.

W przykładach, które pani podała, adekwatny wydawałby się protest, bunt, ale relacje przemocowe charakteryzują się własną dynamiką, która zniekształca wiele różnych uczuć, nie tylko wdzięczność, co sprawia, że tak trudno się z nich wyrwać. To są sytuacje traumatyczne, które w relacjach odwracają wszystko do góry nogami, ale wydaje mi się, że to temat na inną rozmowę.

Natomiast na pewno warto pamiętać, że wdzięczność może być – jak pani słusznie zauważyła – wykorzystywana jako narzędzie do sprawowania władzy.

Co można zrobić, kiedy jest się przedmiotem takiej manipulacji, na przykład w pracy? Jak się przed tym bronić?

Pani wie, że „uwielbiam" takie pytania z serii „Jak żyć?" – spróbuję jednak jakoś odpowiedzieć. Jeśli to jest chroniczne i niszczące, to można się zastanawiać nad zmianą pracy, co oczywiście nie zawsze jest możliwe. To, co na pewno warto zrobić, to porozmawiać o tym, co się dzieje, z kimś, do kogo mamy zaufanie i kto nie jest sam w tę sytuację uwikłany, z kimś, kto wprowadzi inną perspektywę i pozwoli nam trzeźwo ocenić, co możemy w danej sytuacji zrobić, co jest realne. Znakomity psychoanalityk Wilfred Bion mawiał, że do pomyślenia trudnych myśli potrzebne są dwa umysły, a czasem nawet trzy. Samotność w tym wszystkim tylko wzmaga traumę.

Spotyka pani osoby, które są nieustannie przepełnione wdzięcznością?

Myślę, że nie ma takich. Nie da się jakiejś emocji przeżywać bez przerwy. Emocje z definicji mają to do siebie, że przemijają, inaczej byłoby to nie do zniesienia.

Jeśli ktoś „utyka" we wdzięczności, zachwyca go każdy kwiatek, każdy kubek herbaty, promień słońca, każdy spotkany człowiek, każdy gest – to jest to jakiś rodzaj teatru. Czuć od razu, że to jest sztuczne. Nie płynie ze środka, tylko jest taką nabytą fasadą. Fałszem. Smak wdzięczności polega między innymi na tym, że ona się po prostu pojawia. Czasem jest taka, że aż się płakać chce, kiedy na przykład myślimy ciepło o kimś, kto nam coś podarował, nawet jeśli to było dawno temu, czy kto nas zauważył, czy dobrze rozpoznał to, z czym się w życiu zmagamy. Ale gdybyśmy tylko i wyłącznie doświadczali wdzięczności, to nie rejestrowalibyśmy innych wymiarów rzeczywistości, tych praktycznych, którymi trzeba się zająć, i tych trudnych, niewdzięcznych, tylko ciągle chodzilibyśmy tacy rozmazani.

Jeżeli w życiu mamy dobre doświadczenia i wykorzystujemy je do tego, żeby budować kolejne dobre doświadczenia, to jest mnóstwo okazji do wdzięczności. Nie trzeba sobie jej wymyślać. Czasem jest silna, wstrząsa, a czasem jest raczej takim klimatem. Czasem warto ją wyrazić, ale nie zawsze. Czasem przychodzi dopiero po czasie, a osoba, której coś ważnego zawdzięczamy, odeszła.

I nie musimy się bać tego, że to uczucie nie pojawi się w naszym życiu, jeśli nie przejdziemy kursu wdzięczności. Przyjdzie na pewno, jeżeli będziemy czerpali przyjemność z życia, jeżeli będziemy dojrzewali emocjonalnie i jeżeli będziemy żyli z ludźmi. Gwarantuję!

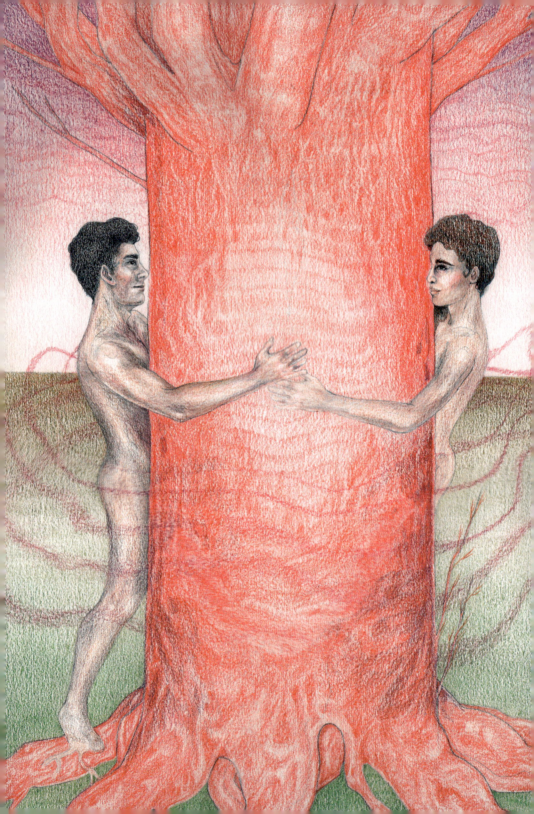

Zakochanie to jest coś na kształt kredytu.
Szansa czy też okazja do tego, żeby zbudować coś solidniejszego. Zakochanie to nie jest miłość.
To jest zaproszenie do niej.

Dzisiaj miłość jest trochę marzeniem, a trochę towarem, trochę pragnieniem, a trochę przekleństwem. Jest wszystkim. Jak pisał William S. Burroughs: „Najbardziej naturalnym środkiem przeciwbólowym".

Prawdziwa miłość ma na uwadze dobro drugiej osoby. Jeśli to dobro oznacza, że osoba, którą kochasz, nie chce z tobą być, to miłość każe ci pozwolić jej odejść.

MIŁOŚĆ

ILU OSOBOM POWIEDZIAŁEŚ, ŻE JE KOCHASZ? I GDZIE ONE SĄ TERAZ W TWOIM ŻYCIU?

Rozmowa z **Bartłomiejem Dobroczyńskim**

„Miłość jest wszystkim, co istnieje, i to wszystko, co wiemy o miłości" – pisała poetka Emily Dickinson, czyli mamy rozmawiać o czymś, co wiele osób uważa za najważniejsze w życiu, tyle że nie wiadomo, czym to tak naprawdę jest.

Zaczęła pani, jak to się mówi, z „wysokiego diapazonu", a ja bym dla równowagi chciał zacząć z niższego, żeby nie powiedzieć – bardzo niskiego. Jak się dowiedziałem, o czym mamy rozmawiać, to cały aż się skurczyłem z grozy i przerażenia...

...i to ma być ten „niski diapazon"?

Chwila. I po namyśle doszedłem do wniosku, że ta groza bierze się stąd, iż współcześnie miłość stała się takim liczmanem. Obiegową frazą, której chętnie się używa, która ma wszystko tłumaczyć i usprawiedliwiać. Jest jak w wierszu Świetlickiego: wszyscy mówią „kocham cię". To taki worek, do którego każdy wrzuca, co chce. Kochasz Basię? No pewnie, że kocham Basię. Kochasz Jasia? Oczywiście, że kocham. A męża? Też kocham. Kocham rodziców. Kocham swoje dzieci. Kocham swój kraj, język ojczysty, swojego psa i sałatkę owocową.

Miłość ma wiele obliczy, choć ja bym chciała się skupić na tej pomiędzy dwiema dorosłymi niespokrewnionymi ze sobą osobami.

To, niestety, niczego nie ułatwia. Podstawowy problem, jaki znajduję w rozmawianiu o miłości, polega na tym, że my, ludzie Zachodu, funkcjonujemy dziś równocześnie w dwóch tradycjach.

W tradycji, nazwijmy ją „pierwszą", bo jest starsza, o miłości (a także wielu innych rzeczach) mówi się na podstawie własnych doświadczeń i przemyśleń, ale też doświadczeń i przemyśleń innych. Można by ją nazwać tradycją pierwszoosobową, subiektywną, doznaniową, introspekcyjną. I tutaj mamy takich poetów i poetki, jak na przykład Emily Dickinson, mamy pisarzy religijnych, jak choćby święty Augustyn, mamy różnych filozofów i filozofki, jak Platon czy Evelyn Underhill. Tu jest miejsce i dla autora biblijnej Pieśni nad Pieśniami, i dla Beatlesów z ich „All You Need Is Love", ale i dla Beyoncé z jej „Lemonade" – traktującą o zdradzie i chęci zemsty. W tej tradycji, mówiąc o miłości, mówi się o emocjach, marzeniach, pragnieniach.

Natomiast druga tradycja, która jest równie silna, choć dużo młodsza, na dowolny obiekt, czy to będzie szympans, minerał czy miłość, patrzy z perspektywy trzecioosobowej. Jak na przedmiot, który da się bezstronnie zbadać i opisać. To tradycja empiryczno-racjonalistyczna, naukowa. Nauka oczywiście bierze pod uwagę indywidualne doświadczenie, ale stara się je jakoś poklasyfikować, uporządkować, zaszufladkować.

W tej tradycji znajdziemy różne teoretyczne modele miłości, na przykład model Sternberga, który twierdził, że na miłość składają się namiętność, intymność i zaangażowanie?

Tak, ale znajdziemy w niej również perspektywę ewolucyjną, która mówi, że w miłości tak naprawdę chodzi o sukces reprodukcyjny, o przekazanie genów. Tu będą też opowieści o tym, że miłość to coś, co rozgrywa się w mózgu, pewien „proces chemiczny" czy też stan przypominający obłęd itd.

I w pewnym sensie te dwie tradycje się ze sobą kłócą.

Jak to?

Powiedzmy, że jest pani zakochana i strasznie cierpi. Czy informacja o tym, że odrzucenie w miłości „aktywuje te same ośrodki w mózgu co ból fizyczny" albo „przypomina stan po odstawieniu narkotyków", w czymś pani pomoże? Albo kocha pani kogoś i ma poczucie, że ta miłość przenika pani życie, cały kosmos wręcz, że nikt inny czegoś takiego nie przeżył – czy świadomość, że to jedynie „koktajl z dopaminy, oksytocyny i adrenaliny", jakoś odda to pani doświadczenie?

Nauka mówi: „Miłość to jest TYLKO to i to", a ona chyba jest jednak czymś więcej.

To wolałabym rozmawiać o tym drugim.

Tylko że ja cały czas próbuję pani pokazać, że to jest niesłychanie trudne, bo my, ludzie XXI wieku, jesteśmy rozdarci, jak pisał Miłosz w „Ziemi Ulro", pomiędzy obie te perspektywy. Jesteśmy trochę poetami, a trochę ewolucjonistami, trochę teologami, a trochę darwinistami i nie jesteśmy w stanie abstrahować od tego rozdarcia nawet w takich codziennych rozmowach. A żeby jeszcze sprawę skomplikować, to miłość podlega przecież również uwarunkowaniom kulturowym, społecznym. Inaczej rozumiano miłość w starożytnej Grecji, inaczej w XII-wiecznej Prowansji, inaczej w kapitalizmie XIX-wiecznym, a jeszcze inaczej w kapitalizmie, jaki dzisiaj znamy. Innymi słowy, to, jak wygląda miłość, zależy też od tego, w jakiej społeczności żyjemy i jak się w niej kształtują relacje. Znana izraelska socjolożka Eva Illouz powiedziałaby na przykład, że dziś miłość się „utowarowiła". Regulują ją te same prawa, które regulują rynek, czyli podaż, popyt. Komuś się jakaś relacja opłaca, ktoś inny „przeinwestowuje", na kogoś innego jest „promocja".

A pan jak to widzi?

Mnie się wydaje, że dzisiaj miłość została uwolniona z wielu konieczności, w które jeszcze choćby sto, sto pięćdziesiąt lat temu była uwikłana – przede wszystkim ekonomicznych, ale też zdrowotnych (chory bez wsparcia bliskich miał znacznie mniejsze szanse na przeżycie), obyczajowych. Związek miał być „do grobowej deski", odpadała więc opcja: „E, najwyżej znajdę sobie innego czy inną". Nie chcę przcz to powiedzieć, że ludzie się dawniej nie kochali, ale te różne zależności były oczywiste. Mało tego, często miłość romantyczną uważano za przeszkodę. Coś, co komplikuje, a nawet prowadzi do nieszczęścia. Wiele dzieł z tamtego okresu opisuje sytuacje, w których ktoś (bardzo często kobieta) niszczy sobie życie, bo zakochuje się w kimś nieodpowiednim. Dziś większość powodów, które niegdyś czyniły związek koniecznością, znikła. W naszej kulturze najczęściej wiążemy się ze sobą z wyboru.

Idealna sytuacja, wydawałoby się. Skoro niczego tak naprawdę od siebie nie potrzebujemy, w sensie świadczenia sobie nawzajem różnych usług, pozostaje się po prostu kochać. A przecież wcale tak pięknie nie jest.

Dlatego że ta sytuacja tylko pozornie jest idealna. Z psychologicznego punktu widzenia posiadanie wielu możliwości wcale korzystne dla człowieka nie jest.

Amerykański psycholog Dan Gilbert, który od lat prowadzi badania nad szczęściem, doszedł do wniosku, że my tak naprawdę nie bardzo wiemy, co jest dla nas dobre. Nie potrafimy tego zdiagnozować. I w związku z tym często decydujemy się na coś, co na dłuższą metę nas unieszczęśliwia, bo jesteśmy wieloraką uwarunkowani – konstytucją biologiczną, przeszłością, tym, że ogromna część procesów psychicznych jest nieświadoma, że żyjemy w kulturze, która stawia nam określone wymagania, itd.

I co z tym fantem zrobić?

Ja bym powiedział, że na szczęście, w przeciwieństwie do zwierząt, mamy jednak pewien margines, który pozwala nam zdecydować, jak chcemy żyć. Sęp nie zje sałaty, a wieloryb grochówki, bo natura mówi im dokładnie, jak mają się odżywiać, ale człowiek może jeść albo to, co mu najbardziej smakuje, albo może pójść do dietetyka, albo z powodów etycznych zostać weganinem itd.

Chcę przez to powiedzieć, że miłość to nie jest tylko coś, co nam się przydarza, coś, czego doznajemy, co przynależy do sfery uczuć.

Nie?

Ja bym nawet powiedział, że miłość w ogóle nie ma tak wiele wspólnego z uczuciami.

Uczucia stanowią paliwo, są warunkiem koniecznym miłości, bo trudno sobie wyobrazić, że będzie pani kochała kogoś, kto panią odstręcza, czy kogoś, kto się pani nie podoba. Coś musi panią chwycić za serce, ale uczucia same w sobie nie wystarczą. Nie da się na nich zbudować czegoś trwałego.

Mówi się, że faza zakochania, tego „porwania", dzięki któremu wszystko jakby samo się dzieje, trwa od dwóch do czterech lat.

To wiadomo, ale potem to uniesienie ustępuje miejsca chyba innym uczuciom – bliskości, przywiązaniu, przyjaźni, lojalności?

Tylko żeby te inne uczucia „weszły" i dalej wiązały się z miłością, musi pani trochę popracować.

Czyli pan uważa podobnie jak filozofka i pisarka Iris Murdoch, która twierdziła, że „miłość to nie uczucie, tylko działanie". Ale co to tak naprawdę znaczy?

Ja to rozumiem tak, że zakochanie, jak wiele innych fascynacji czy inspiracji, które się nam przytrafiają, to jest coś na kształt kredytu. Pewna szansa czy też okazja do tego, żeby zbudować coś solidniejszego. Zakochanie to nie jest miłość. To jest zaproszenie do niej.

W psychologii to, co się dzieje w psychice człowieka, dzieli się na dwa typy wydarzeń – „happenings", czyli to, co mu się przydarza, czego doznaje, czego jest obiektem, i „doings", czyli to, co robi, czemu może przypisać swoje sprawstwo, czego jest podmiotem.

Patrząc z tej perspektywy, zakochanie to jest czas dany ludziom po to, żeby kiedy ta relacja idzie łatwiej, nawzajem się siebie nauczyli i wypracowali pewne umiejętności, które pozwolą im przejść z „happenings" do „doings", czyli do miłości, którą się czyni, którą się ofiaruje. Jak się tego czasu nie wykorzysta, to on się w pewnym momencie skończy. Zwykle bolesnym rozczarowaniem. No, „była taka nonszalancka, ale okazało się, że jest zwyczajnym flejtuchem" albo „był taki odważny i brawurowy, ale okazało się, że tak naprawdę jest arogancki i głupi".

Czym jest to „robienie" w miłości?

To jest coś najbardziej podmiotowego w człowieku, coś najbardziej indywidualnego. Dla mnie to jest bliższe woli, pewnej decyzji.

Ale wrócę na chwilę do zakochania. W zakochaniu jest się w pewnym sensie jego ofiarą.

Nie ma się nic do gadania.

Dokładnie. Jest się ubezwłasnowolnionym, bo ono podbarwia rzeczywistość. Ale jak ktoś rozumie, jaka jest natura zakochania, i wykorzysta je, żeby budować relację opartą nie na chemicznym podrasowaniu, nie na paliwie uczuciowym, tylko na świadomych zobowiązaniach, to ma większą szansę stworzyć coś głębszego, trwalszego.

Wola, decyzja, zobowiązania – to brzmi strasznie pragmatycznie. Sternberg twierdził, że związek, w którym jest tylko zaangażowanie, a namiętność i intymność się skończyły, to „pusty związek".

Powiem tak: w pewnym sensie wszystko ma swój termin ważności: imperium rzymskie, kierunek artystyczny, popularność aktora czy aktorki. Wszystko się kończy. Miłość też. Choćby dlatego, że każdy z nas kiedyś umrze. Ona ma swoją dynamikę, w różnych momentach wygląda różnie i pewne rzeczy podobają nam się w niej bardziej, a inne mniej.

Powiedziała pani za Sternbergiem, że samo zaangażowanie to „pusty związek", no to teraz pytanie: czy kiedy osoba, którą kocham, przestaje być w jakimś sensie sobą, bo na przykład choruje na alzheimera albo zapada na ciężką chorobę psychiczną, kiedy nie rozpoznają już w niej dotychczasowego partnera/partnerki, nie mam przyjemności albo możliwości rozmawiania z nią, bycia z nią, ale trwam przy niej, dbam o nią, to jest to miłość czy nie?

No właśnie, jest czy nie?

Szczerze? Nie umiem odpowiedzieć. Ale zastanawiam się, czy w ogóle ważne jest, jak to nazwiemy. Może to jest współczucie? A może człowieczeństwo? Może poczucie solidarności? A może po prostu chęć bycia przyzwoitym?

Mnie zawsze uderzało, że tak łatwo coś, co ludzie nazywają miłością, związkiem, przyjaźnią, wykoleja się w momencie zmiany warunków – ktoś dostaje atrakcyjniejszą pracę albo traci ją, ktoś zaczyna chorować, ktoś się potyka i wybija sobie jedynki. I koniec.

Może dlatego, że dzisiaj, jak mawia profesor Bogdan Wojciszke, związek ma przede wszystkim „maksymalizować" szczęście – dawać mi możliwość rozwoju, poczucie spełnienia, bycia atrakcyjnym? Trudniej wtedy dźwigać te niesprzyjające okoliczności, zwłaszcza że wzorców, jak to robić, brakuje.

Ale ja chciałem opowiedzieć pani inną historię.

Miałem znajomych, którzy mieli kota, dajmy na to, Pumę. Twierdzili, że kochają Pumę nad życie, że jest najcudowniejszym kotem pod słońcem, coś najwspanialszego. Trudno może porównywać zobowiązanie wobec zwierzęcia do zobowiązania wobec człowieka, ale puenta jest taka, że w pewnym momencie Puma się pochorowała i wylądowała u mnie. Znajomi już jej nie chcieli. Brałem ją czasami pod gardło i mówiłem jej tak: „No i co się, kotku, liczy? Miłość się liczy? Guzik! Odpowiedzialność się liczy. No więc ja biorę za ciebie odpowiedzialność i obiecuję ci, że będę o ciebie dbał do twojej śmierci, a czy ja cię kocham, czy nie kocham, lubię, nie lubię, to jest już sprawa drugorzędna".

Czasem proszę ludzi o to, żeby sobie uczciwie odpowiedzieli na następujące pytanie: „Ilu osobom szczerze powiedziałeś, że je kochasz?". A potem: „Gdzie są teraz te osoby w twoim życiu? Jakie mają dla ciebie znaczenie? Czy nadal mógłbyś im to powiedzieć?".

Jak sam o tym myślę, to mnie święta groza ogarnia. Mam sześćdziesiąt lat i takich osób, którym w życiu powiedziałem, że je kocham, było dużo. Tych, którym nadal mógłbym to powiedzieć, jest znacznie, znacznie mniej. I teraz co to tak naprawdę oznacza? Że kiedy im to mówiłem, to tak naprawdę ich nie kochałem, czyli albo kłamałem, albo nie potrafiłem rozpoznać swoich uczuć? Czy mówiłem im to po to, żeby coś uzyskać albo do czegoś je nakłonić? Co tak naprawdę miałem na myśli? Co mam na myśli dzisiaj, kiedy to mówię? Co tak naprawdę byłbym zdolny zrobić dla tej osoby? Myślę, że warto byłoby, żeby każdy sam sobie takie pytania stawiał.

Nie pamiętam, niestety, autora ani tytułu, ale kiedy byłem bardzo młody, zachwyciła mnie pewna sztuka. Akcja toczyła się bodajże w średniowieczu, a historia opowiadała o młodej dziewczynie, która miała zostać wydana przez rodziców za starszego mężczyznę, którego nie chciała, bo kochała się w pewnym młodym człowieku. Koniec tej opowieści jest taki: dziewczyna zaraziła się ospą, młody mężczyzna od niej uciekł, a stary celowo zaraził się ospą, żeby być taki jak ona.

Zaraz się chyba rozpłaczę...

Niech pani nie płacze, bo to jest tylko opowieść, która działa na uczucia. Nie wiadomo, czy rzeczywiście tak było, czy to przetrwało, jak to dalej funkcjonowało. Ona jest dla mnie mało wiarygodna w sensie: czy tak było.

To po co mi pan ją opowiedział?

Bo jak wiele opowieści buduje pewien wzorzec. I myślę sobie, że skoro my tak naprawdę nie wiemy, co to znaczy, kiedy mówimy „kocham", to może to, co się liczy w gruncie rzeczy, to „zachowanie polegające na miłości" – jak ująłby to behawiorysta Burrhus F. Skinner?

W jednym z wzorcowych tekstów naszej cywilizacji w usta Jezusa ewangelista wkłada następujące pytanie: Kto jest lepszym synem? Czy ten, kto na prośbę ojca odpowiedział: „Tak, ojcze, zrobię to", ale tego nie zrobił? Czy ten, kto powiedział: „Nie chcę tego zrobić", ale po chwili się zastanowił i to zrobił?

Chyba wiem, jaka jest odpowiedź.

Ten drugi. Ja wierzę, że miłość jest performatywna, czyli de facto nieważne jest, co mówimy, nieważne jest nawet, co myślimy. Ważne jest, co robimy.

W liceum śmiertelnie kochałem się w jednej koleżance ze szkoły, ale nigdy jej o tym nie powiedziałem. Czy to była miłość? Nie, to było jedynie pewne uczucie, bo ona tej mojej „miłości" w ogóle nie doświadczyła.

Zapytała mnie pani wcześniej, czym jest to „robienie" w miłości. Moim zdaniem kochanie to jest dbanie. To jest pielęgnowanie. Miłość to jest ogród. Kiedy może pani powiedzieć, że kocha pani kota, tak żeby pani ktoś w to uwierzył? Kiedy ten ktoś zobaczy, że ten kot jest zadbany, najedzony, zadowolony. A gdyby jeszcze potrafił mówić, to na pytanie: „Dobrze ci z tą miłością?", odpowiedziałby: „Tak, bardzo dobrze".

Prawdziwa miłość ma na uwadze dobro drugiej osoby.

A moje własne dobro?

Ono wcale nie jest najważniejsze. Jeśli to dobro oznacza, że osoba, którą pani kocha, nie chce z panią być, to miłość każe pani pozwolić jej odejść. Jeśli dobro ukochanego oznacza, że powinna się pani urobić po łokcie, to się pani urabia po łokcie. Mistyk powiedziałby, że istotą miłości jest to, że ty znikasz, a obiekt twoich starań w pewnym sensie zastępuje ciebie.

Chyba nie chce pan powiedzieć, że miłość to poświęcenie? Bo mam wrażenie, że w naszej kulturze ten wątek został już wystarczająco wyeksponowany. Zwłaszcza w przypadku kobiet.

Ale to nie jest takie poświęcenie, które drugiej osobie staje w gardle! W takiej miłości, o jakiej teraz rozmawiamy, czyli pewnym wzorcu, to dawanie czy ofiarowanie siebie nie jest odbierane jako poświęcenie, jako ciężar ani przez tego, kto kocha, ani przez tego, kto jest kochany.

A jako co?

Jako przywilej. Jako wolność tak naprawdę. Ludzie, którzy praktykowali taką miłość od najdawniejszych czasów, różni mistycy, mędrcy, twierdzili, że kochanie w ten sposób czyni ich życie sensownym, pozwala na wysiłek bez zmęczenia, ponieważ w ten sposób wreszcie wyzwalają się od czegoś, co sprawia im najwięcej kłopotów, mianowicie od samego siebie – świadomości własnej skończoności, cierpienia, bezsensowności własnych starań. Wtedy tak pojmowana miłość staje się ekstazą, transcendencją. I gdyby zapytać na przykład świętego Pawła, na czym ona polega, to powiedziałby: „Już nie żyję ja, tylko żyje we mnie Chrystus".

O matko, pan mi tu ze świętym Pawłem i mistykami, a ja bym chciała wiedzieć, czy dla człowieka z krwi i kości taka miłość jest w ogóle możliwa.

Nie. Ale mówię pani o tym dlatego, że te piękne nierealne – wydawałoby się z dzisiejszej perspektywy – obrazy mogą dowartościować czy też inspirować realną sytuację, w której się znajdujemy.

Realny związek?

Tak. Powiedzmy, że się w pani zakochałem i już wiem to wszystko, o czym do tej pory powiedzieliśmy – co mogę zrobić? Mogę na przykład zbudować wokół nas pewien mit – uczynię panią kimś na kształt bóstwa czy pani mojego serca, której w ten sposób będę oddany. I to będzie taki fundament naszego związku, z którego w trudnych chwilach będę mógł czerpać. Dlaczego? Bo uważam, że jest pani wielką wartością. To słowo do tej pory się jeszcze nie pojawiło, a powinno było, bo jest pani dla mnie tak wartościowa, że chcę, żeby nic się pani złego nie stało, żeby nasze wspólne życie było jak najlepsze.

Oczywiście w punkcie wyjścia muszę mieć to paliwo, tę namiętność, tę intymność, to zaangażowanie, ale muszę mieć również do tego pewną narrację, która nie będzie na dzień dobry eksponować okrutnej prawdy ewolucyjnej o tym, że jesteśmy tylko kawałkiem mięsa, że będziemy się starzeć, że będzie coraz gorzej, pochłoną nas choroby, na końcu zdechniemy, i że to wszystko nie ma sensu. Z tej perspektywy właściwie w nic nie opłaca się angażować.

Niektórzy tak wybierają – nie angażują się w nic albo szukają wyłącznie przyjemności.

Ich święte prawo. Na pewno nie będę ludziom mówił, jak mają żyć. My rozmawiamy tylko o pewnym wzorcu. Życie generalnie nie ma sensu i jest pełne cierpienia, ale na tym polega człowieczeństwo, że możemy mu sens nadawać.

Przychodzi mi do głowy, że to, o czym teraz mówimy, co pokazuje to, co w miłości jest tak naprawdę najfajniejsze, najważniejsze, jest w sumie nieludzkie.

Jak to?

Kłóci się z powszechnie lansowanym, ale dość prostacko pojmowanym interesem własnym. Miłość do siebie ściera się z miłością do czegoś poza sobą.

Optymalnie by chyba było, żeby jedna miłość drugiej nie wykluczała?

Z tym że dzisiaj świat mówi nam, że w jakimś sensie miłość własna jest ważniejsza. Jest pierwsza. Zadbanie o SIEBIE. MÓJ dobrostan. MOJE szczęście. MÓJ komfort – to przede wszystkim. Jeśli kochanie kogoś ci to daje, to rób to dalej, ale jak przestaje, przestań. Jeśli ktoś w ten sposób rozumie miłość, to tak będzie postępował. Jest przyjemnie, korzystam, rozwijam się, to jestem. Psuje się, muszę się wysilać, zwijam się. I to jest nawet jakoś racjonalne. Co z tym zrobimy? Nic.

Natomiast słyszę gdzieś na zapleczu naszej rozmowy, u pani, ale u mnie też, przekonanie, że miłość jest jeszcze czymś troszeczkę większym. Może być, w każdym razie. I to coś większego moim zdaniem polega właśnie na tym, że miłość może nas uwolnić od samych siebie i że czasem bywa zaprzeczeniem naszego dobrostanu, naszego interesu. W miejsce, które normalnie wypełniamy całymi sobą, wlewa się coś innego. Ktoś inny. Ale tak jak wiele razy podkreślałem, to jest tylko pewna propozycja spojrzenia na tę sprawę.

Puenta?

Nie ma tu dobrej puenty. Może puenta jest taka, że – jak to powiedział Nietzsche – „istnieje mroczna wiecznie samopożądająca siebie siła zwana życiem" i czegokolwiek byśmy pragnęli, o czymkolwiek byśmy mówili, to ona i tak wszystko załatwi.

Jak to rozumieć?

Ludzie będą się kochać albo nie będą. Będą się żenić albo nie będą. Może będą żyć w gromadach albo w matriarchacie. Nie wiemy. Życie i tak to rozstrzygnie. Dzisiaj jesteśmy w takim momencie, w którym miłość jest trochę marzeniem, a trochę towarem, trochę pragnieniem, a trochę przekleństwem. Jest wszystkim. Jak pisał William S. Burroughs: „Love? What is it? Most natural painkiller what there is", „Najbardziej naturalnym środkiem przeciwbólowym".

Powiedział pan wcześniej, że w punkcie wyjścia czujemy, że nasze serce do kogoś lgnie. Dlaczego lgnie akurat do tego kogoś, a nie do kogoś innego?

To jest kolejne wielkie pytanie, na które nie ma odpowiedzi. W ogóle mam takie poczucie, że z tą naszą rozmową o miłości jest trochę tak, jakbyśmy mieli w domu trochę wafli ryżowych, trochę natki pietruszki i trochę M&M-sów, a na obiad zaprosilibyśmy królową angielską...

Straszny wstyd.

Ale cały czas próbujemy wyjść z tej sytuacji godnie, nie?

No, nie wiem.

Mnie osobiście bliska jest Emily Dickinson i wierzę, że w miłości jest jakaś tajemnica. Fascynuje mnie, dlaczego akurat ten człowiek nas pociąga, dlaczego za nim chcemy iść. Dlaczego z pewnymi osobami relacje trwają przez całe życie, mimo że – wydawałoby się – nie ma ku temu żadnych powodów. Dlaczego pewne osoby tkwią nam w sercu i nie da się ich stamtąd wyrzucić, mimo że wszystko nas dzieli, a nawet już się z nimi nie spotykamy.

Jak miałbym być tak zupełnie szczery, tobym powiedział, że miłość mnie potwornie wkurza. Z jednej strony zdaję sobie sprawę z tej ogromnej tradycji, z tego, co wokół miłości narosło, z tej całej prawdy i głębi, a także gigantycznych oczekiwań, które ludzie z nią wiążą, ale z drugiej strony wydaje mi się, że to wszystko to jest jednak totalna ściema.

W sensie, że miłość nie istnieje tak naprawdę?

Nie. W sensie, że ludzie są niepowtarzalni. I w związku z tym relacje między nimi są niepowtarzalne. I jak sobie ustalimy – nie zaplanujemy, bo wielu rzeczy nie da się zaplanować – ale jak utkamy tę relację między nami, to będzie część naszej wewnętrznej, niepowtarzalnej podróży. A nazywanie tego takimi słowami jak „miłość", „przyjaźń", „seks", coś jeszcze innego, służy nam tylko do tego, żeby móc się jakoś komunikować. Podobno kot na każdego człowieka ma inne miauknięcie, a delfin na każdego ma inny układ wibracji. Jakoś tak to widzę.

Czyli w sumie wychodzi na to, że nie ma co o miłości gadać?

Może taki powinniśmy dać tytuł: „Miłość – szkoda gadać"?

Ludzie często mówią: „Masz psa? Jak jest stary, to kup sobie drugiego, młodego, żeby ci nie brakowało, jak tamten zdechnie". Albo mówią do kogoś, kto cierpi: „Nie przejmuj się, znowu pokochasz". Według nich miłość to pewna ilość energii, którą człowiek dysponuje i którą można dowolnie przerzucać z jednego obiektu na drugi. Dla mnie miłość jest czymś nieprzekładalnym. Każde spotkanie z człowiekiem jest czymś innym. Jedno spotkanie owocuje czymś, co trwa pięć lat, inne – piętnaście, a jeszcze inne – pięćdziesiąt.

Panu jedno z tych spotkań przełożyło się na wspólne trzydzieści siedem. Jak to się udało?

Bywało różnie, ale nigdy z żoną nie zakwestionowaliśmy natury naszego związku. Stwierdziliśmy, że chcemy być razem, jesteśmy razem i będziemy się o to bić do końca. Dlaczego? No, to jest pytanie. Mogę chyba odpowiedzieć tylko tak jak Neo w „Matrixie": „Bo tak chcieliśmy". Albo jak niemiecki mistyk Mistrz Eckhart, który sławił „Leben ohne Warum" i „Lieben ohne Warum", a więc miłość, a nawet życie bez uzasadnień, bez żadnych „po co" i „dlaczego".

Uznaliśmy, że jesteśmy dla siebie, że warto, mimo że tak naprawdę nie pasujemy do siebie. Podobają nam się zupełnie różne rzeczy.

Co to znaczy „bić się" o związek?

W naszym małżeństwie największym sprzymierzeńcem były rozmowy. Czwarta rano, rozmawialiśmy już dwie godziny, ja miałem ochotę zabić żonę tłuczkiem, ona mnie siekierą, ale z jakichś powodów mówiliśmy: „Dobra, jeszcze godzinę". Rozmawialiśmy do upadłego. Człowiek jest jednak istotą negocjującą. Istotą, która opiera się na słowie. Wypowiedzenie czegoś jest bardzo ważne. Działa inaczej niż milczenie. Dlatego miłość się deklaruje. Mówi się: „kocham cię", „nie opuszczę cię aż do śmierci", „będę ci wierny", wszystkie te bzdury, ale na czymś musimy się jednak oprzeć, nie? To jednak dopiero wstęp. Bo potem przychodzi moment, kiedy ta deklarowana miłość mówi: „Sprawdzam".

ZAZDROŚĆ I ZAWIŚĆ

Zdrowa zazdrość nadal jest gryząca i nieprzyjemna, ale nie staje się obsesją. Czasem pomaga wyczuć, że coś jest na rzeczy.

Zawiść może być siłą napędową: „Aha, oni mają coś, na czym mi zależy, niefajnie mi z tym, ale spróbuję zdobyć to samo!". Ale można się tez obudzić w świecie, w którym otaczają nas same „wredne świnie, które chcą nas wszystkiego pozbawić".

Zazdrość to jest przeczucie, że możemy stracić obiekt naszej miłości. Albo wyłączność na niego.

JAK UGASIĆ TEN PŁOMIEŃ?

Rozmowa z **Danutą Golec**

Wyobraża sobie pani świat bez zazdrości?

To hipisowska iluzja. „Nie znaleziono kultury, w której nie ma zazdrości. Miejsca takie istnieją jedynie w romantycznej wyobraźni optymistycznych antropologów" – pisał David M. Buss, psycholog ewolucyjny. Zresztą znana antropolożka Margaret Mead w wieku lat trzydziestu uznała zazdrość za „niepożądaną, jątrzącą się ranę w każdej cierpiącej osobie, nieskuteczną, negatywistyczną postawę, która bardziej przeszkadza, niż pomaga w osiągnięciu jakiegokolwiek celu". Sugerowała, że aby się jej pozbyć, należy zamieszkać w jakimś kosmopolitycznym mieście – Londynie albo Nowym Jorku. Dobrym rozwiązaniem był według niej również socjalizm.

W rozwiązaniach może się myliła, ale miała rację, pisząc, że zazdrość to nieprzyjemne uczucie. Po co je przeżywać?

Jest nieprzyjemne, niewygodne, to prawda, ale jak ładnie powiedział kiedyś psychoanalityk Donald Winnicott: „Normalne jest to, co jest".

Zazdrość i zawiść, bo to dwa różne uczucia, po prostu pojawiają się w naszym rozwoju. Są czymś naturalnym. Oczywiście, zdarza się, że przybierają wymiar patologiczny – kiedy sąsiad sąsiadowi spali nowe auto albo mąż zabije kochanka żony. Ale zwykle te uczucia mają łagodniejszy przebieg i w jakimś wymiarze są potrzebne.

Czym zawiść różni się od zazdrości?

Zawiść pojawia się wcześniej w naszym rozwoju i jest bardziej pierwotna. Zwykle dotyczy jakiejś cechy, atrybutu: „Ktoś coś ma, ja tego nie mam i strasznie mi z tym źle". Pierwszym takim doświadczeniem jest rozpoznanie przez niemowlę tego, że nie jest samowystarczalne. Samo się nie nakarmi, nie przytuli, nie ogrzeje. „To" ma mama. To ona ma możliwość ocalenia mu życia. Kiedy dziecko ten fakt „odkrywa", czuje pewną niewygodę, ale jednocześnie to skłania je do tego, żeby upomnieć się o swoje: płacząc, krzycząc, wołając.

Czyli ta pierwsza zawiść może też motywować do działania?

W dorosłym życiu zawiść też może być siłą napędową: „Aha, oni mają coś, na czym mi zależy, niefajnie mi z tym, ale spróbuję zdobyć to samo!".

Od czego zależy, że jednym łatwiej radzić sobie z zawiścią, innym trudniej?

Po pierwsze, dzieci rodzą się z różnym potencjałem. Są takie, które charakteryzują się swoistą zachłannością, takim apetytem – i to nie tylko na pożywienie – który przekracza możliwość konsumpcji. Nigdy im dość. Można powiedzieć, że nawet jak już są najedzone, to się wkurzają, że mama to mleko nadal ma. Niektóre dzieci mają niską zdolność tolerowania frustracji: trudniej je uspokoić, gorzej znoszą różne niewygody. Jeśli rodzice nie bardzo sobie z tym radzą i dziecko jest stale jakoś zaniedbywane – nie dostaje wystarczająco dużo uwagi, troski, nieadekwatnie się odpowiada na jego potrzeby, na przykład karmi wtedy, kiedy potrzebuje przytulenia, ukojenia – to ten głód i poczucie braku są ciągle podsycane. I fakt, że inni coś mają, a jemu brakuje, może stać się główną osią cierpienia takiego człowieka. Blokować jego rozwój.

W jakim sensie?

Choćby w takim, że nie będzie potrafił przyjąć niczego dobrego od innych. Jeśli spotka kogoś mądrego, fajnego, od kogo będzie miał szansę się czegoś nauczyć, to zamiast skorzystać, zniszczy źródło dobra, na przykład zohydzając sobie tę osobę w głowie: „Ale ona jest okropna!".

Dając coś takiemu przepełnionemu zawiścią człowiekowi, możemy usłyszeć: „Upokarzasz mnie!". Nawet jeżeli on tego, co dostaje, bardzo potrzebuje. A może właśnie dlatego... Takie osoby, nawet jeśli zdobędą to, na czym im zależy, nadal będą odczuwać zawiść z tego powodu, że inni też to mają.

Patologiczna zawiść to potworne cierpienie. Proszę sobie przypomnieć, kiedy ostatnio je pani poczuła, i zintensyfikować tak ze sto razy. To taki robak, który wgryza się w głowę, kręci i kręci, nie daje żyć.

Jak jeszcze można kogoś, jak to pani nazwała, zniszczyć?

Można popsuć relacje. Zerwać więzi: „Ja już go nie znam". Mnóstwo jest takich historii – w rodzinach, w pracy, wśród znajomych. Komuś coś się udaje i jest to tak bardzo nie do zniesienia, że trzeba od razu go skreślić.

Można też komuś sukces odebrać. Powiedzmy, że jestem takim zawistnym szefem dziennikarza, który jest chętnie czytany, przynosi kolejne nagrody. Mogę go wyrzucić z pracy albo sprawić, że będzie źle się w niej czuł, i sam odejdzie.

Weźmy taką sytuację. Są dwie koleżanki – jedna ciężko pracuje, ale ledwo wiąże koniec z końcem, druga świetnie zarabia, ciągle podróżuje: Zanzibar, Bali, Dominikana. Przywozi kolejne zdjęcia, opowiada, jak było. W tej pierwszej to wzbudza nie tylko zawiść, ale też poczucie gorszości...

...wstydu. Zawiść i wstyd zawsze się ze sobą splatają. I to jest błędne koło – bo im gorsza się czuję, tym bardziej widzę, że ja nie mam, a inni mają, i tym bardziej jestem zawistna itd. Trudno z tego wyjść.

No właśnie. Ta pierwsza w końcu ucina kontakt. Czy to już świadczy o chorobliwej zawiści?

Akurat w tym przypadku to może być odruch samoobrony. Bo tu mamy zderzenie dwóch rzeczy: z jednej strony zawiść, z drugiej – kompletny brak wyczucia. Są osoby, które mają pieniądze i epatują nimi, nie wiedząc albo udając, że nie wiedzą, jak wygląda rzeczywistość: „Jak to, to jeszcze tego patio nie zbudowaliście?", „Nie lecisz na kite'a do Indonezji? Przecież wszyscy latają!".

Bardzo trudno powiedzieć, gdzie leży granica między patologią a zdrowiem. Ale jedno można powiedzieć na pewno: nasilona zawiść sprawia, że człowiek nie tylko niszczy relację z kimś, kto ma coś, czego on nie ma, ale niszczy też trochę siebie. Swój umysł.

Jak to?

Jeżeli na przykład koleżanka, która ma niewiele, doszłaby do wniosku, że bardzo jej zależy na tym, żeby lepiej zarabiać, a zamożniejsza koleżanka może jej jakoś pomóc, na przykład w zmianie pracy, ale odrzuci jej pomoc pod hasłem „od tej suki nigdy nic nie wezmę" – to już mogłoby świadczyć o jakimś jej kłopocie.

Człowiek chorobliwie zawistny niszczy w sobie zdolność do bycia zależnym, do brania. To po pierwsze. A po drugie, nie chce uznać rzeczywistości, że po prostu nie można mieć wszystkiego.

Są tacy, którzy wydają się mieć.

Spotykamy takie osoby w naszych gabinetach. Mają pieniądze, świetną pracę, urodę, charyzmę, ale cierpią tak, że nigdy by się pani z nimi nie zamieniła. Nie ma ludzi, którzy mają absolutnie wszystko.

Jak by było zdrowo doświadczać zawiści?

Przede wszystkim dopuścić do siebie to, co się czuje. Nie oceniać, czy to jest dobre, czy złe. Jeśli naprawdę chcę tego, co budzi moją zawiść, to może jednak coś w tej sprawie mogę zrobić? A jeśli nie, to trudno. Muszę przeżyć żałobę i ułożyć się z tym. Jeśli mam metr sześćdziesiąt wzrostu, to przecież nie będę mieć metra dziewięćdziesięciu.

Niektórzy wydłużają sobie w tym celu kości.

Uznanie, że w pewnych sprawach po prostu się nie podskoczy, jest zdrowsze. Na wiele rzeczy nie mamy wpływu: na geny, na to, w jakiej rodzinie się urodziliśmy, więc zamiast pogrążać się w czarnej dziurze wstydu i gorszości, lepiej godzić się z tym, czego zmienić nie możemy, i skupić się na tym, co mamy dobrego, fajnego.

Pani też ktoś czegoś zawiści. Nie ma ludzi, którzy tego nie przeżywają. Jedni są zawistni o kasę, inni o sukcesy, jeszcze inni o fajne relacje, udany związek, dzieci, podejście do życia.

Niektórzy tak sobie radzą z zawiścią, że dewaluują kogoś, kto ma to, na czym im zależy.

„Dorobiła się przez łóżko", „Mamusia załatwiła", „Na pewno udaje. Wcale nie jest szczęśliwa". Pomysł nie jest najzdrowszy, ale też nie najbardziej patologiczny – dopóki się tej osoby nie obgaduje.

Niektórzy dewaluują to, na czym im zależy, na przykład: „Związki? To przereklamowane! Lepiej być samemu! A tak na marginesie, to nie zauważyłaś, jak twój mąż wczoraj na imprezie flirtował z Basią?". Tylko że w ten sposób zniekształca się rzeczywistość i odbiera się sobie szansę na ułożenie się z nią. Pół biedy, jak zniekształca się ją trochę, każdy z nas to robi, ale jak się ją zniekształca potężnie, to za chwilę można się obudzić w świecie, w którym otaczają nas same „wredne świnie, które chcą nas wszystkiego pozbawić". A to już jest świat paranoidalny. Niektórzy wolą przebywać w takim świecie niż czuć zawiść. Wolą czuć się prześladowani, skrzywdzeni – to pełni funkcję mechanizmu obronnego. Ale broniąc się, jednocześnie pozbawiają się możliwości życia w lepszym, zdrowszym świecie.

Jak jeszcze można się bronić przed zawiścią?

Zaprzeczać jej: „Ja czuję zawiść? A skąd!". Tylko że jak się coś wypiera, to prędzej czy później to wraca. Ze zdwojoną siłą. Na przykład we śnie. Wypierana zawiść może też wrócić pod postacią silnej depresji. Na przykład na starość, kiedy do człowieka dotrze, że tak się od niej odciął, że po nic w życiu nie sięgnął. Pamięta pani kamerdynera z powieści „Okruchy dnia" Ishiguro? On się odcinał od różnych uczuć, pragnień, może akurat nie od zawiści, ale to jest ta sama historia. Życie potrafi nam na koniec wystawić za to rachunek.

Jeszcze inni projektują zawiść na innych. Uznają, że ona, owszem, istnieje, ale nie w nich, tylko na przykład w Krzyśku albo w Ance. Niektórzy ją wręcz celowo wzbudzają w innych.

I potem chwalą się na przykład na Facebooku, gdzie to z kim nie byli, czego nie robili i jacy są szczęśliwi?

Mogą być autentycznie szczęśliwi. A mogą też w ten sposób zakrywać jakiś brak. Współczesna kultura temu sprzyja, bo wspiera budowanie „fałszywego ja", fasady. Ona w jakimś stopniu jest nam potrzebna, ale dziś stała się takim rozdętym pancerzem.

Powiedzmy, że nie wychodzi mi kolejny związek. Czuję się z tym fatalnie, za to mam dużo pieniędzy, mogę więc bez przerwy informować świat o tym, co mi te pieniądze umożliwiają. Wzbudzam zawiść u innych, jednocześnie zakrywając własną – o udane związki, o szczęście rodzinne – do której nie chcę się przyznać nawet przed sobą. Upraszczam, ale tak też można podreperować swoją samoocenę.

Tyle że w tym przypadku wzbudzona zawiść też jest fałszywa. I jak tak na to spojrzeć, to jest w tym jakaś ulga dla tego, który zawiści.

Zawiść jest prawdziwa, ale tak, nadbudowuje się na nieprawdzie.

A jak jest z zazdrością?

Zazdrość zaczyna się kształtować wtedy, kiedy w związek dziecko – matka wkracza trzecia osoba. Zwykle jest to ojciec albo coś innego, co tę mamę odciąga – praca, jacyś inni ludzie, nawet myśli mamy o innych sprawach. I to dla dziecka jest bardzo nieprzyjemne, bo nagle okazuje się, że kimś, kto jest obiektem jego miłości i właściwie stanowi podstawę przetrwania, musi się dzielić z innymi.

Zazdrość to niezgoda na to dzielenie się?
To jest przeczucie, że możemy stracić obiekt naszej miłości. Albo wyłączność na niego. Tak jak zawiść jest o coś, tak zazdrość jest prawie zawsze o człowieka. Dotyczy, jak to my mówimy, relacji trójkątnych: jestem ja, mój bliski i ktoś trzeci – kto przeszkadza albo przeszkodził kiedyś, albo może przeszkodzić.

Rozumiem, że zazdrość też może się kształtować tak, że potem da się z nią w miarę żyć...
...albo może stać się obsesją.
Na początku dziecko się orientuje, że ma konkurencję do mamy. I jakoś musi się z tym ułożyć. Jak jest trochę starsze, wchodzi w tak zwany okres edypalny. Chłopczyk zbliża się do mamy, wyobraża sobie, że się z nią ożeni, córeczka jest „zakochana" w tatusiu, mówi mamie na przykład: „A jak ty umarniesz, to my z tatusiem będziemy żyli długo i szczęśliwie". I tak ma być. To jest zdrowe. Tatuś powinien być „zakochany" w córeczce, mama w synku, tyle że wszyscy mają się w to „bawić", pamiętając, że owszem, uczucia, które się pojawiają, są silne i prawdziwe, ale jednocześnie jest to zabawa. I że dziecko nie może wygrać w tej relacji z dorosłym.

Co to znaczy – nie może wygrać?
Musi się przekonać, że nie jest jedynym obiektem miłości matki albo ojca, że rodziców łączy więź, do której ono nie ma dostępu, albo

– jeśli są sami – że czasami oddalają się do swoich spraw. To właśnie w tym okresie kształtuje się struktura umysłu, która pozwala wytrzymywać sytuacje, w których jest się obserwatorem. Dziecko uczy się, że nie zawsze musi być na środku sceny.

Co takiego może się w tym okresie wydarzyć, że później zazdrość będzie sprawiać kłopot?

Zwykle dwie rzeczy mogą pójść nie tak.

Pierwsza to tak zwany triumf edypalny, druga – upokorzenie edypalne. W obydwu sytuacjach „zabawa" załamuje się, co skutkuje cierpieniem dziecka i kłopotami rozwojowymi. Triumf edypalny jest wtedy, kiedy dziecko ma poczucie, że w jakimś sensie wygrało rodzica płci przeciwnej. Chłopiec może żyć w przekonaniu, podsycanym aktywnie przez mamę, że to on jest jej „małym mężczyzną", jedynym obiektem miłości, wybrankiem – ojciec zostaje odsunięty na boczny tor albo sam wycofuje się z relacji z żoną. Zdarza się, że taki mały „Edypek" realnie usuwa ojca z łoża małżeńskiego. On chce spać z mamą i koniec – nikt nie stawia granic i ojciec na długi czas ląduje na kanapie w salonie. Dziewczynka z kolei może mieć poczucie, że mama nie ma znaczenia, jest gdzieś z boku, a ojciec „uwodzi" córkę. Oczywiście skrajnym przypadkiem jest realne nadużycie seksualne, ale i bez tak dramatycznych historii mogą się pojawić kłopoty. Szczególnie jeżeli rodzice są w ostrym konflikcie, wtedy łatwo zdewaluować żonę i sprawić, że córka będzie miała poczucie „wyjątkowej" więzi z ojcem, będzie jej się wydawać, że jest lepsza od mamy. Zabawa przestaje być zabawą, a tata jakby zapomina o swej ojcowskiej, opiekuńczej roli.

Jest taka piękna scena w filmie „Między słowami", w której Bill Murray idzie na miasto ze Scarlett Johansson – spędzają noc w klubach i na ulicach Tokio. Ale po powrocie do hotelu on zanosi ją śpiącą do jej pokoju, kładzie do łóżka i przykrywa kołdrą. A kiedy ona w nocy przychodzi do jego pokoju, rozmawiają o tym, co ją czeka w życiu i jak mierzyć się z różnymi życiowymi trudnościami. To piękny film, który na jakimś poziomie jest właśnie o roli i relacji ojca i córki. Zły scenariusz jest wtedy, gdy dziewczynka czuje pomieszanie, bo zabawa w to, że ona odsunie mamę i będzie jedyną kobietą taty, staje się czymś niebezpiecznie realnym.

I takie dzieci – chłopcy i dziewczynki – nie mają przećwiczonej sytuacji, w której są wyłączone z relacji łączącej ważnych dla nich ludzi. Nie uczą się, że mogą wytrzymać na przykład to, że ktoś, kogo kochają, rozmawia z kimś innym, jest zajęty czymś innym. W książce „Wstyd i zazdrość" psychoanalityk Phil Mollon przytacza przykład kobiety, która oglądając z mężem film, trzymała rękę na jego nadgarstku, cały czas kontrolując mu puls. A kiedy czuła, że mu podskoczył, na przykład na widok pięknej aktorki, waliła go w twarz.

O Boże!

Nie sposób wytrzymać, że ktoś inny wzbudza najmniejsze zainteresowanie. Nawet własne dzieci mogą stanowić kłopot. Weźmy chłopca, który był „małym mężczyzną" matki. Dorasta, zakłada rodzinę, pojawia się dziecko i wtedy on się obraża: „Jak to? Mam się dzielić żoną? To moja pierś! Mój czas!". Może nie umieć wejść w rolę ojca, który ma się trochę wycofać, ogarnąć różne rzeczy dla nich obojga.

Czym jest upokorzenie edypalne?

To sytuacja, kiedy „zaloty" dziecka są całkowicie odrzucane, wyśmiewane albo ignorowane. Ta zabawa, o której wspominałyśmy wcześniej, nie może się nawet zacząć. Być może uda się to trochę naprawić w okresie dojrzewania na skutek pozytywnych doświadczeń z innymi obiektami miłości, ale jeśli nie, to dziecko, a potem dorosły zostaje z komunikatem: „O kogoś, na kim mi zależy, nie warto nawet walczyć". Bo zazdrość w takim zdrowym wydaniu polega też na tym, że się walczy o swoje. A te osoby poddają się na starcie. Jak mąż zacznie opowiadać z wypiekami na twarzy o nowej, atrakcyjnej koleżance w pracy, to żony z taką konstrukcją psychiczną raczej nie zmotywuje, żeby wzmocniła swoje działania, trochę go może pouwodziła. Nie, ona zostanie w tym dresie, w papilotach – bo po co ma się starać? Z góry zakłada, że nie ma szans. Ktoś, kto przeszedł „trening" zazdrości, będzie umiał powiedzieć: „Słuchaj, nie podoba mi się sposób, w jaki rozmawiasz z naszą znajomą", albo w jakiś inny sposób zawalczy.

A rodzeństwo? Czy to nie jest dobry „trening" zazdrości?

Jest. Właśnie miałam o tym powiedzieć. To niekoniecznie musi być brat czy siostra. Ten „trening" odbywa się też w piaskownicy, w przedszkolu. Chodzi o to, jak rodzice, wychowawcy pomagają dzieciom rozwiązać różne sytuacje rywalizacyjne. Jeśli jest konflikt – powinni uczyć rozumienia tego, co się wydarzyło, wczuwania się w drugą stronę sporu, dzielenia, przepraszania, wybaczania. Raz masz rację ty, raz Franek. Raz ty wygrywasz, raz Ania. Warto dzieci uświadamiać, że w grupie czasem stoi się z boku, przygląda się, czasem ktoś jest zajęty, może nie mieć ochoty i że to nie jest koniec świata. Czasem trzeba umieć wytrzymać nieprzyjemne uczucia. To uczy dzieci, jak mogą być z innymi, kiedy są pewne ograniczone dobra i każdemu na nich zależy.

W przypadku rodzeństwa tym dobrem są rodzice. Ich uwaga, sprawiedliwość przez nich wymierzana.

I każdy, kto ma rodzeństwo, wie, czym taka zazdrość jest. Bywa trudno, ale to jest dobry poligon do ćwiczeń.

Znam czterdziestolatków do dziś niemogących przeżyć tej detronizacji, której doświadczyli, kiedy na świecie pojawił się młodszy brat lub siostra.

To jest klasyka. Pytanie, czy rodzice w ogóle mieli w głowie, co się z tym starszym dzieckiem może dziać, czy rozumieli, że dla niego to trudny moment, w którym potrzebuje uwagi, zaopiekowania się różnymi bolesnymi uczuciami. Czy pozwolili starszemu na okazywanie zazdrości, czy też wpadali w spazmy: „O rany, nie kochasz swojego młodszego braciszka? Chcesz, żeby on umarł? Nie wolno tak!". Albo w ogóle nie zauważyli jego cierpienia, zaprzeczali mu: „Weź nie przeszkadzaj mi, widzisz, że małym jestem zajęta. Lepiej mi pomóż, duży już jesteś!".

Co dziecko ma zrobić w takiej sytuacji ze swoimi uczuciami? Musi je gdzieś upchać. Ale bezkarnie się nie da.

Co się może potem wydarzyć?

Może się na tym nadbudować nienawiść do młodszego rodzeństwa, która zabarwi ich relacje w dorosłym życiu. Wiadomo, że rodzeństwo się nienawidzi i kłóci, ale też kocha. Tutaj tej miłości może być jakby mniej. Zwłaszcza jeśli rodzice w sytuacjach konfliktowych zwykle stawali po stronie młodszego, „no bo jest młodsze". Jeśli jest jeden schemat rozwiązywania sytuacji spornych, zwykle nieadekwatny do rzeczywistości, to starsze nie będzie wiedziało, jak potem „obrabiać" podobne sytuacje: „Czy to znaczy, że zawsze mam przepraszać? Zawsze ustępować? To może w ogóle nie będę się z nikim kłócić? Albo przeciwnie – będę się kłócić z każdym o wszystko, to może chociaż raz wygram?".

Dziecko, które nie miało okazji przećwiczyć zazdrości, może mieć w dorosłości trudność z poradzeniem sobie w innych sytuacjach trójkątnych – ja, mąż, teściowa albo ja, kolega, szef, albo ja, przyjaciółka, jej przyjaciółka. Jak sobie poradzić z tym, że czasem jesteśmy we dwie, czasem we trzy, a czasem one są razem? Jak się ułożyć z tym, że ktoś jest niedostępny, bo na przykład się zmaga ze swoim związkiem albo ma swoje sprawy – pracę, dzieci chorują – lub po prostu nie ma ochoty? Jak znieść to, że mąż ma przyjaciół, z którymi chce spędzać czas?

Jak ktoś dostaje tylko jeden schemat funkcjonowania albo dwa, to tak jakby dostał do ręki młotek. Wszystko staje się gwoździem. A on nie wie, dlaczego nie wychodzi. Nie rozumie, dlaczego ludzie się odwracają. Dlaczego jest sam.

Kiedy przychodzi zazdrość, co zwykle się czuje?

Zamęt. A z przeszłości cały czas dzwoni stara piosenka: „No i znowu zostałam wykluczona". Dlatego to łatwo może pójść w stronę obsesji i niewinna rozmowa męża z koleżanką może się zakończyć karczemną awanturą.

W zazdrości patologicznej pojawiają się dwa charakterystyczne elementy: bardzo obniżone poczucie własnej wartości, ogromny wstyd i nienawiść do osoby, która „zdradza", albo do tej, która odciąga. I czym innym jest czuć trochę taki smutek, niechęć, a czym innym – nienawiść splecioną z poczuciem, że jest się do bani. Za tym zwykle idą gwałtowne działania typu „zepsuję", „zniszczę": „To jak taka jesteś, jak chcesz mieć jeszcze inne przyjaciółki, to zrywam z tobą!".

Zdrowa zazdrość na czym polega?

Nadal jest gryząca i nieprzyjemna. Nic tego nie zmieni, ale nie staje się obsesją. Nie lubię, kiedy przyjaciółka mówi mi, że nie ma dla mnie czasu, bo musi się spotkać z kimś innym. Nie lubię, ale umawiam się z nią na następny tydzień. Wiem, że ma dużo znajomych, różnych zobowiązań i że to, że nie może, nie wynika z faktu, że jestem dla niej nieważna. Jakoś się ze swoją zazdrością układam, wytrzymuję ją.

Czasem ludziom zdrowa zazdrość pomaga wyczuć, że coś jest na rzeczy. Bo ona ma też korzenie ewolucyjne – osobniki, które nie były zazdrosne, nie były naszymi przodkami.

Jak to?

Zazdrość służyła naszym przodkom m.in. do tego, żeby mogli przekazać swoje geny.

Mężczyzna, który nie był zazdrosny, nie miał pewności, czyje dzieci wychowuje. Z kolei kobieta, która nie była zazdrosna, mogła stracić opiekuna, a wtedy jej dzieci mogłyby nie przetrwać.

Zazdrość obu płciom była potrzebna do tego samego, chociaż wykształciły one różne strategie obchodzenia się z nią. W dużym uproszczeniu: mężczyźni są częściej zazdrośni o seks, bo ewolucyjnie nie opłaca im się wychowywać nie swojego potomstwa, a kobiety – o uczucia. W ten sposób pilnują, żeby nie stracić opiekuna – swojego i dzieci.

Czyli jeśli ktoś ma jakieś podejrzenia w stosunku do partnera czy partnerki, to lepiej, żeby ich nie bagatelizował?

Pod warunkiem właśnie, że nie jest obsesyjnie zazdrosny i nie ma tendencji do nakręcania się. Wtedy jego intuicja może świadczyć o tym, że nie są to bezpodstawne obawy.

A na ile zazdrość może też być informacją o naszej kondycji psychicznej? Przypomina mi się przyjaciółka, która przez dwa lata zajmowała się dziećmi w domu. Miała poczucie izolacji, nie czuła się specjalnie atrakcyjna i wtedy właśnie wpadła w potworną zazdrość o męża, który był Bogu ducha winny. Po pewnym czasie doszła do wniosku, że to było w niej.

Oczywiście, jak mamy duży spadek samooceny, to różne demony się mogą ujawnić. I warto pamiętać o tym, że jak partnerka czy partner nagle zaczynają okazywać silną zazdrość, to może to wynikać z ich dużego chwilowego osłabienia, a nie od razu wskazywać na obsesję czy zespół Otella.

Przypomnijmy może od razu, czym ten zespół Otella jest, bo to nie jest po prostu nadmierna zazdrość.

To forma psychozy urojeniowej, zespół patologicznej zazdrości, który wiąże się z uszkodzeniem mózgu wynikającym najczęściej z choroby alkoholowej. Osobie z zespołem Otella wydaje się, że jedyną rzeczą, która może jej przynieść ulgę w cierpieniu, jest zabicie obiektu zazdrości. I nie ma znaczenia, czy ofiara jest winna, czy nie.

Co może zrobić ktoś, kogo zazdrość czy zawiść męczą nie na tyle, by mu dewastować życie, ale jednak męczą?

Warto wzmacniać w sobie umiejętność myślenia o uczuciach. W optymalnym scenariuszu tę umiejętność pomagają nam kształtować od małego dorośli – nazywając jakieś uczucia, rozmawiając z nami o nich, tłumacząc je. W jednej tradycji to się nazywa mentalizacją, w tej, w której ja pracuję – pomieszczaniem, co polega na tym, że buduje się w głowie takie „pomieszczenie", w którym można myśleć o uczuciach. Niektórzy tego „pomieszczenia" nie mają. Pojawia się jakiś impuls i zanim zdąży dojść do głowy, jest natychmiast przekładany na działanie. Inni, czując coś, od razu przerzucają to do ogródka sąsiada: „To nie moje".

I to miejsce w głowie jest bardzo potrzebne. Nie wymaże tego, co się czuje, ale złagodzi dolegliwości, które z tym uczuciem się wiążą.

Będzie mniej boleć?

Tak, bo jak się o czymś pomyśli, to łatwiej to wytrzymać. A jeszcze lepiej, jak się znajdzie na to słowa, porozmawia z kimś o tym: „Rozsadza mnie, pogadaj ze mną". Chodzi o to, żeby wpuścić z zewnątrz kogoś, coś innego. Najlepiej, żeby to był ktoś mądry, komu się ufa, ale to może być też mądra książka, która skłania do myślenia o tym, co uwiera. Dzieło sztuki. Poruszająca muzyka.

To „pomieszczenie" pozwala też sobie wyobrazić, co jest w głowie drugiego człowieka, co on może czuć w związku z jakimś moim działaniem.

Czyli w tym miejscu rodzi się też empatia?

Można tak powiedzieć. Dzięki myśleniu o uczuciach otwierają się różne rzeczy. Rzeczywistość się poszerza i zaczyna się ją rozumieć w bardziej złożony sposób: można coś dać innym, można coś od innych wziąć, czymś się podzielić. Łatwiej jest znaleźć rozwiązanie swojego problemu.

Jak nie mamy takiej przestrzeni na myślenie, to zazwyczaj reagujemy impulsywnie i albo zadajemy ból innym, albo sobie.

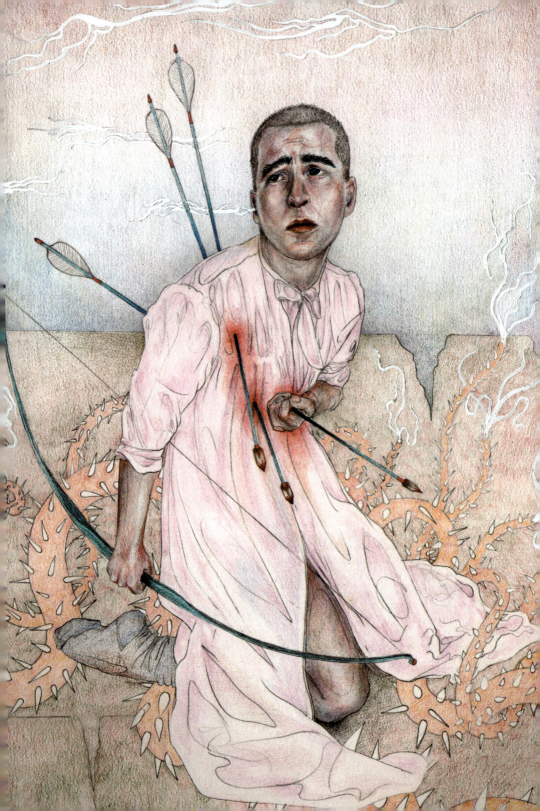

KRZYWDA I WINA

Poczucie winy, w którym się utyka, to zaprzeczenie sprawczości: „Wszystko to moja wina. No, ale taki już jestem i nic na to nie poradzę".

Wyobraźmy sobie sytuację, gdy ktoś mówi ciągle: „To przeze mnie, taki jestem straszny". Ktoś inny się wkurza, słysząc to, więc ten pierwszy dostaje najlepszy dowód na to, że jest beznadziejny. No i mamy klincz.

Czasem osoba zdradzona trzyma tego, kto zdradził, „na musiku" i cały czas gra tym jego poczuciem winy. Jedno bez przerwy na ławie oskarżonych, a drugie na miejscu prokuratora.

Gdy zapytamy Amerykanina, jak się ma, odpowie, że wszystko dobrze. A u nas? Odpowiemy: „A, stara bieda". „Stara bieda" – to motto życiowe tego, kto czuje się wiecznie skrzywdzony.

JAK WYJŚĆ Z DZIUPLI?

Rozmowa z **Bogdanem de Barbaro**

Chciałabym zacząć od poczucia winy.

Właśnie – poczucia. Bo wina i krzywda to kategorie etyczne, a tym psychoterapeuta się nie zajmuje. Przynajmniej nie powinien. Natomiast poczucie to sprawa psychologiczna.

Ale jak ja mam pani powiedzieć, co to jest?

Bywa, że jest ono uzasadnione, kiedy kogoś skrzywdziliśmy, powiedzieliśmy coś, czego żałujemy...

My, czyli kto? Są ludzie, którym ten stan jest zupełnie obcy. I tacy, którzy czują się winni na okrągło, mimo że nikomu nic złego nie uczynili. Tych pierwszych nazywa się czasem psychopatami albo socjopatami.

Jeśliby założyć, że każdy w nas ma w sobie, metaforycznie mówiąc, dziecko, dorosłego i rodzica, to poczucie winy często pojawia się pod wpływem głosu tego ostatniego. To głos, który mówi, co dobre, a co złe. Jest pełen dezaprobaty, kiedy nabroimy albo pomyślimy coś niecnego. Nie musi być głośny ani dewastujący, wystarczy, że tak sobie szemrze: „Tego nie rób", „Wstydź się". Ten głos w zdrowych proporcjach jest potrzebny. Ale są ludzie, którzy go nie słyszą.

Bo on jest bardzo nieprzyjemny. Freud twierdził, że poczucie winy to coś, czego ludzie za wszelką cenę będą chcieli uniknąć.

I robią to na różne sposoby. Na przykład racjonalizują: „Nie można było inaczej". Albo dysocjują: „To nie ja". Ludzie potrafią się tak rozszczepić, że ciemna strona ich duszy realizuje jakiś haniebny czyn, a im się wydaje, że to z nimi nie ma nic wspólnego.

Dziecko czasami na pytanie: „Dlaczego wylałeś zupę?", odpowiada: „Bo mnie diabeł podkusił". Dorosły też potrafi powiedzieć: „Coś mnie tak porwało!". Skoro go porwało, to przecież nie jego wina. Można także zwalić na kogoś. Albo zapomnieć. Pójść w sublimację.

W sublimację?

Na przykład ktoś ma w sobie taki agresywny impuls, że lubi zabijać. Ale gdyby go do siebie dopuścił, toby się czuł winny, więc – jakby „w zamian" – chodzi na strzelnicę albo poluje na sarny „dla zachowania równowagi ekologicznej" i myśli, że jest w porządku, bo przecież nie morduje. No, ale może lepiej polować, niż mordować.

Jak można „zdrowo" obejść się z poczuciem winy?

Poczucie winy to informacja: „Zrobiłem źle", która powinna prowadzić do pytania: „Jak teraz zrobić dobrze?".

Należałoby sprawdzić, w czym się nawaliło, gdzie i dlaczego. I na tej podstawie stworzyć system wczesnego ostrzegania czy system hamulcowy, żeby już tego nie powtarzać w przyszłości. To rozwojowe skonsumowanie sytuacji. Niektórzy po to idą do spowiedzi.

A potem i tak robią to samo.

Jedni tak, inni nie. Dobry spowiednik zatrzyma się nad tym, dlaczego ktoś „trwa w grzechu", wciąż go powtarza. Ale my przecież nie o konfesjonale mamy mówić...

Co z tymi, którzy czują się winni na okrągło?

Ci, dla których poczucie winy jest stałą nutą? Być może regularnie słyszeli od któregoś z rodziców: „Cokolwiek tkniesz, to zepsujesz" albo „Do niczego się nie nadajesz". Zdarza się, że dziecko potem taki głos uznaje za własny i w swoim sercu zamienia go z „jesteś do niczego" na „jestem do niczego".

Ale te komunikaty nie muszą być takie wprost.

Oczywiście. Wystarczy kamienna twarz rodzica. Grymas. Brak reakcji albo milcząca obraza. Bo dziecko potrzebuje do życia – przepraszam za takie banały – bezpiecznej miłości. U Johna Bowlby'ego, twórcy teorii przywiązania, to się określa mianem bezpiecznej więzi. Jeśli tej więzi brakuje, to dziecko ma kłopot i wzrasta w poczuciu, że jest „nie OK" – jak mówi inny znany amerykański psychiatra Eric Berne.

W tej relacji, jak rozumiem, dominuje karcący sposób wychowywania.

Karcący czy odrzucający albo lekceważący.

Proszę spojrzeć, jaką piękną ustawiłem konstrukcję z tego widelczyka do ciasta i łyżeczki. Jako żywo przypomina Pałac Kultury, nie sądzi pani?

Dziecko, które w przyszłości będzie się czuć wiecznie winne, raczej nie będzie słyszeć od rodzica: „Boże, dzióbeczku, jaki ty jesteś twórczy! Sprawdź, może jeszcze jakoś inaczej uda ci się te sztućce ustawić", tylko: „Co ty, talerzyk chcesz rozbić?! Szlaban na komputer". I to będzie raczej stała reakcja na różne przejawy takiej „twórczości" niż incydentalna.

Kiedy człowiek z takim bagażem wchodzi w dorosłość, to jak się kontaktuje z innymi i ze światem?

Wciąż słyszy w sobie ten głos: „Jesteś nie OK". To nie musi być nawet wyraźnie zwerbalizowane. To może być rodzaj dyskomfortu, niezadowolenia z siebie, opór. Może nie chcieć badać świata, nie eksperymentować, trzymać się schematu, słuchać „starszego", kimkolwiek on będzie – przełożonym, naczelnikiem... Nawet jak zrobi coś dobrego, coś mu się uda, to będzie w nim tkwiło przekonanie, że jest nie taki, jak trzeba. Nie mówiąc o tym, co w nim zajdzie, kiedy usłyszy krytykę. Wtedy ta wrażliwa struna będzie grać bardzo głośno.

I potwierdzi, że na nic innego nie zasługuje.

Przed chwilą mnie pani poprosiła, żebym schował telefon, bo może się sprzęgać z dyktafonem. Gdybym miał problem z uogólnionym poczuciem winy, to mógłbym pomyśleć: „Jezu, znowu coś nie tak ułożyłem. Nie zauważyłem, że mogłem pani nagranie popsuć. Taki ze mnie głupek, że nawet nie wiem, na czym polega XXI wiek".

W skrajnej formie to będą urojenia winy i grzeszności. W głębokiej depresji często występuje taki objaw: „Potwornie zgrzeszyłem i teraz czeka mnie wieczne potępienie. Za to, co się dzieje, za całe moje życie, za wszystkie moje błędy". Ale tym już się zajmują psychiatrzy.

Wyobrażam sobie, że z nutą wiecznego poczucia winy można też w miarę dobrze funkcjonować.

Najwyżej w miarę. Choć są i tacy, którzy w poczuciu winy się rozgaszczają. I wcale nie chcą z niego wychodzić.

Alfred Adler, austriacki terapeuta, uważał, że poczucie winy to „unik i wycofanie się z działania".

A wie pani, że on swoją teorię psychoterapeutyczną oparł na obserwacji bawiących się w parku dzieci i na wątku dotyczącym instynktu mocy, tego, że człowiek potrzebuje być sprawczy, lepszy, mocniejszy? Poczucie winy, w którym się utyka, to zaprzeczenie sprawczości: „Wszystko to moja wina. No, ale taki już jestem i nic na to nie poradzę". Taka nisza.

I co w niej fajnego?

Wygodnie może być.

Przede wszystkim nie trzeba ryzykować czegoś nowego. Sprawdzać, czy dałoby się inaczej, czy można mieć jednak jakiś wpływ na rzeczywistość.

Powiedzmy, że ojciec w szkole ciągle słyszy, że syn sprawia kłopoty. I za każdym razem czuje się z tego powodu winny, ale nic w tej sprawie nie robi poza tym, że czasem powie do syna: „Nie przejmuj się. To przeze mnie. Ja chyba po prostu jestem kiepskim ojcem". A mógłby spróbować przejść do ofensywy i pomyśleć, w jakim stopniu rzeczywiście jest współodpowiedzialny za tę sytuację. Jak może synowi pomóc? Jaki ma wpływ na zmianę jego zachowania?

Mnie się wydaje, że po drugiej stronie poczucia winy jest pytanie o twórczość. Taką przez małe „t". O działanie.

To skostnienie w poczuciu winy, o którym pan mówi, przypomina mi opowiadanie wybitnego terapeuty Irvina Yaloma z jego zbioru studiów o pacjentach „Kat miłości". Pacjentka po czterech latach od śmierci córki wciąż tkwi w poczuciu winy, że kiedy chora na raka córeczka umierała, ona akurat usnęła. To kompletnie zasłania jej pozostałą dwójkę dzieci, synów, którzy sprawiają dużo problemów wychowawczych. Pozwala jej nie zajmować się tym, czym powinna się zająć.

Nie pamiętam tego opowiadania, ale nie wiem, czy to poczucie winy jest po to, żeby ona mogła nie zajmować się synami, czy dlatego nie zajmuje się synami, że tkwi w poczuciu winy i w depresji. Może to tzw. sprzężenie zwrotne. Kobieta zaniedbuje pozostałe dzieci, bo jest pogrążona w niedokończonej żałobie, którą trudno zakończyć, gdyż jest ona zakotwiczona w poczuciu winy. Ta wersja wydaje mi się najbardziej użyteczna, bo ostrzega przed realnym zagrożeniem wynikającym z utkwienia w takim poczuciu: inni bliscy przestają być dla mnie ważni, tak mnie ta wina pochłania.

Jak się pracuje z kimś, kto w poczuciu winy jest zasklepiony?

Mnie się podoba docieranie do różnych głosów, które w nas są. Zapytałbym kogoś takiego na przykład: „No dobrze, czujesz się bez przerwy winny. Ale jak to się stało? Bo ja nie wierzę, żeby to był twój głos. Ludzie w sposób naturalny chcą zadbać o siebie, a ten głos jest przeciwko twoim fundamentalnym interesom. Więc do kogo on tak naprawdę należy – rodzica, babci, dziadka, nawet pradziadka?". Dalej można się zastanawiać: „A co byś mu chciał odpowiedzieć?", „Ile chciałbyś mu władzy dać nad sobą?" itd.

Czyli pracowałby pan nad sprawczością?

Mnie się to słowo wydaje kluczowe.

Trudność polega na tym, że osoby, które mają w sobie głos: „Jestem nie OK", często w dorosłym życiu wybierają na partnerów tych, którzy mówią do nich podobnym karcącym głosem. Oczywiście oni zwykle nie wiedzą, że tak wybrali. To tak zwane odtworzenie. Szuka się kogoś, kto pomoże odtworzyć sytuację z dzieciństwa, na przykład relację niesforne dziecko – surowy rodzic, mając nadzieję, że w ten sposób…

….„przerobi" się stare krzywdy.

Tak, że ten nowy rodzic, co prawda tak samo surowy jak tamten, da mi jednak kiedyś znak miłości, który wszystko uleczy. I teraźniejszość, i przeszłość.

Tylko że zwykle to się nie wydarza.

Nie znam statystyk.

Ale poważnie – w wieku trzydziestu lat już się raczej nie dostanie tego, czego się nie dostało, mając trzy lata. I tak długo, jak długo dorosły człowiek nie dowie się, o co mu właściwie chodzi, nie zrobi tej „cofki" do przeszłości, tak długo będzie szukał w partnerze tamtego rodzica. I będzie nieświadomie go prowokował, żeby zachowywał się jak tamten.

Z takim wiecznie obwiniającym się chyba niełatwo żyć. Nikt przy zdrowych zmysłach nie wytrzymałby dłużej z taką osobą.

Kategoria zdrowych zmysłów wydaje mi się przereklamowana. Ale tak, dla kogoś, kto niespecjalnie upaja się wpędzaniem innych w poczucie winy, to jest zwyczajnie wkurzające.

Wyobraźmy sobie sytuację, gdy ktoś mówi ciągle: „To przeze mnie, taki jestem straszny". Ktoś inny się wkurza, słysząc to, więc ten pierwszy dostaje najlepszy dowód na to, że jest beznadziejny. No i mamy klincz.

Niektórzy poczucia winy nie wytrzymują. Mówiliśmy o tym, co można z tym zrobić. Na przykład pomyśleć: to nie ja.

Albo dalej: to ty! To przez ciebie! Ktoś się czuje winny, ale zaczyna o to oskarżać kogoś innego. I już jest czysty. Zwykle ludzie nie zdają sobie sprawy, że to robią. Czują dyskomfort, że gdzieś zawalili, ale szybko to z siebie strzepują.

Jakiś przykład?

Powiedzmy, że posłałem syna na obóz. Wahałem się, bo może on jest jeszcze za mały na takie samotne wyjazdy, ale pojechał i złamał nogę. Nie jestem winny, jednak tak się czuję, więc obwinię o to wychowawcę, który pozwolił na takie głupie zabawy jak zbieganie z górki na pazurki. Syn ma dalej złamaną nogę, lecz ja już mogę nie obwiniać siebie.

Ta projekcja chyba ma też często miejsce w przypadku zdrady. „Zdradziłam. Ale to przez ciebie, bo nie poświęcałeś mi czasu, bo od dawna mnie nie dostrzegasz".

Jeśliby to miało miejsce na terapii, to terapeuta powinien to zatrzymać. Powiedzmy, że zdradzająca czy zdradzający mówi: „Szukałam/em kogoś, kto da mi ciepło, bo ty mi go nie dajesz", wtedy się sprawdza, czy rzeczywiście tego ciepła nie było w związku, czy raczej było niewyrażane, bo na przykład partner czy partnerka pochodzi z takiej kultury domowej, w której uczuć się nie wyrażało inaczej niż przez czyny, jak to się pięknie mówi.

W przypadku zdrady te dwa języki – psychologiczny, związany z poczuciem winy, krzywdy, spełnionych i niespełnionych potrzeb, i etyczny, dotyczący realnej winy i krzywdy – w sposób naturalny się mieszają. Ważne, żeby umieć je oddzielić tak, by można było mimo wszystko przyjrzeć się zaistniałej sytuacji, zbadać okoliczności, zobaczyć, jaki udział w niej miała również osoba zdradzona. Ale bez wskazywania winnego i poszkodowanego. Tego nie wolno robić.

Chodzi o to, żeby wyjść, jak to pan często określa, z „sali sądowej"?

Właśnie.

Rozumiem, że w przypadku zdrady akurat poczucie winy w tym, który zdradził, jest czymś dobrym?

Zależy, jaką przyjmie formę. Jeśli stanowi ono reakcję na przyjęty przez niego system wartości, to tak. Natomiast jeśli jest autoagresywne: „Jaki ja jestem do bani, jaki zły", to jest bezużyteczne. Bo co po nim?

Inna rzecz, że czasem osoba zdradzona trzyma tego, kto zdradził, „na musiku" i cały czas gra tym jego poczuciem winy. To może się ciągnąć do śmierci, a czasem nawet i po niej. Jedno bez przerwy na ławie oskarżonych, a drugie na miejscu prokuratora.

Przyzna pani, że to mało konstruktywne?

Ale trwają w tym.

To jest taki ich taniec, powiedziałbym, klasyczny. Ani im w tym dobrze, ani wygodnie, ale jakoś ich to razem trzyma, na przykład zapewnia względną równowagę w związku. Sprawia, że nie muszą niczego zmieniać. Na przykład ten, kto nie umiał dawać bliskości, nadal nie musi się jej uczyć, tylko zakleszcza się w tej sytuacji winy i krzywdy. Bo należy pamiętać, że w ogóle krzywda i wina to dwie strony tego samego medalu.

Jak to?

Chociaż brzmi to paradoksalnie, są ludzie, którzy chcą być w tym i tylko w tym. Mają albo głównie poczucie winy, albo poczucie krzywdy. Jednak często spotykam takich, którzy są wewnętrznie naprzemiennie krzywdzeni i winni. Na przykład ktoś czuje się skrzywdzony, bo czegoś nie dostał, ale zaraz zachowuje się tak agresywnie, że czuje się winny. I odwrotnie, ktoś czuje się winny, projektuje winę na drugiego – i już czuje się skrzywdzony. I tak tą walutą bez przerwy obracają. Dobrze to widać w skonfliktowanych parach. Raz jedno krzywdzi, raz drugie, raz jedno jest ofiarą, raz drugie. Więc może bardziej użyteczny będzie podział nie na winnych i na skrzywdzonych, tylko na tych, którzy wpadają w pętlę krzywdowiny, oraz na tych, którzy szukają wyjścia z trudnych sytuacji?

Poczucie krzywdy ma taką przewagę, że daje poczucie wyższości moralnej.

Ci, którzy operują głównie krzywdą, w jakich okolicznościach mogli wzrastać?

Myślę, że mogą wspominać ból i niesprawiedliwość.

Okoliczności mogły być bardzo różne. Jedni byli realnie krzywdzeni, inni dostali nagrodę za krzywdę. Na przykład taka sytuacja: srogi tata i kochająca mamusia. Kiedy tata krzyczy, mama od razu interweniuje: „Zdzichu, nie krzycz tak na Wojtusia, widzisz przecież, jaki on teraz przerażony! Jak możesz tak krzyczeć na dziecko?!". Zdzich wściekły trzaska drzwiami, wychodzi, bo mu przerwano akcję pedagogiczną, a matka przytula Wojtusia i mówi: „Nie martw się, tatuś ma dzisiaj zły humor". I Wojtuś dostaje nagrodę za swoją krzywdę, która staje się lepiszczem jego relacji z matką. Ten schemat na różne sposoby się powtarza. Wojtuś się przewróci, mamusia biegnie: „Oj, Wojtusiu, biedactwo, jak cię strasznie musi boleć, no już, już". I bach, znów nagroda. Oczywiście te przykłady to pewna metafora – to jest jasne?

Jasne.
Do tego dokłada się kontekst kulturowy.

Który sprzyja poczuciu krzywdy?
Cała nasza mitologia narodowa jest na niej zbudowana. Ciągle nas ktoś chce zaatakować, zniszczyć, zgwałcić. Tu Merkel, w ogóle Niemcy, tam uchodźcy, Unia Europejska... Polska bez przerwy musi się bronić. Różni politycy mają nasłuch na poczucie krzywdy i się do niej odwołują. To całe „wstawanie z kolan" to jest właśnie to. A polityka wpływa na społeczeństwo, a potem na pojedynczych ludzi.

Gdy zapytamy Amerykanina, jak się ma, odpowie, że wszystko dobrze. A u nas? Odpowiemy: „A, stara bieda". „Stara bieda" – to motto życiowe tego, kto czuje się wiecznie skrzywdzony.

Co on z tej krzywdy ma?
Podobnie jak z tym, kto ciągle czuje się winny, zwalnia go to ze sprawczości. „Jestem ofiarą – świata, innych, złych ludzi, bliskich, którzy mnie ranią, itd. Co ja mogę? Nic. Jestem bezradny. To oni decydują o moim losie. Nade mną można się tylko użalić".

W gabinecie ostatnio często słyszę, że Niemcy to straszny naród...

Zostawmy Niemców w spokoju. Co jeszcze pan słyszy?
Od wiecznie skrzywdzonych? „Mam okropnego męża, strasznego szefa, paskudnych kolegów w zespole, niegrzeczne dziecko, okropne jest to, co się dzieje na świecie...". Stop. To ostatnie świadczyłoby jednak o jakiejś refleksji.

Taka "ofiara" zgłasza się na terapię po to, żeby wreszcie coś z tym okropnym mężem, szefem, dzieckiem zrobić?

Niekoniecznie. Może przychodzić z lękiem, z depresją, ale kiedy sprawdzamy, skąd się to bierze, to powie, że ona jest słaba i delikatna, a inni ją krzywdzą i wykorzystują. Ci pacjenci często wcale nie są gotowi, żeby opuścić to przekonanie. „Kiedy szef ciągle na mnie krzyczy, a żona się nade mną pastwi, to pan chce, żebym udawał, że tak nie jest? Kłamać mam?". I znów – przyglądamy się temu, jak było kiedyś, czy to „kiedyś" nie zabarwia przypadkiem tego, co teraz, zastanawiamy się, co sam pacjent może zrobić – jak może zapobiec temu, żeby szef już na niego nie nakrzyczał, itd. Dawno temu, gdy mój przełożony zaczął na mnie krzyczeć, a ja byłem przekonany, że jest głęboko niesprawiedliwy, wyszedłem z jego gabinetu. Od tamtego czasu nie podniósł na mnie głosu.

Osoby w roli ofiary mają taką tendencję, żeby interpretować wszystko, co jest do nich skierowane, jako wymierzone przeciwko nim.

Może nie wszystko, ale dużo.

On na przykład przynosi jej róże, a ona mówi: „Ale dobrze wiesz, że ja lubię irysy". I się robi smutna. Nie odbiera tych kwiatów jako znaku miłości męża, tylko jako zranienie: „Bo przecież powinien wiedzieć, że ja wolę irysy. A jak nie wie, nie pamięta, to pewnie nie kocha". Tak fundamentalna jest dla niej relacja krzywdowiny, że nie jest w stanie zareagować inaczej.

Czyli jak?

„Ach, cudownie, kochanie, róże! Wyjątkowo piękne!". Na przykład.

Można by taką osobę spytać, czy w tej całej krzywdzie, która jej się ciągle dzieje, widzi jakiś dobry wyjątek. Może jednak ktoś coś miłego zrobił i było fajnie? Co musiałoby się wydarzyć, żeby ten wyjątek mógł się powtórzyć? Jaki może być w tym jej udział?

Są jednak sytuacje, kiedy ktoś jest realnie krzywdzony, a jednocześnie ma tendencję do wchodzenia w rolę ofiary. Jak ma się w tym odnaleźć?

Często tak jest. Ale kiedy taka osoba przychodzi do mnie, to nie mogę – powiedzmy, w sytuacji gdy mąż bije żonę albo stosuje inny rodzaj przemocy, na przykład psychicznej – legitymizować przestępstwa. Jako terapeuta mogę się razem z tą kobietą zastanawiać, jak do tego doszło, ale jako obywatel muszę powiedzieć: „Stop przemocy!". W pierwszej kolejności szukamy strategii, która doprowadzi do tego, żeby się to przestępstwo już nie powtórzyło, dopiero potem możemy się zastanawiać, dlaczego ta pani weszła w związek akurat z tym mężczyzną.

Przemoc fizyczna w swojej jaskrawości jest oczywista, ale bywają subtelniejsze zachowania, o których trudno powiedzieć, że są przestępstwem. Ale jeśli ktoś ma poczucie, że traci szacunek do siebie pod wpływem tego, co mówi lub robi partner czy partnerka, to dzieje się realna krzywda. I nie ma co wtedy sprowadzać jej do gry w związku.

A co, jeśli ktoś jasno komunikuje partnerowi ważne dla siebie potrzeby, a ten je notorycznie ignoruje?

To co?

Ma prawo czuć się skrzywdzony?

Ja zachęcałbym do tego, żeby nie definiować tego w kategorii krzywdy i winy, tylko braku szacunku. Co możesz zrobić, żebyś był szanowany, a nie ignorowany? Może idź na trening asertywności, warsztaty komunikacji, poszukaj strategii, która doda ci mocy?

Im więcej krzywdowiny, tym gorsze relacje z ludźmi?

Mniejsza satysfakcja z życia w ogóle. Mniejsza twórczość. Brak poczucia wpływu.

Za to większe poczucie bezpieczeństwa?

Złudne i na krótką metę. To takie poczucie bezpieczeństwa jak w dziupli. W pewnym momencie zrobi się duszno. Poza tym nie pozna się świata. I człowiek pozbawia się szansy na zrobienie czegoś dobrego.

Co takiego – poza terapią – może się wydarzyć w życiu tego skrzywdzonego, co może mu pokazać, że tkwi w czymś, co jest dla niego samego niedobre?

Czasem wystarczy poznanie drugiego człowieka. Kogoś, kto przyciągnie czymś innym niż zaproszenie do tańca krzywdowiny. Kto będzie potrafił powiedzieć: „Ty mówisz do mnie tak, żebym się czuł winny. A ja się nie czuję winny. Jesteś fajny/a, miły/a, mądry/a, ciekawy/a, twórczy/a. Nie grajmy w obwinianie".

Zdarza się, że ludzie mówią na przykład: „Było mi okropnie na świecie, ale poznałem Felka i on mi nagle pokazał, jaki świat jest kolorowy". To może być film. Mądra książka. Ale też jakieś traumatyczne wydarzenie, które każe człowiekowi wziąć sprawy w swoje ręce, bo inaczej polegnie. Ktoś przez całe życie krzywdzony zostaje na przykład nagle sam, bo mąż czy żona umarli albo odeszli do kogoś innego, i nagle musi zmienić perspektywę, zająć się dziećmi, wyjść z tej swojej dziupli.

To jest teraz bardzo zresztą rozwijający się nurt w psychologii, ten dotyczący tzw. resilience, czyli odporności psychicznej. Z czego wynika to, że ktoś, kto na przykład stracił wszystko w trzęsieniu ziemi, bierze się w garść, jak to się mówi, i rozkwita – idzie na uczelnię, zostaje aktywistą, robi coś dla innych.

To tak zwany wzrost potraumatyczny.

No właśnie. Ale jeszcze nie wiadomo, dlaczego jedni po takich dramatach wzrastają, a inni nie. Badacze próbują to zrozumieć.

To może też być – że tak się wyrażę górnolotnie – rozwój duchowy, dzięki któremu człowiek się kontaktuje z własnym systemem wartości, dowiaduje się, co jest mądre, dojrzałe, twórcze, i zaczyna widzieć, że ta rola, którą gra od tylu lat, już nie jest mu na rękę. Ludzie szukają i chcą się zmieniać, pokonać na przykład rany z dzieciństwa. Do tego nie trzeba zaprzęgać terapeuty.

Zdarza się też, że ludzie zmieniają się na skutek przypadku. Ktoś spotyka kolegę sprzed lat. Ostatni raz się widzieli dwadzieścia lat wcześniej. Jeden mówi: „U mnie stara bieda", a drugi na to: „Ale co ty za głupoty gadasz? Ładnie wyglądasz, masz fajną rodzinę. Nie opowiadaj, że stara bieda, tylko powtarzaj sobie codziennie przy goleniu, że jest dobrze i będzie jeszcze lepiej. No to cześć, bo się spieszę". Może tak być, nie?

No nie wiem...

Czasami coś małego wystarczy. Przyjaźnię się z księdzem Adamem Bonieckim. I on mi kiedyś opowiadał – nie wiem, czy tak było, czy to tylko anegdota – że któregoś dnia po mszy świętej przyszedł do niego do zakrystii wierny i powiedział tak: „Proszę księdza, nigdy księdzu tego nie zapomnę! To było fenomenalne kazanie!". Adam zaciekawiony zapytał: „A co się panu w tym kazaniu tak spodobało?", wierny na to: „Jak ksiądz tak stanął i powiedział: »Bracia i siostry!«. Mnie to tak wtedy przeszyło!".

Pierwszy raz był na mszy?

Nie sądzę. Ale może pierwszy raz naprawdę usłyszał te słowa. Coś do niego dotarło.

Niektórzy z domu wynoszą przekonanie, że świat jest raczej groźny. To są potem takie ciemne okulary, przez które patrzą na życie.

Ludzie, którzy są głodni bliskości, a zarazem jej się boją, bardzo często zachowują się tak, że to nie sprzyja tworzeniu bliskich, bezpiecznych, czułych więzi.

Mamy objawy ze strony serca, kłopoty z żołądkiem, a badanie internistyczne nic nie wykazuje. Zdarza się, że to serce czy ten żołądek mieszczą w sobie cały niepokój, którego człowiek się wstydzi albo uważa, że nie ma prawa go odczuwać.

JAK OSWOIĆ SMOKA?

Rozmowa z **Bogdanem de Barbaro**

Córka mi ostatnio opowiadała, że oglądała na YouTubie film o człowieku, który niczego się nie bał. Możliwe?

Możliwe, że to człowiek niebywale odważny, ale można też przyjąć, że cierpi na jakąś ułomność. Narzuca się pytanie, czy mu dobrze z taką odwagą. Podobnie – są ludzie, którzy nie odczuwają bólu. Wyobraźmy sobie kogoś, kto siada na rozpalonym piecu, zaczyna czuć swąd palonego ciała i dopiero po dłuższej chwili orientuje się, że to jego własne się pali. Obaj są pozbawieni systemów alarmowych. Bo tak jak ból, tak strach i lęk to ważne wyposażenie człowieka. Gdy będzie pani coś zagrażać i zacznie się pani bać, to jest szansa, że zachowa się pani tak, żeby uniknąć niebezpieczeństwa. Ale może to jest dobry moment, żeby odróżnić strach od lęku?

Proszę.

Najogólniej: strach to reakcja na realne niebezpieczeństwo. Przechodzi pani przez jezdnię, ale widzi samochód pędzący w pani kierunku, więc robi pani kilka kroków do tyłu. Natomiast lęk może nie mieć uchwytnego realnego bodźca.

A jaśniej?

Powiedzmy, że boi się pani jeździć windą. Ale nie dlatego, że na klatce schodowej zbierają się podejrzani osobnicy i obawia się pani, że mogą zechcieć pani w tej windzie towarzyszyć, tylko dlatego, że boi się pani zamkniętych pomieszczeń. I taki rodzaj fobii jest dyskomfortem, który nie pełni już funkcji sygnału ostrzegawczego. Inny przykład: jedzie pani wąską drogą, na której miała pani kiedyś wypadek, i teraz za każdym razem odczuwa pani w tym miejscu niepokój, choć już nic pani nie zagraża.

Są też lęki, których przyczyny w ogóle są nieznane. Przynajmniej dopóki człowiek nie trafi do psychoterapeuty.

Czy w takim razie jakikolwiek lęk może być pomocny?

Taki, który mobilizuje. Ktoś się na przykład boi wystąpień publicznych, tego, jak wypadnie, ale ta trema go dopinguje, sprawia, że jest maksymalnie skoncentrowany, mówi sprawnie to, co chciał powiedzieć. Tak skalibrowany poziom niepokoju jest optymalny. Pozwala skonfrontować się z realnością, zmobilizować się, poszukać rozwiązań. Natomiast kiedy człowiek tak się przejmuje innymi, że aż „traci rozum", to lęk przestaje mu się opłacać. Na marginesie, już Marek Aureliusz zauważył, że ludzie w ogóle bardziej się boją tego, co inni o nich pomyślą, niż tego, co sami myślą na swój temat.

To zapytam o inną sytuację. Dzieci wychodzą do szkoły. Wczesna wiosna, rano jest bardzo zimno, więc wkładają grube kurtki. Po dwóch godzinach robi się już gorąco. Matka, która pracuje w domu, zaczyna się martwić: po co ja im te zimowe kurtki dałam, wyjdą na dwór, spocą się, przeziębią...

Poza tym, że to przejaw być może nadmiarowej matczynej troski?

Ona idzie do tej szkoły i podmienia im kurtki w szatni na lżejsze. Można powiedzieć, że taki lęk też jest konstruktywny, ale...

No to jest do sprawdzenia, czy ona idzie, wymienia te kurtki raz, czy też co minutę sprawdza temperaturę, wilgotność powietrza, prędkość wiatru, a potem co godzinę dostarcza do szkoły nową porcję kurtek o różnej zawartości puchu. Wtedy bym chyba się zaczął o tę matkę martwić, nie o dzieci. Ale martwiłbym się również wtedy, gdyby jej w ogóle nie interesowało, w co one się ubrały i czy adekwatnie do pogody.

Są też lęki, wydawałoby się na pierwszy rzut oka, nieuzasadnione. Ktoś ma na przykład kochającego partnera, ale cały czas się boi, że on go zaraz opuści.

I to jest taka sytuacja, która dość często ma miejsce w gabinecie terapeutycznym. Terapeuta najprawdopodobniej będzie wtedy szukał połączenia między tym, co się dzieje w przeżyciach tej osoby dzisiaj, a przeżyciami z dzieciństwa, które mu ten obecny lęk ufundowały.

Tym fundamentem co może być?

Jeśli ktoś nie był w dzieciństwie bezpiecznie kochany, miał poczucie bycia niewidzianym, nieważnym, doświadczył odrzucenia czy przemocy, to niektóre sytuacje w życiu dorosłym mogą łatwo tę dziecięcą strunę potrącać i budzić dawny lęk. Niepewność, czy jest się kochanym.

Niezależnie od tego, że teraz dostaje i miłość, i troskę?

Moc przeżyć wczesnodziecięcych jest przemożna. Dlatego psychoterapeuci uważają, że sama wiedza o tym, co się stało, nie wystarczy. Potrzebne jest jeszcze tak zwane korektywne doświadczenie emocjonalne. Trzeba w życiu dorosłym zaznać, doświadczać tego, że może być inaczej – że można być z kimś blisko i że ten ktoś nie odejdzie, nie wyszydzi, nie zlekceważy. I zdarza się, że ktoś, kto w dzieciństwie zaznał głodu bliskości, wnosi ten głód do dorosłych relacji, ale znajduje kogoś, kto daje mu cierpliwą, głęboką bliskość, taką, która pozwala zabliźnić rany z dzieciństwa, i osłabia ten stary lęk. Korektywnym doświadczeniem może być też bezpieczna i głęboka relacja z terapeutą.

Z jakimi lękami jeszcze ludzie przychodzą?

Są osoby, które w ogóle są lękowe. Boją się tego, co nowe, niespodziewane: innych ludzi, nowych sytuacji, miejsc, zadań. Stale odczuwają niepokój. Tu raczej mówimy o pewnej cesze osobowości. Jeden z pacjentów powiedział mi kiedyś, że w zasadzie nie przypomina sobie, kiedy tego niepokoju nie odczuwał.

Jak on się przejawia?

Często somatycznie: przyspieszonym oddechem, rytmem serca, drżeniem czy napięciem mięśniowym, poceniem się. U niektórych „szaleją" jelita (niejeden student cierpi na biegunkę przedegzaminacyjną). Ciało i psychika to naczynia połączone.

To się pogłębia czy da się z tym żyć?

Niektórzy z tym próbują żyć, bo na przykład uważają, że nic nie da się z tym zrobić, albo duma im nie pozwala sięgnąć po pomoc. Ale istnieje niebezpieczeństwo, że będzie coraz gorzej, bo to jest sytuacja błędnego koła. Jeśli ktoś się boi ludzi, to będzie ich unikał, a jak będzie ich unikał, to zmniejszą się jego szanse na pozytywne doświadczenia, które mogłyby skorygować te stare urazy.

Ale niektórzy, świadomi swoich lęków, sami starają się je przezwyciężyć i znajdują jakiś sposób na wyjście z impasu.

I co robią na przykład?

Weźmy osobę, która boi się publicznych występów. Najpierw przemawia do małej grupy i doświadcza, że nie taki diabeł straszny, jak go malują. Powtarza to doświadczenie wielokrotnie, aż uznaje, że czas na większe ryzyko, i decyduje się na występ przed szerszą publicznością. Robi to raz, drugi, znów go życzliwie przyjmują, więc występy stają się źródłem satysfakcji, a lęki słabną.

To chyba klasyka w terapii behawioralnej? Oswajanie lęku za pomocą małych kroków.

Tak. Pytanie tylko, czy to korektywne doświadczenie będzie na tyle silne, że rzeczywiście osłabi to wcześniejsze doświadczenie.

Czym innym jest też lęk społeczny, a czym innym lęk przed intymną bliskością. Ten drugi jest trudniejszy do przezwyciężenia. Ludzie, którzy są głodni bliskości, a zarazem jej się boją, bardzo często zachowują się tak, że to nie sprzyja tworzeniu bliskich, bezpiecznych, czułych więzi. Mało tego, zachowanie drugiego często odczytują „po staremu". Na przykład ja coś teraz mówię, pani słucha, przytaknęła mi pani, no ale potem nastąpiło osiem sekund, w których mi pani nie przytaknęła, więc ja się od razu wystraszam: „Widocznie coś głupiego powiedziałem i teraz pani sobie ze mnie kpi, tak jak matka ze mnie kpiła, ojciec kpił itd." I już jestem w pułapce.

W pułapce, czyli w domu.

W domu rodzinnym...

Niektórzy z tego domu wynoszą przekonanie, że świat jest raczej groźny, ludzie raczej mają złe intencje, trzeba uważać. I to są potem takie ciemne okulary, przez które patrzy się na życie.

Konstrukcja „świat jest raczej groźny" jak powstaje?

Na przykład mama albo babcia powtarzały w kółko: „Jak idziesz na podwórko, to uważaj, bo dzieci bywają okrutne" albo „O Jezu, znowu się spociłaś, rozchorujesz się na pewno, a ja cię prosiłam, żebyś tyle nie biegała". Mnóstwo jest takich „wystraszających" komunikatów. Wprost i nie wprost. Paradoksalnie, one często biorą się z miłości, z troski. W tym cały kłopot.

Ale może być też tak, że dziecko nie dostaje od rodziców podpowiedzi, co jest dobre, a co złe. Jest pogubione, w związku z tym idzie w świat przepełnione niepokojem.

Dużo teraz mówi się także o parentyfikacji, czyli o dzieciach, które wobec własnych rodziców z różnych powodów – choroby, uzależnienia, niedojrzałości emocjonalnej – musiały pełnić funkcję rodziców. Były wtrącone w rolę, której nie były w stanie bezboleśnie udźwignąć. Takie dzieci mogą potem się ciągle czuć za rodziców odpowiedzialne, a jak rodziców zabraknie, to za wszystkich innych. I ta odpowiedzialność bywa pełna lęku.

Lęk rodziców może być zaraźliwy?

Może. Tym bardziej, im bardziej nie jest komunikowany wprost. Bo jak ktoś mówi: „Wiesz co, nasi sąsiedzi to straszni ludzie, trzeba na nich uważać" – to przynajmniej można coś z tym przekazem zrobić. Na przykład chwilę z nimi porozmawiać i sprawdzić, czy rzeczywiście są tacy straszni. Natomiast gdy do domu przychodzi ojciec z ponurą miną, a żona, matka pyta: „Co jesteś taki smutny?" – na co on odpowiada, patrząc tępo w zupę: „Nie ma o czym mówić, jest jak jest", to ten niepokój udziela się głęboko i bez nazwy. Bo to jest nastrój, który oznacza: „Idzie groźne! Tylko nie wiem jakie" albo „Coś strasznego się stało, ale nie wiem co".

Zagrożenie nienazwane jest straszniejsze.

A w dodatku rodzic sobie wyobraża, że jak nic nie powie, tylko będzie miał minę trupa, to się „nie wyda". A tymczasem ten lęk wchodzi w dziecko. I tu zbliżamy się do pytania, na ile rodzic przygotowuje dziecko do dobrej sprawczości, do odpowiedzialności, do twórczości. Na ile wyposaża je w wewnętrzną siłę.

Jak można nauczyć dziecko radzić sobie z własnymi lękami?

Jak ma dwa lata i boi się smoków, to ważne jest spojrzenie, dotyk, czułość. A jak ma czternaście lat i na przykład jest dziewczynką, którą nauczyciel dotknął w intymne miejsce, to po pierwsze, zgłasza się to do odpowiednich władz, a po drugie, nazywa rzecz po imieniu, rozmawia, opisuje, daje podpowiedź, jak się bronić na wypadek takiego zdarzenia w przyszłości, jak reagować na zło.

A taka typowa sytuacja – dziecko boi się sprawdzianu, egzaminu, że nie zda do nowej szkoły, i bardzo to przeżywa.

Tu nie ma złotych rad, bo dzieci są różne i rodzice są różni. Ja mogę tylko powiedzieć, co w takich sytuacjach radziłem swoim, choć nie wiem, na ile to się komuś przyda.

Może się przyda.

Namawiałem córkę, syna, żeby sobie wyobrazili, co najgorszego może wyniknąć z tego, że na przykład nie zdadzą. Okazywało się, że tak naprawdę nic. Najwyżej będą zdawali jeszcze raz. Mówiłem też: „Prawdziwe zło jest wtedy, gdy robisz coś złego, a nie wtedy, kiedy oblewasz egzamin". Wierzę, że odwoływanie się do wartości etycznych w takich chwilach ma sens. Można przypomnieć dziecku, że „tylko ludzie bez wyobraźni się nie boją". Takie tam pocieszki.

Poza wszystkim warto pamiętać, że dla kogoś, kto się boi – nie tylko dla dziecka – często ważniejsza od argumentów merytorycznych jest sama uczuciowa obecność, poczucie, że w pobliżu jest ktoś, kto mnie kocha i przyjmuje mnie z tym lękiem.

Przychodzą pacjenci, którzy nawet nie zdają sobie sprawy z tego, że się boją?

Mają objawy ze strony serca, kłopoty z żołądkiem, a badanie internistyczne nic nie wykazuje, więc trafiają do terapeuty. Zdarza się, że to serce czy ten żołądek mieszczą w sobie cały niepokój, którego człowiek się wstydzi albo uważa, że nie ma prawa go odczuwać, gdyż jego dziadek był majorem, ojciec – harcmistrzem, no a on ma być zuchem.

Co on mógł słyszeć w dzieciństwie, kiedy się bał?

Może: „Nie bądź mazgajem" albo – jeszcze gorzej – „Nie bądź babą". To jednak głównie wciąż problem chłopców, mężczyzn. I kiedy ten „dzielny zuch" słyszy na przykład w pracy od przełożonego: „Panie Feliksie, coś ostatnio te pana projekty jakieś takie byle jakie", to wypręża pierś, podnosi głowę i mówi: „Popracuję, panie dyrektorze!". I nie dopuszcza do siebie, że się boi, ale jego żołądek to wie – i cały się trzęsie. Skrywa w sobie te wszystkie pytania: czy dyrektor się nie odwróci ode mnie uczuciowo? Nie pomyśli, że jestem do niczego? Nie zwolni?

„Zuch" może też wrócić do domu i zamienić lęk w agresję. Pokrzyczy na żonę, wyżyje się na dzieciach. To mu wolno, bo tkwi w szponach narzuconego mu dawno temu fałszywego autoportretu.

Tego zuchowego?

Tak. Lęk może też eksplodować u niego pod postacią jakiegoś, wydawałoby się, nieuzasadnionego ataku paniki. Wtedy prędzej pójdzie do kolegi – lekarza rodzinnego – niż do psychiatry czy psychoterapeuty, a ten mu wypisze popularny lek przeciwlękowy. Łyknie go i czym prędzej wróci do roboty. To dobrze działa doraźnie, ale na dłuższą metę niczego nie rozwiązuje, za to uzależnia.

Lęk często jest maskowany agresją?

Często, ale ostrzegam, że prowadzi pani naszą rozmowę w stronę polityki.

Teraz już chyba możemy.

Gniew organizuje człowieka. To po pierwsze. Po drugie, łatwiej jest powiedzieć sobie na przykład: „Jestem patriotą, a moja złość jest uzasadniona, bo inni nas poniżają, zagrażają nam", niż powiedzieć: „Boję się" albo „Czuję się niepewnie". Wyobraźmy to sobie przestrzennie: pod spodem jest lęk, niepewność, poczucie gorszości, na wierzchu jest przekonanie „jestem silny, dobry i szlachetny", a na zewnątrz znajdują się ci źli, których trzeba pokonać. Tak na przykład może się kształtować postawa nacjonalistyczna albo teza, że walka o „dobrą Polskę" polega na atakowaniu innych. Pod tą postawą wyższościową („Polska jest nadzwyczajna") kryć się może osobista nieuświadomiona słabość.

Ten lęk zamieniony w agresję widać nie tylko w polityce, w związkach, w pracy też. Szef zamordysta to nie jest rzadka figura.

Niektórzy się tego uczą w dzieciństwie. „Cały tata" – mówi ktoś, mając na myśli, że dziadek krzyczał, ojciec krzyczał, syn krzyczy albo pił, pije, będzie pił. Ktoś inny może być przekonany, że „jeśli nie będzie mocnej struktury, to wszystko się posypie. A ja jestem człowiekiem odpowiedzialnym i ci, którzy się z tej mojej struktury próbują wyłamać, zasługują na karę". Źródeł agresji może być wiele. Nastolatek często wchodzi w rywalizację ze swoim ojcem. Jeśli to nie jest konstruktywnie rozwiązane, łatwo o przekierowanie gniewu z ojca, którego – świadomie lub nieświadomie – ten młody człowiek się boi, na kogoś innego, na przykład na kogoś o innym kolorze skóry, innej orientacji seksualnej czy innym wyznaniu. Ale wszystko to w przekonaniu, że jest się bohaterskim patriotą, a przynajmniej dzielnym obrońcą honoru jakiejś drużyny piłkarskiej. W tym kalejdoskopie okoliczności, w których ktoś może być agresywny, pomijam te marne odsłony, kiedy agresja – chociażby słowna – jest sposobem na uzyskanie poklasku od sobie podobnych czy od swojego szefa.

Jakieś nowe lęki się pojawiają?

Bruksela, Berlin...

Nie no, ale poważnie rozmawiamy.

Poważnie. Bruksela, muzułmanie, wrogowie Polski.

Przychodzi pacjent i mówi: „Boję się Brukseli"?

Nie wprost, ale jak schodzi na temat: „Co słychać w pani/pana świecie?" – to już jest gotów powiedzieć, że boi się imigrantów.

Przyjaźnię się z Syryjczykiem, który od trzydziestu lat mieszka w Polsce. I on, przemiły, mądry człowiek, wykładowca na jednej z wyższych uczelni, mówił mi, że w pewnym mieście w Polsce w czasie spotkania z mieszkańcami wstała starsza pani i powiedziała: „Przez takich jak pan musiałam zmienić zamek w drzwiach, bo wy mordujecie, gwałcicie, rabujecie!". On ją zapytał: „Skąd pani to wie?", ona na to: „Ksiądz na kazaniu powiedział". „A ilu mieszka w pani mieście Syryjczyków?" – zapytał ją, no i okazało się, że nie ma ani jednego. Z takimi lękami jednak rzadko ludzie trafiają do terapeuty. Raczej będą zwolennikami lub członkami partii, która najpierw wskazuje, że „jest się czego i kogo bać", więc wzbudza lęk albo go wzmacnia, a potem mówi: „Przyłącz się do nas, my cię ochronimy".

Dlaczego ten lęk jest tak łatwo wzbudzić?

Bo lęk przed innym jest lękiem pierwotnym, czymś ewolucyjnie ugruntowanym. Inny to zagrożenie, a kogoś takiego jak ja nie będę się obawiał. Wzmacnianie tego lęku i używanie go do walki politycznej wydaje mi się czymś etycznie niegodziwym i emocjonalnie głęboko szkodliwym.

Kłopot w tym, że te wzbudzone lęki bardzo niektórym pasują do ich wizji świata, przekonania, że inni są groźni.

Inni są groźni, są źli albo odpowiadają za moje porażki, za moje cierpienie, za śmierć moich bliskich… Często się spotykam z takim przekonaniem opartym na krzywdzie, ponieważ ono jest dla Polaków dość charakterystyczne. Bo nie wiem, czy pani słyszała, ale „Polska jest Chrystusem narodów"…

Słyszałam.

...więc dość łatwo jest tę krzywdę nasyconą lękiem przed obcym zagospodarowywać.

Nie tylko politycy grają na tym lęku, media też. Im więcej lęku, tym lepiej się klika.

Niestety, muszę się z panią zgodzić. Ale to jest często taki lęk jak z horrorów czy z kryminałów. Boję się, ale wiem, że nic mi się nie stanie. To taki tygrys w zoo: groźny, warczy, ale siedzi za kratkami i można go sobie z bezpiecznej odległości pooglądać. Taki instynkt ciekawskości. No i media go wykorzystują zgodnie z regułą „krew na pierwszą stronę". Zanim się spotkaliśmy, pytała mnie pani, czy nie uważam, że w ogóle system, w którym żyjemy, kapitalizm, jest osadzony na lęku.

I co pan myśli?

Ja bym powiedział, że on jest ufundowany na lęku, ale też na zazdrości, na tym, że sąsiad ma świetne auto, więc będę tak pracował, żeby mieć takie samo albo i lepsze.

Mnie się wydaje, że kapitalizm produkuje różne sztuczne lęki, między innymi lęk przed byciem niewystarczająco dobrym. Mówi: „Zobacz, tego nie masz i tego nie masz, jesteś kiepski, ale kup sobie produkt X i będziesz OK!".

Jest w tym jakiś element lęku, ale głównie chodzi o ludzką skłonność do rywalizacji. I to na tym ten system gra.

Kto ma większą szansę być na to odporny?

Ktoś, kto jest wyposażony w system wartości głębszy niż medale i sukces społeczny. Ktoś, kto wie, co jest dla niego ważne, co mu przynosi satysfakcję, i ktoś, kto nie daje sobie wytapetować umysłu rozmaitym politykom, dziennikarzom i reklamie.

To jest pytanie o refleksję, samoświadomość, o to, na ile ja nad sobą czuwam, a na ile bezkrytycznie oddaję się temu, co wlewa się we mnie z monitora komputera, z telewizora czy z ambony.

Są jakieś korzyści z lęku?

Są ludzie, którzy niepokój zamieniają w obrazy, poezję, muzykę. Jednym z dojrzałych mechanizmów obronnych jest sublimacja, czyli okiełznywanie impulsów, których się nie akceptuje. Jeden lęko-złość skieruje na swoje dziecko, a inny wyżyje się na blejtramie. Ten drugi sposób wydaje się dojrzalszy, na pewno jego skutki są o niebo lepsze.

Bronnie Ware, australijska pielęgniarka paliatywna, pytała umierających, którymi się opiekowała, czego najbardziej w życiu żałują. Wiele tych żalów dotyczyło właśnie lęku. Nie zrobili czegoś, bo zabrakło im odwagi.

Lęk może być taką paraliżującą siłą w życiu.

Ale jak odróżnić w momencie, w którym się jest, czy słusznie się czegoś obawiam, od tego, czy niesłusznie, żeby potem nie mieć tej bolesnej konstatacji na łożu śmierci?

To jest pytanie za sto punktów i ono pokazuje tylko, jak w życiu splecione są okoliczności psychologiczne z etycznymi. Chyba nie umiem na nie odpowiedzieć... Mnie się wydaje użyteczna ta perspektywa życia pod kątem ostatnich pięciu minut.

To znaczy?

Żeby od czasu do czasu sobie przypominać, że się kiedyś umrze i że na kilka minut przed śmiercią postawimy sobie pytanie: co zrobiłem ze swoim życiem? Z czego się sam rozliczę, jeśli jestem niewierzący, albo z czego rozliczy mnie święty Piotr? Czy w złym, czy w dobrym biegu uczestniczyłem? – jak zastanawiał się święty Paweł w liście do Tymoteusza. I ten dobry bieg jest czasem biegiem, w którym jest miejsce na lęk. Ale też na przekraczanie go. Na przykład mówię, co myślę, nawet jeżeli większości się to nie podoba, bo uważam, że to ważne.

Mówię, mimo że boję się odrzucenia, samotności.
Albo jeszcze czegoś gorszego. W zeszłym roku na wystawie historycznej w centrum Berlina widziałem zdjęcie Niemca, który stoi wśród tłumu na wiecu na cześć Hitlera. Lata 30. XX wieku, wszyscy hajlują, a on ma założone ręce. On jeden.

To znane zdjęcie. Ten człowiek nazywał się August Landmesser, był robotnikiem, jego żona była Żydówką. Co pan pomyślał, jak je zobaczył?
Został bohaterem moich myśli. Idolem dnia codziennego. Złu warto się sprzeciwiać zawsze, licząc się z tym, że zostanie to źle przyjęte. Może teraz się przegra, ale w ostatecznym rozrachunku to jednak będzie wygrana.

Niektórzy twierdzą, że religia jest czymś takim, co pozwala radzić sobie z lękiem.
Na pewno nie każda. Są religie dojrzałe i niedojrzałe. Niedojrzałe produkują lęki – przed grzechem, przed piekłem – a stąd już niedaleko do agresji. Natomiast religia dojrzała, oparta na miłości, na miłosierdziu, wymaga niezależnego myślenia, czasem właśnie nonkonformizmu, ale też daje szansę na rozwój własny.

Panu wiara jakoś pomaga?
Zbyt intymne pytanie. Podoba mi się taka wiara, która nie jest łatwym i tanim pocieszeniem na trudy tego życia, lecz taka, która wymaga i stawia zadania. Może nawet dodaje odwagi.

Przyszło mi teraz do głowy, że na różnych etapach życia różnych rzeczy się boimy.
Rzeczywiście, co rozdział życia, to nowe lęki. Małe dzieci boją się ciemności. Te większe, nastoletnie, często obawiają się

seksualności, bo nie wiedzą, czy to dobre siły, czy mroczne. Dwudziestokilkulatki mogą doświadczać lęku przed samotnością albo przed brakiem sukcesu. Jak zostaje się rodzicem, to się zaczyna lęk o dzieci, choć wyobrażam sobie, że sto czy dwieście lat temu, kiedy śmierć małego dziecka była czymś powszechnym, był on znacznie mniejszy.

A lęki wieku średniego?
Te lęki bywają użyteczne.

Użyteczne?
Bo oprócz tego, że pojawiają się lęki przed samotnością, chorobami, niewydolnością, to z nich mogą wynikać ważkie pytania. Na przykład o sens, o wartości, o to, co ważne, a co nieważne. Kiedy ludzie orientują się, że nie są nieśmiertelni, zaczynają robić istotny rozrachunek. Niektórzy schodzą z motorów...

Przeciwnie, wielu wtedy właśnie na nie wsiada!
To ci, którzy mówią: „Jeszcze nie teraz!", „Mnie to nie dotyczy", „Za pięć lat". Oni chcą za wszelką cenę odsunąć lęk przed tym, że koniec jest już może nie tak wcale daleko, i co ja na to.

Lęk, że już jest za późno na różne sprawy.
Albo że miałem być kimś innym, miało być inaczej.

No i co w tym fajnego?
Wierzę, że takie myśli, uczucia przesuwają człowieka ku dojrzałości, choć się trochę boję tego słowa, bo ono jest ocenne, ale lepszego nie znajduję.

Nie wszyscy sobie radzą z lękami egzystencjalnymi.

Niektórzy wchodzą w iluzję, że mają o trzydzieści lat mniej, szukają nowych związków, kiedy ich własne są całkiem dobre, starają się zaprzeczyć tykaniu zegara.

Myślę, że świat nas bez przerwy o coś zapytuje albo czymś atakuje. Tu awans, tu degradacja, tu choroba, tu rozstanie itd. Jaka będzie moja odpowiedź na to? Czy będę miał więcej sprawczości, zmierzę się z tą trudnością, czy odwrócę się od tych pytań?

Nie wszystko od nas zależy.

Zgoda. Jedni mają wsparcie, inni nie. Jedni dostali zasoby na starcie, ale po drodze na przykład doznali jakichś traum czy zniszczenia i osłabli. Jedni mają dojrzały, inni niedojrzały system wartości. Jedni mają silne ego, inni są delikatni, wrażliwi. Ten sam bodziec jednego rozśmieszy, drugiego przestraszy. Jedni czują się kapitanami na swoim okręcie, inni cały czas się boją tego, „co ludzie powiedzą". Z tym że najczęściej tymi „ludźmi, których głos się liczy", są rodzice. Nawet jeśli już nie żyją, to wciąż żyją w nas i recenzują nasze życie.

Można ich zwolnić z tej funkcji?

Nawet dobrze by było. Powiedzieć: „Dziękuję, teraz ja przejmuję rolę swojego oceniacza". I to wcale nie oznacza, że już się ich nie kocha.

A kiedy pan się boi, to co pan robi?

Kurczę, zastanawiam się... Kiedy się boję...

Może pan się nie boi?

Szukam... szukam... O, mam! Boję się o swoje dzieci, że coś się im może stać. Uff, dobrze, jednak się boję, więc jestem człowiekiem. A ponieważ oprócz wnuka czternastolatka mam też wnuka, który dopiero co się urodził, to się o nich boję: żeby byli zdrowi i pięknie się rozwijali. I trochę się obawiam, czy będę im potrzebny. Mam taką potrzebę czuwania.

I co pan robi z tym?

W środku trochę się z siebie śmieję i staram się budować dystans do tych moich lęko-strachów. Mówię sobie, ale tak z przymrużeniem oka, za Herbertem: „Bądź odważny/ w ostatecznym rachunku/ jedynie to się liczy".

Może stać się ogromną siłą. Pozwala powiedzieć: „Nie zgadzam się!", „Myślę inaczej". Daje napęd do walki. I naprawdę można nauczyć się dobrze z niej korzystać.

„W naszym domu nigdy się nie złościmy", „nie podnosimy głosu", „u nas dzieci są grzeczne". Wtedy jakiekolwiek wyrażenie złości płynnie przechodzi w poczucie winy.

Najważniejsze jest to, co się robi ze swoimi uczuciami. Czy jak się wkurzę na partnera, to będę płakać nad zlewem po cichu, cierpieć w samotności, a potem niby przypadkiem podstawię mu nogę? Czy może powiem wprost: „Jestem na ciebie zła. Wiesz, że to, co robisz, mnie denerwuje".

JAK WYDŁUŻYĆ SWÓJ LONT?

Rozmowa z **Danutą Golec**

Złość to coś złego? Najczęściej mówi się o niej jako o czymś, czego należy się pozbyć, co trzeba okiełznać.

Sama w sobie nie jest żadnym problemem. Jak większość uczuć jest, nazwijmy to, produktem naturalnym. Problem w tym, że niektóre produkty naturalne są jak tran. Zdrowe, ale niezbyt smaczne. Dlatego wielu ludzi jej nie lubi. Woleliby jej nie czuć albo odczuwać ją rzadziej. Nie doceniamy wartości tego uczucia.

Da się przyjąć jakąś roboczą definicję złości?

Ja bym powiedziała, że złość to pewien stan emocjonalny charakteryzujący się pobudzeniem, na który składa się niechęć, uraza, czasem chęć odwetu. Pojawia się w odpowiedzi na to, że jakieś nasze granice zostały przekroczone albo jakieś potrzeby są niespełnione.

Niektórzy uważają, że w złości często kryje się lęk.

On może współwystępować, ale częściej chyba wtedy, kiedy boimy się samej złości, tego, że się złościmy.

Są tacy, którzy twierdzą, że jest im kompletnie obca.

W to, że nie czują złości, wierzę, ale w to, że jej nie doświadczają – już nie. Bo każdy przeżywa jakieś frustracje, że nie jest tak, jak by się chciało. To w sposób naturalny budzi złość, która, podobnie jak ból, pełni funkcję informacyjną. Ból też nie jest przyjemny, ale gdybyśmy go nie czuli, tobyśmy nie wiedzieli, że na przykład trzeba wyjąć rękę z ognia albo że w naszym organizmie rozwija się jakiś stan zapalny. Oczywiście przychodzi moment, kiedy trzeba coś ze złością zrobić, ale na początku ona po prostu jest.

Spójrzmy na niemowlę. Kiedy jest głodne albo ma mokro – od razu robi się pobudzone. Wszystkie jego reakcje zinterpretowalibyśmy jako przejaw złości: machanie rączkami, krzyk, płacz. Nawet tak mały człowiek intensywnie reaguje na to, że coś mu nie pasuje.

Z czasem dziecko uczy się, czym jest złość, kiedy w różnych sytuacjach słyszy od rodziców: „O, chyba zły jesteś" albo „Widzę, że jesteś rozgniewany".

Czasem tego nie słyszy.

I wtedy jest problem. W naszej kulturze złość w ogóle jest obarczona oceną moralną. Niefortunnie też słowo „zły" w języku polskim niesie określone skojarzenia: być złym na coś, na kogoś automatycznie oznacza być złym człowiekiem. I niektórzy rodzice mają to, niestety, w głowie, więc zamiast powiedzieć dziecku, które się złości: „Rozumiem, że jesteś zły, bo chłopiec walnął cię łopatką w głowę, masz prawo tak się czuć, teraz musimy to jakoś rozwiązać", mówią: „Nie wolno ci się złościć!", „Jak się złościsz, to mamusię serce boli!" itd. W ten sposób dziecko się dowiaduje, że uczucie, które jest adekwatną reakcją na to, że zostało źle potraktowane, jest nie w porządku. Jeśli to się regularnie powtarza, to już grozi nerwicą.

Dziecko ma pełne prawo do złości. Problem w tym, jak nauczyć je obsługiwać to uczucie.

Niektórzy rodzice mówią w takich sytuacjach: „Stań z boku, ochłoń!" albo „Idź do pokoju!".

Rozumiem, że strategia „odesłania", gdy dziecko wyraża złość w sposób bardzo intensywny, może czasem być próbą uczenia go, jak takie stany opanowywać. Natomiast jeśli to jest standard, jeśli pierwszy, najważniejszy nauczyciel dziecka mówi: „Z tym to w ogóle do mnie nie przychodź! Ja się nie będę tym zajmować" – to jak ono ma się nauczyć obchodzić ze złością?

Może w ogóle jej nie rozpoznawać?

W skrajnych przypadkach – tak. I są dzieci, a potem dorośli, którzy nigdy się nie złoszczą, tylko na przykład brzuch ich boli albo głowa, kiedy doświadczają frustracji. Zanim złość dojdzie do umysłu, już jest przerabiana na coś innego, na przykład „idzie" w ciało. Z kolei inne dzieci pójdą do pokoju i będą tłuc lalką o podłogę, nie wiedząc dlaczego, albo zaczną uderzać głową w ścianę. Spotykam potem takie dorosłe osoby, które w swoich reakcjach są jak niemowlęta. Jak coś im nie pasuje, od razu krzyczą, walą pięścią w stół, rozbijają talerze. Miałam pacjentkę, która w złości rozbijała meble, a potem zaczęła sięgać po alkohol. Nie wiedziała, co czuje, i nie miała nad tym żadnej kontroli. Wychowała się w domu, gdzie nie stawiano jej granic i nie pomagano opracowywać żadnych uczuć, nie tylko złości. Panował tam „hipisowski" chaos, w którym wszystko było wolno i w którym to dziecko było zostawione samo sobie.

Ale tłumienie złości może przebiegać subtelniej. Identyfikuje się ją, ale nie wolno jej wyrażać, bo „w naszym domu nigdy się nie złościmy", „nie podnosimy głosu", „u nas dzieci są grzeczne". Wtedy jakiekolwiek wyrażenie złości płynnie przechodzi w poczucie winy.

Jak mądrze obchodzić się z dzieckiem, które się złości?

Tak jak z dzieckiem, które doświadcza jakichkolwiek innych uczuć, czyli pomagać mu rozpoznawać i nazywać to, co przeżywa – to jest złość, a to irytacja, to wściekłość, a to gniew – bo jest jeszcze kwestia natężenia tych uczuć. Dzięki temu w głowie wykształca się przestrzeń, w której można jednocześnie czuć i myśleć o tym, co się czuje. Możemy dziecku też pokazywać, że na przykład ten gniew jest adekwatny, a tamten może nadmierny. A potem następuje długi trening radzenia sobie ze złością.

Jak to może wyglądać?

Niektórzy przytulają dziecko, biorą na kolana, głaszczą. Pokazują, że jak każde uczucie to jest coś, co mija, coś, nad czym można zapanować. Czasem się nie da tego zrobić, dziecko nie ma ochoty na fizyczny kontakt, ale wtedy jest się nadal w pobliżu, rozmawia z nim. Ważne, żeby dziecko wiedziało, że obok jest ktoś spokojniejszy, kto jest w stanie to wszystko ogarnąć, kto nie odrzuca. Można też mu opisać, co się stało: jesteś zły, bo to i to – i pokazać, że złość nie jest czymś, co dopada nagle i nie wiadomo skąd.

Czasami dziecko ma potrzebę fizycznego rozładowania.

I też można mu podsunąć pomysł, jak to zrobić. Kiedyś byłam na wakacjach ze znajomymi, których syn, wówczas siedmioletni, wpadł pewnego dnia w szał. Jego tata dał mu wtedy do ręki patyk – miecz i poradził, żeby powyrzynał nim wszystkie chwasty w okolicy. Pamiętam, że chłopiec wrócił i powiedział: „Ale mi to pomogło!". To może być też coś symbolicznego – na przykład walka z potworami, którym wyrastają nowe głowy, rwanie gazet.

Dorośli też czasem mają potrzebę odreagowania – jedni biegają, inni idą na siłownię, jeszcze inni muszą sobie pokrzyczeć.

Znajomy kładzie się wtedy spać. Dobry sposób?

Każdy ma swoje. Nie oceniałabym ich, jeśli są skuteczne, pod warunkiem że nikogo nie krzywdzą.

Jest jeszcze internet. Tam też się można wyżyć.

Wyrażanie złości w internecie bywa konstruktywne, kiedy przybiera formę zbiorowego protestu w słusznej sprawie, manifestacji, ale częściej jest właśnie – jak to pani nazwała – „wyżyciem się", czyli odreagowaniem, które łatwo może się obsunąć w przemoc i destrukcję. Niestety, anonimowość znosi poczucie odpowiedzialności i troski o innych, co sprawia, że automatycznie kurczy się przestrzeń na myślenie, a wtedy bardzo łatwo jest pod złość, nawet słuszną, podpiąć mniej chwalebne motywacje, takie jak zawiść, poczucie wyższości, czystą nienawiść. Ludzie to robią i nawet nie wiedzą, że to robią, że to już nie złość wyrażają, ale nienawiść, która jest niszcząca nie tylko dla ofiar ich ataku, lecz także dla nich samych. Niszczy w jakimś sensie ich człowieczeństwo, mówiąc patetycznie.

Więc odreagowanie złości, nawet konstruktywne, to trochę za mało. Jako psycholog dodałabym jeszcze, że to nie posuwa nas w rozwoju. Warto się nauczyć ją opracowywać, bo dopiero wtedy można zacząć nad nią panować.

Co to znaczy?

Im ktoś jest młodszy albo mniej dojrzały emocjonalnie, tym bardziej musi coś ZROBIĆ, kiedy jest zły. Osoby dojrzalsze w większości przypadków są w stanie poradzić sobie ze złością na poziomie psychicznym, bez konieczności rozgrywania jej w działaniu. Nie dość, że mają w głowie ten „pokój", to jeszcze robią w nim miejsce przynajmniej na krzesełko, na którym mogą przysiąść i popatrzeć, co tu się wydarzyło, dlaczego jestem tak wkurzona/wkurzony, jakie będzie najsensowniejsze rozwiązanie. Czy warto na to odpowiadać? Może lepiej sam ze sobą pogadam? Albo opowiem o tym komuś? A może przeczekam?

Ludzie często naprawdę nie wiedzą, co jest przyczyną ich złości, czasem źle ją lokują.

Czasem wiedzą, ale w związku z tym, że mają wpojone, iż złościć się nie wypada, okazują ją nie wprost.

Jest taki ciekawy mechanizm obronny, który nazywa się reakcją upozorowaną – coś, czego czuć „nie wolno", zastępujemy przeciwieństwem. To jest zabieg nieświadomy. Złość na przykład przykrywana jest taką słodyczą, że może zemdlić. Ale tym, co wskazuje na to, że mamy do czynienia z reakcją upozorowaną, a nie, że ktoś jest po prostu słodką osobą, jest to, że „coś" przebija spod spodu.

Coś, jak to się mówi, śmierdzi.

Tak. Wprawdzie słodycz, ale szczęki zaciśnięte. Jak mawiał nieżyjący już świetny psychoterapeuta Andrzej Wiśniewski: „Dziurki nie zrobi, a krew wypije".

Jest jeszcze cały wachlarz zachowań bierno-agresywnych, czyli z pozoru nic nie robię, tylko tak jakoś zapominam o tym, na co się umówiliśmy, gubię paszport na dzień przed wspólnymi wakacjami, na które w ogóle nie miałam ochoty, albo wymownie milczę, kiedy się z czymś nie zgadzam. Takie osoby robią wszystko, żeby nie okazać złości wprost, no bo złość jest w ich poczuciu zła.

Niektórzy boją się złości, bo byli na przykład świadkami przemocy. Złość to dla nich potężna destrukcyjna siła.

No i tu znów wraca problem z rozróżnianiem odczuwania złości i wyrażania jej. Osobom z takim doświadczeniem rzeczywiście to się może zlewać, w związku z tym mogą bać się nawet odczuwać złość. Ale powiem to raz jeszcze: złość staje się destrukcyjna dopiero wtedy, kiedy jest wyrażana w destrukcyjny sposób, kiedy rani innych. Robi się problemem również wtedy, kiedy jest przeżywana bardzo często i intensywnie. I są takie osoby, które reagują złością dosłownie na wszystko. Na to, że kot przebiegł. Trochę tak, jakby miały zepsuty alarm.

Dlaczego?

To może wynikać z braku dojrzałości emocjonalnej albo z konstrukcji psychicznej – są ludzie, którzy oczekują od świata samych złych rzeczy, w związku z tym od razu przechodzą do ataku. Ale nadal to nie nad złością trzeba popracować, tylko nad dojrzałością emocjonalną i konstrukcją psychiczną, wtedy ten „alarm" ma szansę się naprawić.

U innych z kolei mechanizm adekwatnego reagowania złością mógł się rozregulować, ponieważ ich granice były naprawdę bez przerwy naruszane. Mam na myśli osoby krzywdzone, głęboko straumatyzowane. I tu należałoby się w pierwszej kolejności zająć przepracowaniem realnych traum, a nie samą złością.

Wiele kobiet boi się własnego gniewu, bo „złość piękności szkodzi", bo „dziewczynki nie powinny się złościć" itd. Ten głos jest w nich wciąż bardzo żywy.

Myślę, że my często nawet nie wiemy, czego się boimy. I nie zdajemy sobie sprawy, jaki złość ma twórczy i energetyczny potencjał. Żeby jednak służyła, trzeba ją poznać.

Czyli pozłościć się?

Sprawdzić, jak to jest. Mam pacjentkę, która bardzo boi się swojej złości, za to jej kilkuletnia córeczka – zupełnie nie. Rozmawiamy o tym, że jeśli mamie uda się pokonać lęk przed swoją złością i nauczy córkę panować nad swoją, to ta dziewczynka będzie w przyszłości po prostu wyrazistą osobą, a nie mimozą.

Ja w ogóle, muszę przyznać, lubię takie dzieci i takich dorosłych. Typ rozrabiaki. Bo złość, jak się ją opanuje, może stać się ogromną siłą. Pozwala powiedzieć: „Nie zgadzam się!", „Myślę inaczej". Umożliwia wykonanie zdecydowanego ruchu, na przykład zawodowego. Daje napęd do walki. I naprawdę można nauczyć się dobrze z niej korzystać. Rozróżniać, kiedy to jest coś do przytrzymania, kiedy do wyrażenia, a kiedy do przeczekania.

Dzięki złości wiele możemy się o sobie dowiedzieć. W jakich sytuacjach mnie to dopada? Jak mogę temu zapobiec? Czego mi trzeba? Może powinnam unikać takich sytuacji, takich ludzi? A może przeciwnie, lubię swoją furię? A może jeśli za każdym razem krzywdzę innych, to chcę z tym coś zrobić?

Czasem krzywdzi się siebie. Niektórzy, kiedy czują złość, piją, samookaleczają się.

Mam takich pacjentów. Najczęściej złość na siebie kierowana jest w postaci ciągłych wewnętrznych autoataków – „jestem do niczego", „znowu źle", „znowu nie tak". Często, choć nie zawsze, towarzyszą temu jakieś formy ataku fizycznego na siebie. To są nie tylko samookaleczenia, ale też głodzenie się, anoreksja, bulimia, skrajne zaniedbywanie. Ciało też jest postrzegane bardzo negatywnie. Jako coś, co zasługuje na karę.

Zablokowana złość to też częsty motyw różnych stanów depresyjnych. I kiedy pracuję z takimi pacjentami, to w tle niemal zawsze pojawia się narracja: „Nie mam prawa się złościć", „Nie mogę tego czuć", „Jestem złą osobą". Jak ktoś od rana do wieczora tego słucha, to trudno, żeby potem dobrze się czuł.

Jak konstruktywnie wyrażać złość w takich codziennych sytuacjach? Na przykład w związku?

„Jak żyć, panie premierze?". Uwielbiam takie pytania. Ludzie sobie wypracowują różne metody. W miarę jak się poznają, dowiadują się, co drugie złości, i albo biorą to pod uwagę i nie zostawiają na przykład brudnych talerzy w zlewie, albo nadal je zostawiają, niekoniecznie umyślnie, i liczą się z tym, że partner wpadnie w szał. Moje doświadczenie podpowiada mi, że awantury o to samo będą się powtarzać. Mąż wie, co żonę wkurza, mimo to zdarza mu się zachować tak, że doprowadza ją do szału. Wybucha awantura, ale już po chwili z tego żartują, rozmawiają ze sobą. Wydaje mi się, że najważniejsze jest to, co się robi ze swoimi uczuciami. Czy jak się wkurzę na męża, to będę z tego powodu chorować? Płakać nad zlewem po cichu, cierpieć w samotności, a potem niby przypadkiem podstawię mu nogę? Czy może powiem wprost: „Jestem na ciebie zła. Wiesz, że to, co robisz, mnie denerwuje".

Samo powiedzenie: „Jestem na ciebie zła", bardzo dużo daje.

Oczywiście. Bo – jak mówi moja znajoma – jest się wtedy w „prawdzie emocjonalnej". Mówi się to, co się czuje. I dalej można wspólnie coś z tym zrobić. Najgorzej, jak to się tak upycha i upycha. Bo potem to może wybuchnąć nagle, ze zwielokrotnioną siłą.

Zdarza się na przykład, że ofiary przemocy domowej nagle, nie mając wykształconej tej przestrzeni na myślenie, uzyskują dostęp do swojej złości, co kończy się tym, że ich oprawca „przypadkiem" nadziewa się na nóż kuchenny siedem razy. Za co one ponoszą potem straszne konsekwencje.

A w relacji z dziećmi? Wydaje mi się, że najtrudniej jest wtedy, kiedy ich złość spotyka się z naszą złością.

Ja nie wiem, czy rodzice w ogóle są w stanie uniknąć poczucia winy, że nie zawsze zachowywali się jak z podręcznika. Bo to wszystko fajnie brzmi – „wychowanie bez przemocy", „rodzicielstwo bliskości" – a potem przychodzi moment, kiedy człowiek jest zagoniony, niewyspany, nie daje rady i wybucha. Jestem realistką i powiedziałabym, że w takiej sytuacji należy sobie wybaczyć. Oczywiście jeśli to się zdarza, a nie jest nagminne i nie sieje spustoszenia. Trzeba to potem jakoś naprawić, ale to nie jest najgorsza rzecz, jaka może się dziecku przytrafić. Nie będzie mieć traumy na całe życie, bo mama czy tata się wściekli. Za to może się dzięki temu dowiedzieć, że rodzice też mają swoje granice, że jak się na kimś wyładuje złość, to się potem przeprasza.

Zauważyłam, że jak się na bieżąco zdaje relację dziecku z tego, co się samemu przeżywa: „Jestem teraz zmęczona, muszę się na chwilę położyć" albo „Denerwuje mnie, jak uderzasz piłką w ścianę" – to ta złość tak nie eskaluje.

Oczywiście. Dzięki temu dziecko uczy się też, jak się różne rzeczy nazywają, że o złości można mówić, że szuka się sposobu, aby ochłonąć.

Zwykle złość mojego dziecka skierowana na mnie budzi moją złość. Kończy się to wrzaskami i trzaskaniem drzwiami.

To jest wzajemne zarażanie się. Klasyka.

Ale ostatnio udało mi się zatrzymać. Synek się na mnie złościł, ale ja się nie nakręcałam. Usiadłam na tym symbolicznym krzesełku w swojej głowie, pozwoliłam mu się złościć i cierpliwie tłumaczyłam swoje stanowisko. Uspokoił się, choć czułam, że pot mi spływa po plecach z wysiłku.

Bo to jest ciężka robota! Co pokazuje, że nie wystarczy przeczytać książki, pójść na jedne warsztaty, żeby w domu zapanowało „porozumienie bez przemocy". To jest codzienny wysiłek, który trzeba powtórzyć sto, tysiąc razy, żeby wyrobić w sobie zdolność, która pozwala się nie nakręcać. Można się przy tym spocić, wiele razy może nie wyjść. W pani przykładzie dobrze widać też, jak się sprawdza podział funkcji. Pani dziecko się złościło, a pani myślała i jeszcze mówiła mu o czym. Dzięki temu syn mógł się złościć w bezpieczny sposób, bo wiedział, że pani nad tym panuje.

Dzisiejsze życie w ogóle sprzyja złoszczeniu się. Wszyscy się spieszą, piętrzą się wymagania, polityka wkurza. Czujemy, że na wiele rzeczy nie mamy wpływu. Gdy zapytałam znajomych, kiedy najczęściej czują złość, wielu powiedziało, że wtedy, kiedy czują się bezradni.

Bezradność na pewno nasila złość, ale nie wiem, czy ją rodzi. Sama złość mobilizuje do działania. Istnieje przecież tak zwane święte oburzenie, czyli niezgoda na rzeczywistość, która jest krzywdząca, niesprawiedliwa albo przestarzała. I to oburzenie sprawia, że ludzie, którzy je odczuwają, rozmawiają ze sobą o tym, łączą swoje siły, a potem wychodzą na ulice protestować na przykład. Przecież wszystkie rewolucje i zmiany społeczne od tego się właśnie zaczynają, od złości.

Natomiast rzeczywiście, jak się na nią nałoży poczucie bezradności, to paraliżujące „nic nie mogę", to ona wyhamowuje, traci swoją moc. I dalej spala od środka.

Co można zrobić, kiedy się żyje w okolicznościach, w których często doświadcza się złości i braku wpływu jednocześnie?

Dbać o higienę psychiczną. Czyli wypracować sobie takie momenty w ciągu dnia, nawet krótkie, kiedy to ciągłe pobudzenie będzie się neutralizować. Każdy ma swój pomysł na to – jedni biorą kąpiel, inni medytują. Dobrze, żeby były w tym przyjemne elementy, jakieś doświadczenie sprawczości, ale też bliskości. Bliskość ma w ogóle dużą neutralizującą moc.

Jednocześnie to na bliskich wyładowujemy często złość, którą wzbudził ktoś inny.

Z różnych racjonalnych powodów nie możemy często odreagować złości tam, gdzie została ona wywołana. Na szefa nie może się pani wydrzeć, w każdym razie źle to się może skończyć, ale na męża już tak.

Ludzie często doświadczają w pracy różnych frustracji, a potem z całym pakietem takich nieobrobionych emocji wracają do domu i tam go „rozpakowują", najczęściej nieświadomie. Dlatego niektórzy uważają, że dobrze mieć jakąś „śluzę" między pracą a domem, w której się wypuszcza powietrze – jedni rozmawiają z kimś życzliwym przed wyjściem, inni słuchają muzyki w samochodzie. Ja akurat lubię wracać do domu w zupełnej ciszy.

Kiedy przygotowywałam się do naszej rozmowy, próbowałam znaleźć jakiś film, który ładnie by nam to uczucie złości zilustrował. Pomyślałam o „Trzech billboardach za Ebbing, Missouri". Widziała go pani?

Tak.

To piękna opowieść o różnych rzeczach, ale złość jest w niej bardzo ważnym wątkiem. Główna bohaterka Mildred, jak zresztą kilku innych bohaterów tego filmu, ma tak zwany krótki lont. Łatwo się zapala, szybko wybucha, raniąc nawet tych, których bardzo kocha. Jest taka scena, która pięknie pokazuje, że w jej rodzinie przejście od odczuwania do reakcji zajmuje dwie sekundy. Do jej domu z wizytą przychodzi były mąż, padają dwa słowa, on od razu ją łapie za szyję, a z tyłu dopada do niego z nożem ich syn. Choć akurat samo postawienie przez nią billboardów, które mają wymusić na policji ponowne otwarcie śledztwa w sprawie morderstwa córki, jest bardzo konstruktywne.

Ale to nie wszystko. Jest w tym filmie pokazana też pewna ewolucja.

Bohaterce wydłuża się lont?

Nie tylko jej, innym również. Myślę tutaj przede wszystkim o policjancie Dixonie. Między innymi dzięki temu, iż dostrzegają, że inni też cierpią, zaczynają się w nich pojawiać różne nowe, złożone uczucia. Tak że na końcu, kiedy Mildred i Dixon jadą wymierzyć sprawiedliwość, oboje dopuszczają do siebie, że mają wybór: „Może zabijemy gościa, a może nie. W każdym razie – zastanowimy się". Potęga myślenia!

Dojrzewają.

Na to wygląda. Bo rozwój psychiczny polega między innymi na tym, że zaczyna się postrzegać rzeczywistość emocjonalną w bardziej złożony sposób. Tam, gdzie dotąd było tylko „zabiję – nie zabiję", pojawia się też współczucie, wyobrażenie o tym, co druga osoba może czuć, wstyd, żal. Zaczyna się widzieć, że nie tylko moje granice zostały naruszone, ale też granice innych, na skutek na przykład moich działań, że coś z czegoś wynika, że to, co robię, ma jakieś konsekwencje. I to wyhamowuje impulsywne reakcje.

Co jest potrzebne do tej ewolucji?

Drugi człowiek. Najlepiej, żeby był dojrzalszy. Nie musi być w ogóle dojrzalszy, wystarczy, że będzie dojrzalszy w tym obszarze, w którym gorzej sobie radzimy.

To mi przypomina z kolei film pod tytułem „Mężczyzna imieniem Ove". Głównego bohatera wkurza dosłownie wszystko, dopóki...

...do domu naprzeciwko nie wprowadza się sąsiadka, Iranka, która tę jego złość roztapia.

Dlaczego akurat jej się to udaje?

Bo ona akceptuje go takim, jaki jest. Nie przejmuje się tą jego złością, a jednocześnie nie daje sobie wejść na głowę. Oni zresztą fajnie uczą się od siebie nawzajem. On jej z kolei przekazuje energię z tego swojego „wkurwu" i pozwala jej uwierzyć w swoją siłę, zachowywać się bardziej zdecydowanie.

Jest taka ładna scena, w której on uczy ją jeździć samochodem. Ona się trzęsie: „Nie dam rady, nie dam rady", a on na to: „Słuchaj, urodziłaś dwójkę dzieci, zaraz urodzisz trzecie, przyjechałaś do tego kraju, nauczyłaś się języka, żyjesz tu. Dasz radę!". A kiedy ona uderza w samochód, on mówi: „Nic się nie stało!".

Czy to nie jest tak, że on złością odgradza się od innych, bo ma takie doświadczenie, że wszystkie ważne osoby potracił i nie chce się już do nikogo zbliżać?

Może być tak, że ta jego złość to taki pancerz. Ludzie czasem celowo go zakładają, żeby do siebie nikogo nie dopuszczać. Ale jego sąsiadka mówi tak: „Ja się pancerzem nie będę przejmować. Ja się spróbuję dostać do środka". No a w środku, jak się okazuje, jest bardzo porządny facet, który kocha, tęskni, ma marzenia, potrafi się opiekować innymi. To nie jest psychopatyczny gość wypełniony wyłącznie urazą.

I takie rzeczy naprawdę da się rozpuścić. Nieraz to widziałam. Nie tylko na filmie.

A jest pani w stanie wyobrazić sobie świat bez złości?

Ale po co? Sama miłość i samo dobro? To by było nie do zniesienia. Normalni ludzie się tak nie zachowują. Wszyscy jesteśmy pełni silnych, gwałtownych emocji. Taki jest człowiek. Jak będziemy udawali, że jest inaczej, to stworzymy piekło. Bo wtedy wszystko będzie się rozgrywało poza naszą świadomością.

I co wtedy?

To prowadzi wyłącznie do tragedii. Już wystarczająco dużo ludzi wymordowano w imię „świętości".

Radość mówi: „Dajesz sobie radę, jest w porządku". Sprawia, że ta smycz, na której nas trzyma rzeczywistość, się poluźnia.

To energia. Paliwo. Najbardziej wtedy, kiedy jest zasłużona, kiedy jest wynikiem własnych starań.

Wstajesz rano i biegniesz dziesięć kilometrów. Po powrocie do domu hula ci w głowie chemia wywołana wysiłkiem fizycznym i myślisz sobie: „Boże, jakie życie jest piękne!".

Czy zwierzęta się cieszą? No pewnie. Widzieliście, jak kruki się wspinają na pagórek, składają skrzydła, podkurczają nogi, a potem turlają w dół po śniegu, i tak wielokrotnie?

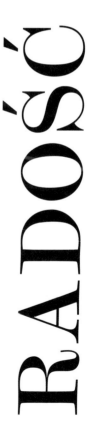

TYSIĄC SPOSOBÓW PICIA SZAMPANA

Rozmowa z **Bartłomiejem Dobroczyńskim**

Trudny temat ta radość. Łatwiej rozmawiać o zazdrości, poczuciu krzywdy, winie. Dlaczego?

Radować się nie wypada, nie ma na to czasu. Trzeba strzec niepodległości Polski. Złośliwie mówiąc – cechą naszej tożsamości narodowej jest skłonność do cierpiętnictwa. To taki nasz garb. Nawis uwarunkowany historycznie. Widać to choćby we współczesnym języku politycznym, w którym nawoływania do radosnego świętowania wspólnoty brzmią sztucznie, natomiast wspomnienia różnego rodzaju męczeństw są odruchowe i naturalne. Ludzie, którzy przyjeżdżają tu z zagranicy, często mają taką refleksję: „Dlaczego u was na ulicy ludzie się nie uśmiechają? Dlaczego nie czuć radości? Rozwinęliście się gospodarczo, macie piękny kraj, przyrodę, wiele rzeczy wam się udało!". Warunki się zmieniły, a my nadal w mroku.

I to jest jedna strona medalu.

A druga?

Ludowe porzekadło mówi: „Łyżka dziegciu zepsuje beczkę miodu", co doskonale oddaje, w czym problem. Między dobrym a złym nie ma symetrii. Jeśli udałoby się nam jakoś sztucznie wypreparować taką samą ilość radości i taką samą ilość smutku, to smutek będzie odczuwany bardziej intensywnie, zapadnie głębiej i na dłużej.

Dlaczego?

Taka jest prawidłowość psychologiczna. Dziegieć jest po prostu bardziej „przekonujący" niż miód.

Co więcej, o smutek nie trzeba się specjalnie starać, a o radość – i owszem. Żeby doszło do radowania się, potrzeba własnego wysiłku oraz sprzyjających okoliczności z zewnątrz. Jak wiadomo, te nieoczekiwanie przyjemne okoliczności nie zdarzają się często. Szansa na otrzymanie listu z informacją, że została pani właśnie wybrana do rady nadzorczej firmy X i będą pani płacić pięć tysięcy złotych miesięcznie za nic, jest znacznie mniejsza niż prawdopodobieństwo otrzymania monitu o niezapłaconym mandacie, zaległym podatku czy niespłaconej karcie kredytowej, prawda?

Prawda.

Trzecia sprawa to ewolucja. Z punktu widzenia przetrwania organizmu ważniejsze jest wyłapywanie rzeczy nieprzyjemnych niż przyjemnych. Radość można odroczyć, zagrożenia nie. W przeciwnym razie zostanie się zjedzonym, nabitym na dzidę, a dziś – zwolnionym z korporacji. I są ludzie znający się na rzeczy, którzy twierdzą, że umiejętność odraczania tzw. gratyfikacji, nieużywania tego, co dobre, od razu, to najważniejsza cecha odróżniająca nie tylko ludzi od zwierząt, ale w ogóle ludzi lepiej radzących sobie w życiu od tych radzących sobie gorzej. Były takie słynne eksperymenty ze słodką pianką i dziećmi. Dzieci, które umiały się powstrzymać przed zjedzeniem jednej po to, żeby potem dostać dwie, osiągały tzw. sukces w dorosłym życiu. Jednym słowem, umiejętność powstrzymania się od cieszenia się jest często uznawana za zaletę, przejaw dojrzałości, samokontroli.

Radość, przeciwnie, często kojarzy się z infantylnością, wręcz z głupotą. „Cieszy się jak głupi do sera" – to jedno z pierwszych haseł, które wyskakuje w wyszukiwarce, gdy się tam wpisze czasownik „cieszyć się".

Zna pani ludową opowieść o mrówkach i koniku polnym? Konik polny ciągle się bawi, konsumuje wszystko, co ma, a kiedy przychodzi zima, zostaje bez zapasów i w panice zwraca się z prośbą o pomoc do mrówek, które przez ten czas wytrwale pracowały i gromadziły. Na końcu to one okazują się mądrzejsze. W wielu kulturach religijnych, ale też klasowych – chłopstwie, mieszczaństwie – radość traktowana jest jako rozpraszacz. Oznacza utratę energii, zasobów, dóbr. Dobry chłop, mieszczanin, protestant powinien je kumulować, ewentualnie inwestować, a nie, jak ten konik polny, wydać wszystko na ferrari testarossę i śmignąć na Bahamy. Albo machnąć ręką na obowiązki i zrobić trzydniową imprezę. „Popijemy, potańczymy, będzie ekstra".

W sumie dlaczego nie?
Zgoda. Hedonizm to też radość. I znajdą się tacy, którzy są w stanie przeżyć do późnej starości na wiecznej imprezie… Może w ogóle powinniśmy byli zacząć od takiego pseudoerudycyjnego sformułowania, że tak naprawdę „radość niejedno ma imię".

Najprostsze rozróżnienie, jakie się narzuca: radość może być wynikiem własnej aktywności i zupełnie może nie być wynikiem własnej aktywności.

Zacznijmy od tego ostatniego. Przyjaciółce zdiagnozowano raka trzustki. Załamuje pani ręce: „Co to będzie?". Ona dzwoni wieczorem i mówi: „Słuchaj, pomylili się, jestem zdrowa!". Kamień z serca, ona się cieszy, pani się cieszy, chociaż żadnego wysiłku pani w to nie włożyła.

A teraz, dajmy na to, jest pani malarką. W przypływie natchnienia siada pani, maluje tydzień, drugi i jest zachwycona efektem: „Ach, jak cudownie, że to zrobiłam!". Pani radość jest wynikiem pani pracy, wewnętrznej dyscypliny.

Można wyobrazić sobie inną. Wstaje pani rano i biegnie dziesięć kilometrów. Po powrocie do domu hula pani w głowie chemia wywołana wysiłkiem fizycznym i myśli pani sobie: „Boże, jakie życie jest piękne!". Znów sama pani sobie to zrobiła.

Tę chemię można sobie „zrobić" na różne sposoby.
Oczywiście. Można sobie dolać do mózgu szampana, dosłownie. Albo doprowadzić się do ekstazy za pomocą narkotyku.

Między tymi radościami da się postawić znak równości?
Wielu ludzi uważa, że radość będąca wynikiem własnego wysiłku jest lepsza, bo przyjmując różne używki, jest się niejako na długu. Podobnie jak z kupowaniem niepotrzebnych rzeczy za pożyczone pieniądze, żeby sobie poprawić nastrój. „Stać cię? Zarobiłeś?". „No nie, pożyczyłem". Przyjemność trwa chwilę, a pożyczkę trzeba potem spłacać w bólu. Ale nie wiem, czy jest sens, żebyśmy w to wchodzili... Bo człowiek przecież może pić tego szampana na tysiąc sposobów.

Na przykład?
Pierwsza sytuacja – skończyła pani pisać książkę i pije go trochę w nagrodę, a trochę, żeby się z nią pożegnać. Zadie Smith pięknie o tym pisała. Druga – pije pani z nudów. Trzecia – ma pani kryzys, zewsząd osacza panią ponura rzeczywistość i chce się pani od niej odgrodzić. I ta ostatnia sytuacja jest najbardziej niebezpieczna, bo często prowadzi do nałogu, który z radością niewiele ma wspólnego. Ale można pić i dla czystej przyjemności, na przykład biesiadując z przyjaciółmi. Już w Księdze Eklezjastesa w Biblii znajdzie pani: pij, jedz i używaj życia z kobietą swojej młodości. Nie ma nic lepszego. Choć to radość podszyta świadomością przemijania, bo przecież „marność nad marnościami i wszystko marność" – to też Eklezjastes.

Mnie teraz przyszedł do głowy jeszcze inny rodzaj radości, która ani nie jest wynikiem własnej aktywności, ani nie pochodzi z zewnątrz. Po kilku bardzo

stresujących miesiącach nagle obudziłam się i stwierdziłam, że życie jest dobre, choć nic się wokół mnie nie zmieniło. Źródła stresu pozostały te same.

To z kolei może mieć podłoże biologiczne. Organizm jest mądry i ma pewne bezpieczniki, które włącza, kiedy sytuacja staje się dla niego zbyt trudna. Jednym z takich sposobów jest spontaniczny wyrzut endorfin. Powiedzmy, że znajduje się pani w przysłowiowym gnieździe karabinów maszynowych, od długiego czasu żyje pani w stresie, aż nagle, jak ten Grek Zorba, podnosi się pani i wykrzykuje: „Jaka cudowna katastrofa!". I zaczyna tańczyć. Tak działa cud życia. Élan vital. Pani organizm sam to robi. Oczywiście nie oznacza to, że nie może przyjść takie obciążenie, które panią złamie, ale nie o tym teraz rozmawiamy. Rozmawiamy o sytuacji samoistnego odczuwania radości, choć warunki nie wskazują na to, że jest ku temu jakiś powód.

Jak to jest, że jednym radowanie się przychodzi z większą łatwością, a inni mają pod górkę?

Psychologia ogólna mówi, że skłonność do radowania się czy do smucenia, czyli tzw. optymizm, pesymizm, to kwestie wyuczone. Dzieci uczą się określonego spojrzenia na tę przysłowiową szklankę od najbliższych. I widzą, że jest do połowy pełna albo do połowy pusta. Najczęściej ten proces przebiega nieświadomie, czyli nie wystarczy dziecku powtarzać: „Ciesz się życiem!", ale ważne jest to, czy sami to robimy.

Psychiatra z kolei może powiedzieć, że ludzie przychodzą na świat z określoną konstytucją i że skłonność do melancholii, depresji albo przeciwnie, do jasnego przeżywania życia jest – mówiąc potocznie – wrodzona. I uczenie takich ludzi na przykład pozytywnego myślenia może być przeciwskuteczne, bo powtarzając sobie: „Ach, jaki świat jest fajny, jaki ja jestem fajny", tym boleśniej odczują rozbrat między tym, czego doznają, a tym, czego się od nich wymaga, i zwykła melancholia zamieni się w głęboką rozpacz.

Gordon Allport, wybitny amerykański psycholog, twierdził, że podręczników psychologii powinno być tyle, ile ludzi. I do niego chyba mi najbliżej.

Czyli do końca nie wiadomo, dlaczego tak jest.
To bardzo złożona konfiguracja cech wrodzonych, cech wypracowanych w życiu, otoczenia i kultury. Naprawdę nie doceniamy tego, jaki przemożny ma ona na nas wpływ, jak nas formatuje. Bo człowiek jest człowiekiem przede wszystkim w odniesieniu do innych ludzi. Co się dzieje, jeśli w Polsce ktoś się zbytnio afiszuje ze swoim optymizmem? Natychmiast zostaje usadzony: „Przestań! Jesteś naiwną ciemnotą. Nie ma się z czego cieszyć!".

Bywa i odwrotnie. Mam znajomych, którzy rozjechali się po świecie do bardziej słonecznych kultur, mieszkają tam dziesięć-piętnaście lat...
...i teraz bardziej pozytywnie patrzą na życie? Oczywiście. Nawet bardzo mroczny człowiek wsadzony do kultury o odmiennym charakterze, chcąc nie chcąc, po pewnym czasie zacznie funkcjonować tak, jak ona od niego wymaga – jeżeli chce funkcjonować w niej dobrze. Jeśli w danej kulturze ma pani być pozytywna, ma pani umieć znajdować jasne sytuacje, doceniać to, co ma, to jeśli się będzie pani opierać, to niewielu się będzie chciało z panią w tej piaskownicy bawić.

Czy to oznacza, że dla melancholika jedyną szansą na doświadczanie większej radości jest wyprowadzka na Seszele?
Pytanie – po co ten melancholik miałby chcieć doświadczać większej radości? I czy na pewno jest mu ona potrzebna, skoro w europejskiej kulturze melancholia już od czasów słynnego dzieła „Anatomia melancholii" Roberta Burtona, czyli od czterystu lat, ma dobrą prasę? Jest uciążliwa, jest cierpieniem, zgoda, ale równocześnie jest

znamieniem większej inteligencji, wrażliwości, kreatywności, refleksyjności. Pozwala wyrastać ponad tępe, bykoczłowiecze otoczenie, które marzy wyłącznie o przetrwaniu i adaptacji.

Może niektórzy melancholicy wiele by dali za to, żeby być takimi bykoludźmi?
Powątpiewam. Proponowałbym im, żeby zamiast uszczęśliwiać się na siłę, jednak spróbowali polubić to, czym są, i zobaczyli, jaka jest w tym wartość. Również adaptacyjna. Melancholik nie podejmuje pochopnych, impulsywnych decyzji, widzi rozmaite zagrożenia. Kiedy inni idą w mróz polować na mamuty, on zostaje w jaskini, płacze. Oni zamarzają, on przeżywa. Kasandryczny typ psychiki przydaje się też społeczności – dostrzegając negatywy, będąc bardziej refleksyjnym, przewidującym, jest w stanie ustrzec swoich przed katastrofą.

Jeśli jednak melancholik chciałby w swoją naturę wpuścić trochę światła, to musi zacząć produkować sytuacje, które go cieszą, bo na to, co się dzieje spontanicznie, nie ma wpływu. Pytanie, czy on wie, jakie to sytuacje. Bo problem większości ludzi polega na tym, że kompletnie siebie nie znają. Żyją na autopilocie.

Czyli najpierw trzeba się tego dowiedzieć?
„Gnothi seauton" – „Poznaj samego siebie" – to podstawowe zadanie w naszej cywilizacji. Bardzo trudne, ale bez tego ani rusz.

Dlaczego bardzo trudne?
Bo nie ma na to czasu. W kulturach pierwotnych walka o zapewnienie sobie bytu zajmowała jakieś cztery godziny dziennie. Pisał o tym m.in. Marshall D. Sahlins w „Pierwotnym społeczeństwie dobrobytu", pisał Lévi-Strauss. Dziś jesteśmy bez przerwy w pracy, bez przerwy w swojej głowie, a nie da się poznać siebie, jedynie rozmyślając. Trzeba się zaangażować w działanie. Chcesz się dowiedzieć,

czy pisanie sprawia ci frajdę? Pisz. Chcesz sprawdzić, czy umiesz kochać? Kochaj. Chcesz wiedzieć, czy potrafisz się wspinać po górach? Wspinaj się po górach. Nie ma innej drogi. Tylko w realnej sytuacji możemy się dowiedzieć, co nas nakręca, co zniechęca, w jaki sposób upadamy, jak się podnosimy, co dodaje nam energii, co ją zabiera.

Kiedy się człowiek już tego dowie, to produkcję sytuacji, które sprawiają, że czuje się lepiej, powinien przekuć w nawyk.

Powiedzmy, że dla pani tym czymś jest ruch. Musi pani teraz wymusić na sobie, że dwa czy trzy razy w tygodniu zwlecze pani swoje czcigodne cielsko o godzinie szóstej trzydzieści rano, niezależnie od tego, czy pada, jest ciemno i wieje, i ruszy ileś tam kilometrów w ten smog. Pamiętając, że jako melancholiczka nie ma pani szans na zostanie Anią z Zielonego Wzgórza czy Misiem Paddingtonem. Nawet jeśli będzie pani to robić codziennie.

Nie mam chyba takich ambicji.

I może lepiej. Mądrzy ludzie, na przykład stoicy, uważają, że człowiek, który wie, na czym życie polega, nie może być hurraoptymistą. Jest świadomy, że rzeczywistość może łatwo przybrać zły obrót.

Niektórzy twierdzą, że taki codzienny świadomy wysiłek, żeby się skupiać na tym, co dobre, wzbudzać w sobie wdzięczność – się opłaca. I że to jest właśnie droga do radości.

Może i tak. Choć ja wierzę świętemu Tomaszowi z Akwinu, który mówił, że nad swoją naturą trzeba pracować, ale nie można jej gnębić. Jest psychoterapia, są religie, medytacja, różne ścieżki rozwojowe – i rozwój generalnie jest czymś dobrym. Bo albo się ktoś rozwija, albo zwija, ale trzeba uważać, żeby nie przedobrzyć.

W ogóle w psychice jest taka tendencja, że jeśli się mocno żyłuje pewien trend, to w pewnym momencie wahadło się wychyla w przeciwnym kierunku. Czyli jeśli przesadzi pani z radością, to może się pani w pewnym momencie obudzić w koszmarnym dole. Ten mechanizm dobrze znają ci, którzy mają za sobą intensywne przejścia z różnymi substancjami oszałamiającymi. W nałogach – alkoholizmie, heroinizmie etc. – najgorszą rzeczą nie jest to, że człowiek staje się niewolnikiem, niszczy sobie zdrowie, tylko to, że...

...przestaje się umieć cieszyć bez tego?

Tak. Ale opiszę to bardziej chemicznie. Załóżmy, że jest pani morfinistką. Człowiek naturalnie produkuje własną morfinę w postaci endorfin. Natomiast jeśli zaczyna się systematycznie odurzać morfiną, to organizm odczytuje to tak: „Aha, będę to dostawać z zewnątrz, więc nie muszę już tego produkować". Po odstawieniu pojawia się głód. Ten fizjologiczny trwa tydzień, dwa, ale potem dopiero zaczyna się prawdziwe piekło, żyje się w ciemnej dolinie rozpaczy i nie jest się w stanie znaleźć niczego, co by cieszyło choć trochę. Rzeczy, które kiedyś sprawiały radość, już jej nie sprawiają, bo organizm czeka na to, co pamięta, że ma dostać z zewnątrz. Czasem rok, dwa.

Podobnie jest z zakochaniem. Niektórzy w ten sposób produkują sobie radość.

Oczywiście, bo zakochanie działa tak samo jak kokaina. Pobudza ten sam rejon mózgu, co widać w rezonansie magnetycznym. Tyle że aby to działało, trzeba to bez przerwy odnawiać. I rzeczywiście, są ludzie, którzy co dwa lata się zakochują w kimś innym. Na tyle to mniej więcej starcza. Dzięki temu są ciągle na haju. Ale kiedy to odstawią albo, gorzej, zostaną odstawieni, pojawiają się objawy abstynencyjne te same, co przy narkotykach: ból, agresja, rozpacz.

Po co w ogóle człowiekowi radość?

Bardzo dobre pytanie. Ja w takich momentach zawsze myślę o „dzikich" albo lepiej – o zwierzętach. Czy zwierzęta się cieszą? No pewnie. Mają kupę radochy w życiu. Widziała pani kiedyś, jak kruki się wspinają na pagórek, składają skrzydła, podkurczają nogi, a potem turlają w dół po śniegu, i tak wielokrotnie? Ja bym powiedział tak: radość jest bardzo wyraźnie odczuwanym, kulturowo opracowanym i symbolicznym doznaniem tego, że życie ma sens, że jest się kimś wartościowym. Jest niemal metafizyczną zgodą na istnienie. Radość mówi: „Dajesz sobie radę, jest w porządku". Sprawia, że ta smycz, na której nas trzyma rzeczywistość, się poluźnia, że zyskuje się oddech, perspektywę.

Motywuje do działania?

Ludzie mówią: „Dostałem pozytywnego kopa". Radość to energia. Paliwo. Najbardziej chyba wtedy, kiedy jest zasłużona, kiedy jest wynikiem własnych starań.

Powiedzmy, że mam trzy trudne telefony do wykonania. I taki nędzny poziom energetyczny, że nie jestem tego w stanie zrobić. Mówię sobie: jutro – ale nagle przychodzi informacja, że ktoś, z kim się liczę, napisał pozytywną recenzję mojej książki, i wtedy od razu czuję, że mam energię na siedem takich telefonów. Biorę słuchawkę i „jadę" jeden za drugim, bo wiem, że teraz jestem w stanie spotkać się z kimś, z kim będę miał trudną rozmowę, odpokutować winy, uzyskać to, co chcę, itd.

Zdarzają się takie radości, w których naprawdę o nic nie chodzi. Ani zasłużone, ani nie. Idziesz ulicą, słońce jakoś tak ładnie świeci, słuchasz ulubionego kawałka i nagle czujesz, że życie jest fajne. Kropka.

I one są może najlepsze.

Życie nie potrzebuje powodu. Jeśli ktoś maluje dla sławy czy pisze dla sławy, czy kocha po coś, to jest to do chrzanu. Malować, pisać, kochać powinno się dla tych rzeczy samych, bo się to lubi, bo się w tym człowiek spełnia. Tyle że to nie jest proste, jak wiadomo. A radość, która się zjawia ot tak, po prostu i daje taki wgląd, jest niezwykle rzadka.

Tymczasem wokół radości zbudowano wielki biznes.

Mam teraz włączyć swoją anarchistyczną, lewacką część?

To chyba dobry moment.

Prawda jest banalna. Żyjemy w korporacyjno-bankowym kapitalizmie, który jest oparty na reklamie. Jądrem tego systemu jest konsumpcja, a podstawowe hasło tej religii brzmi: „Ważne, aby informacja o produkcie jak najszybciej doszła od producenta do właściwego nabywcy".

Jednocześnie ten system cały czas produkuje jakieś braki, sprawia, że czujemy się nieadekwatni, niewystarczająco dobrzy.

Produkuje braki po to, żeby natychmiast zaproponować remedium: jak kupisz sobie ten najnowszy model smartfona, to będziesz szczęśliwa, najlepsi faceci będą się mordować, żeby cię posiąść, a wszystkie przyjaciółki będą leżeć w pyle i mówić ci, że nie ma wspanialszej od ciebie. W serialu „Mad Men" Don Draper, główny bohater, mówi: „Miłość? To sposób, za pomocą którego sprzedajemy pończochy". W tym świecie radość, szczęście nie są nimi tak naprawdę. To towary. A potem, uwiedziona reklamą radości, idzie pani do tej galerii handlowej, wszystkich nienawidzi, bo tłum, bo gorąco, po czym kupuje pani tego smartfona za grube pieniądze i okazuje się, że trzeba do niego jeszcze dokupić jakiś kabel, że w ogóle to się nagrzewa, a koleżanki mówią jedynie: „No wreszcie, kupiłaś sobie, bo już jak głupia chodziłaś z tym starym rupieciem".

Są tacy, których to naprawdę cieszy.

Konsumpcja? Są. I w porządku. Jednych cieszy grill, innych gra planszowa, a jeszcze innych ogród botaniczny. Chodzi o to, żeby nie dać sobie wmówić, że istnieje jakiś jeden schemat radości. Jakaś sztanca. I gdy ktoś się w niej nie odnajduje, to znaczy, że jest jakiś dziwny, gorszy, ma mieć poczucie winy. A kapitalizm usiłuje nam to właśnie wmówić. Kupuj, posiadaj, a będziesz się radować. I tylko wtedy.

Jest mnóstwo tzw. radości, które ludzie mi proponują, a które nie mają dla mnie żadnego sensu. „Chodź, pojedziemy w fajne miejsce". Nienawidzę jeździć w żadne „fajne miejsca"! „Skoro kochasz ptaki, to musisz pojechać do USA. Tam to dopiero są ptaki". A mnie wystarczy nasz wróbel. „Powinieneś sobie kupić dom za miastem". A ja uwielbiam mieszkać w środku miasta. I tak mógłbym jeszcze długo. Społeczeństwo cały czas mówi nam, z czego powinniśmy się cieszyć, a z czego nie. Kontrola jest posunięta do granic możliwości.

Po co?

Bo jak wszyscy robią mniej więcej to samo, co ja, to znaczy, że ja też dobrze żyję, i czuję się z tym bardziej komfortowo.

Ludzie chcą mieć poczucie, że przynależą, że mają jakiś punkt odniesienia.

I to jest naturalne. Pamiętam, gdy mój syn, wówczas dziesięcioczy dwunastoletni, to odkrył. Byliśmy nad Biebrzą i marzyliśmy o zobaczeniu bardzo rzadkiego ptaka, orlika grubodziobego. Lornetka, szukamy, jest! Dostajemy szału ze szczęścia i nagle mój syn mówi: „Tata, ale komu my się pochwalimy?". I to jest podstawowe prawidło społeczne. René Girard, francuski antropolog, ujął to tak: pożądanie nie jest dwuczłonowe, tylko trójczłonowe. To znaczy, że to nie jest tak, że ty jesteś piękną kobietą, a ja mężczyzną i ciebie pragnę. To nie wystarczy. Musi być ktoś trzeci, kto powie mi, czy ty jesteś piękna, czy nie, czyli musi być wzorzec. Mój syn odkrył wówczas, że na jego kolegach informacja o tym, że widział orlika grubodziobego, nie zrobi najmniejszego wrażenia, i to mu odebrało część radości. Nowe buty takiego problemu nie stwarzają.

I są radości, które mają sens tylko społeczny.

Na przykład?

Wszystkie związane z uznaniem społecznym. Powiedzmy, że okazuje się, że teksty Agnieszki Jucewicz są najchętniej czytane przez czytelników. Dostaje pani publiczną pochwałę, nagrodę, podziw innych. Nie jest w stanie sobie pani takiej radości stworzyć sama. Może pani się do niej przyczynić pisaniem, ale musi pani dostać odzew.

Wyobrażam sobie, że spokojnie mogę się bez tego obejść.

Większość musi się bez tego obejść, co nie znaczy, że tego nie pragnie. Dam inny przykład, banalny: poznaje pani faceta, przyprowadza go pani rodzinie, rodzina zachwycona. Przyjemnie, prawda? Społeczna aprobata tego, co cieszy, jest w życiu potrzebna.

Będę się upierać, że niekonieczna.

Ale fajnie móc swoje radości z kimś dzielić, a czasem nawet stworzyć coś w rodzaju elitarnego klubu. Ja mam na przykład przyjaciółkę ze Słowacji, z którą słuchamy podobnej muzyki. Ona dzwoni i pyta: „Słuchaj, która wersja kwartetu Schuberta »Śmierć i dziewczyna« jest najlepsza?". Ja na to: „Nic nie bije tej z 1936 roku, Busch Quartet, którą mi dałaś w prezencie". Czerpiemy rozkosz z czegoś, z czego naprawdę niewiele osób ją czerpie, i źródłem naszej radości jest nie tylko ta muzyka, ale także to, że jesteśmy cesarzem i cesarzową w świecie, który dla innych jest niedostępny.

To ważne, żeby mieć coś takiego?

Oczywiście, bo to pani daje poczucie, że jest wysoko w hierarchii. A organizm ma naturalną potrzebę bycia ważnym, coś znaczyć. I nie mówię tego w kontekście klasowym. Jeśli mam ciche ambicje, żeby być uznanym za takiego, który zna się na muzyce, bo to jest dla mnie świętość, i teraz powiem, stojąc obok wybitnego dyrygenta, że moim zdaniem najlepszym wykonaniem II symfonii Mahlera jest wykonanie X, a on powie: „Świetny wybór", to ja będę mieć erekcję całego ciała! A jeśli jeszcze inni to usłyszą, to już w ogóle. Człowiek tak po prostu działa. Potrzebuje, żeby to, co robi, to, kim jest, to, co dla niego ważne, zostało docenione. Bo to oznacza, że jest kompetentny, wartościowy, przydatny.

No dobrze, potrzebę społecznej akceptacji rozumiem, ale jak się to ma do tego, że nie wszyscy muszą być jak spod jednej sztancy?

To jest to drugie. Wyobrażam sobie, że fajnie jest mieć w życiu obie te rzeczy.

Ja na przykład lubię swoją melancholię między innymi dlatego, że towarzyszy jej czarny humor, który też bardzo lubię. Siedzenie w kocu, w bujanym fotelu na werandzie, w dość posępnym nastroju to nie jest jakieś normatywne wyobrażenie o radości. Ktoś powie: „Rusz się! Zanudzisz się na śmierć. Co się z tobą dzieje?". A dla mnie to jest właśnie ekstra. I tu ważna jest podmiotowość. Każdy człowiek chce być zaakceptowany takim, jaki jest, ale dojrzałość polega między innymi na tym, że dopuszcza się, iż to, co mnie sprawia radość, dla innych może być nieatrakcyjne albo wręcz odstręczające. I odwrotnie. Mnie na przykład radość z polowania nie mieści się w głowie.

Co wtedy?

Nic. Kultura jest źródłem cierpień, jak to stwierdził Freud. Jak się nie chce albo nie potrafi jej podporządkować, to trzeba sobie w niej jakoś wyrąbać miejsce dla siebie.

Jest coś takiego jak melancholijne przeżywanie radości. Jest pani we Włoszech, je coś pysznego i w tym samym czasie myśli: prawdopodobnie to jest ostatni raz, kiedy to jem. To cudowne, że mam taką szansę, że nie jestem kobietą w Afganistanie.

Znam to. Taka smutna radość.

Beztroska jest dla nas niemal niedostępna. Choć zdarzyło mi się kilka razy w życiu doświadczyć radości, która przekroczyła wszelkie moje wyobrażenie.

Pamiętam na przykład, jak biegałem w okolicach Sztokholmu, gdzie są piękne lasy, jeziora polodowcowe. Biegałem, potem poszedłem do sauny, gdzie wymasował mnie porządnie pewien ajurwedyjski dżentelmen, a potem wskoczyłem na kilka sekund do jeziora, które miało ze trzy stopnie. Jak wyszedłem, to miałem taki moment, że to jest absolutny koniec, że nie można się czuć lepiej. Oczywiście po godzinie to minęło i wszystko zaczęło mnie boleć.

Ale jakie to było uczucie dokładnie?

Mistycy mówią: „Panie, daj mi żyć i nie być świadomym tego, że żyję". To było to. Nie oceniałem tego, co przeżywam, nie porównywałem, nie dystansowałem się. Byłem w tym. To była niczym niezmącona radość. W takiej radości nie ma podziału na człowieka i na działanie. W Upaniszadach, świętych pismach hinduistycznych, 2600 lat temu tak właśnie opisano ostateczny doskonały stan świadomości: byt – świadomość – błogostan. Wszystko staje się jednością.

Kiedy na co dzień ma się okazję tego doświadczyć? Kiedy na przykład uprawia się seks z kimś, kogo się kocha, kiedy zatracają się granice. Intuicyjnie to ludzie jakoś czują. Mówią: „Obyśmy zawsze byli jednością". Ale, niestety, naturalny ludzki stan jest stanem podziałów.

Da się ten stan przekraczać na co dzień jeszcze jakoś inaczej?

Gdy zapytać buddystę zen, jak to osiągnąć, powie tak: „Jeśli myślisz, myśl. Jak jesz, jedz. Kiedy idziesz, idź. Ale nigdy się nie wahaj".

Jeśli tak na to patrzeć, przepisem na więcej radości w życiu jest dążenie do tego, żeby być pochłoniętym tym, co się robi w danej chwili, zamiast bez przerwy uciekać myślami.

I wtedy nawet cierpienie, jeśli się od niego nie oddzielamy, jeśli nie walczymy z nim, nie myślimy: nie chcę tak, chcę inaczej, chcę lepiej – nie będzie tak niszczące.

Najbliższa tym wszystkim naukom duchowym dla człowieka Zachodu jest praktyka uważności. Czyli jak jem jajo, to jem jajo, a nie myślę o tym, co jeszcze mam do zrobienia, co jadłem wczoraj, co będę jadł jutro. Jestem jednym.

Z tym jajem.

Z aktem jedzenia. Jak pani, jedząc ulubione lody, powie sobie: „No, nie smakują tak dobrze jak zawsze. Tydzień temu smakowały lepiej", to już włącza pani ocenę, oddziela się od tego, co robi, i odbiera sobie radość. Ryan Giggs, zawodnik Manchesteru United, powiedział kiedyś: „Pamiętam, jak wygraliśmy po raz pierwszy Ligę Mistrzów. Pierwsza myśl, którą miałem wtedy, była taka: czy za rok uda nam się to powtórzyć?". Koniec radości.

Sami sobie to robimy.

Ciągle. Mówi się, że całe cierpienie człowieka bierze się ze świadomości. Od razu włącza się myślenie: a czy to, czego teraz doświadczam, ma sens? Czy to jest dobre? Warto? Może nie warto? I to zatruwa wiele naszych czynności. Nie mówiąc o tym, że bycie w kilku miejscach naraz jest potwornie męczące, pochłania masę energii.

Więc gdyby mnie pani teraz jeszcze raz zapytała, co robić, powiedziałbym: nauczyć się koncentrować w pełni na tym, co się robi.

Osiągnęliśmy wielki postęp techniczny, opanowaliśmy świat, stworzyliśmy kulturę między innymi dzięki temu, że wyizolowaliśmy nasze umysły i potrafimy nimi operować niezależnie od tego, co się aktualnie dzieje.

Czyli?

Może pani siedzieć, niby nic nie robić, a w głowie podróżować na Bahamy, rozwiązać pięć tysięcy równań albo zaplanować pięciotomową powieść. Dzięki temu mamy muzykę Mahlera i Ramones, filmy Wesa Andersona, a większość kobiet i niemowląt przeżywa po porodzie, a nie, jak to było dwieście lat temu. Ale skutek uboczny tego jest taki, że cały czas jesteśmy gdzie indziej, cały czas uciekamy myślami. „Chcesz kawy czy herbaty?" – pytam gościa. „Nie wiem, muszę się zastanowić". On się musi zastanawiać, a każde zwierzę to po prostu wie.

W życiu jadłem wiele dobrych rzeczy, ale jakbym miał powiedzieć, kiedy odczułem prawdziwą kulinarną rozkosz, tobym się nie wahał. To było w Biebrzańskim Parku Narodowym wiele lat temu. Poszliśmy z żoną i synem o czwartej rano zobaczyć, jaki jest poziom wody na bagnach. Szliśmy parę kilometrów na czczo i wróciliśmy na kwaterę po paru godzinach. Nigdy nie zapomnę, jak rzuciłem się na jedzenie, którego zwykle nie jem: bułka z nutellą, herbata czarna z cukrem i jajecznica. Odczuwałem taką rozkosz, że ręce mi się trzęsły. Prawie płakałem. Byłem kompletnie pochłonięty przez tę czynność.

Co chce pan przez to powiedzieć?

To, że gdybym każdą rzecz w życiu robił tak, jak jadłem to śniadanie, to byłbym bogiem.

Świadomość, że świat nie kończy się na mnie, że istnieją jakieś tajemnice wszechświata, których nie da się wyjaśnić, nawet dotknąć – po tej stronie stoi pokora.

Pyszałkowatość, czyli poczucie, że się wie, zanim jeszcze się czegoś dowiedziało naprawdę, jest zgubna. I sprawia, że człowiek staje w miejscu. Pokora jednak zwykle pomaga ruszyć dalej, choć może nie w robieniu kariery politycznej.

Dziecko nie powinno być pokorne. Bo u dziecka to jest zbyt blisko zgody na doświadczanie krzywdy. U dorosłego jest już inaczej. Pokora dorosłego to jest antypycha.

POKORA

JAK PRZESTAĆ BYĆ PĘPKIEM ŚWIATA?

Rozmowa z **Bogdanem de Barbaro**

Mnie się wydaje, że ona jest często mylona z podkładaniem się, uniżaniem...

Ja myślę, że pokory są różne. Jest pokora piękna i jest pokora niedobra, szkodliwa.

Piękna może towarzyszyć na przykład takiemu stoickiemu stylowi życia, w którym jest zgoda na rzeczywistość, której zmienić się nie da, jest umiejętność spokojnego przyjmowania wyroków Opatrzności i nieuchronności tego, co nieuchronne. W tej pięknej pokorze jest też miejsce na wrażliwość na drugiego człowieka. I zgoda na to, że ma się jakieś ograniczenia, że nie jest się bogiem czy chociażby półbogiem.

Że nie pojadało się wszystkich rozumów?

Właśnie. Taka pokora jest niedaleko skromności. I ona mi się podoba.

Jak może wyglądać zła pokora?

Widziała pani rysunek Jacka Gawłowskiego z ostatniego „Newsweeka"? Taki rysunkowy serial o – nazwijmy to umownie – ewolucji człowieka. Kilka kadrów. Więc najpierw jakaś komórka, potem z wody wyłania się płaz, kolejne rysunki poprzez kolejne etapy „ewolucji" doprowadzają nas do człowieka dumnie wyprostowanego – to, jak rozumiem, homo erectus. Ale na ostatnim obrazku jest osoba, która kłania się komuś w pas. Nie wiemy, komu dokładnie, bo widać tylko ręce i nogi od kolan w dół, ale można się domyślić.

Władzy się kłania?

Tak. I to jest taki rodzaj pokory, który jest utratą siebie, swojej duszy. Mówiąc górnolotnie, dewastacją własnej psychiki.

Niektórzy to lubią i wcale przez to nie tracą. Przeciwnie.

Co lubią? Lizusostwo? Tak, z pewnością są tacy, którzy są gotowi dla jakiegoś dobra doczesnego, kasy albo stanowiska dać się upokarzać, czyli rezygnują z własnego myślenia na rzecz zgadywania, co ten drugi chciałby usłyszeć. Tyle że taka pokora, nawet zakładając, że te apanaże się zdobędzie, jest w istocie dewastująca. Niszczy człowieka. A ta pierwsza, ta dobra, jest budująca. Sprawia, że się wzrasta.

Ten „pokorny inaczej" to człowiek chorągiewka, bez właściwości?

Bez właściwości, ale etycznych. To taki człowiek, który nawet nie zauważa, że daje się upokarzać, albo zauważa, ale przełyka to jako koszty, które musi ponieść, żeby dojść do tego, czego pragnie. Jednak w ten sposób skazuje się na zniewolenie. Różne są zniewolenia – można być niewolnikiem gier komputerowych, a można być niewolnikiem szefa albo wodza. W gruncie rzeczy to się chyba sprowadza do patetycznego pytania: „Po co tu jesteśmy?". Oczywiście, na pytanie: „Po co ci głowa?", można odpowiedzieć: „Niom jem". Niektórym to wystarcza, choć różni filozofowie, w tym Habermas, są zdania, że istotą człowieczeństwa jest dążenie do wolności. I odpowiedzialność za nią.

Ludowe porzekadło mówi co innego: „Pokorne cielę dwie matki ssie". Opłaca się, jednym słowem.

Ale czy to jest o pokorze, czy raczej o cwaniactwie? Pobędę trochę w jednej partii, trochę w drugiej, wszędzie będę miał przyjaciół, tak na wszelki wypadek. Przyznam, że to może być opłacalne, ale ja to porzekadło odczytuję jako zachętę do konformizmu. On jest potrzebny, bez niego nie mielibyśmy życia społecznego, ale są granice. Granicą jest chyba klasa człowieka.

Są też tacy, którzy pokorę udają.

Fałszywie pokorni.

Po co? Trafia pan czasem na takich pacjentów?

Nawet nie pacjentów. Czasem trafiam, niestety, na takich przedstawicieli Kościoła, na kazaniach albo w radiu, ale nie chciałbym uderzać tutaj w jakąś antykościelną nutę. Myślę tylko, że taka fałszywa pokora jest bardzo blisko pychy.

Fałszywie pokorny myśli o sobie, że jest lepszy od innych?

Zastanawiam się... Może jest w tym jakaś perwersja? To sytuacje, kiedy człowiek chce o sobie myśleć, że jest skromny, bo oficjalnie uznaje albo dowiedział się, że bycie pokornym i skromnym w dobrym tego słowa znaczeniu jest cnotą, a od środka de facto zżera go pycha. Albert Camus powiedział: „Jestem człowiekiem niezwykle skromnym, chcę tylko, żeby wszyscy o tym wiedzieli". Tyle że on to mówił ironicznie, a są tacy, którzy z fałszywej pokory czynią sobie medal.

Pewne fałszywe pokory są też społecznie akceptowalne.

Na przykład?

Widziała pani, żeby jakiś zdobywca Oscara, odbierając nagrodę, powiedział: „Dziękuję. Słusznieście mnie nagrodzili, bo chciałem tego i wewnętrznie czułem, że mi się należy"? Oni zwykle są bardzo zaskoczeni. Mówią, że się nie spodziewali, dziękują całej ekipie, żonom, mężom, dzieciom, komu się da. Jakoś nie bardzo wierzę w szczerość tego zaskoczenia. Myślę, że tak jak istnieje dress code, tak istnieje speech code. I w kod takich przemówień wpisana jest również fałszywa pokora.

Ale mógłbym jeszcze na chwilę do Kościoła wrócić?

No nie wiem...

Ostatnio współuczestniczyłem w powstawaniu wydrukowanego w „Wyborczej" tekstu wyrażającego troskę o udział Kościoła w życiu społecznym, a zwłaszcza o jego stosunek do uchodźców.

„My też jesteśmy Kościołem" – taki miał tytuł. To był list od osób głęboko wierzących.

I w tym liście był fragment o tym, że te wszystkie wspaniałe budowle, ceremonie, ornaty mogą organizatorów owych wzniosłych obrzędów napełniać przekonaniem, że dysponują głęboką wiedzą na temat drogi do Boga. U niektórych to przekonanie płynnie przechodzi w pychę, na którą – zdają sobie z tego sprawę – nie mogą sobie pozwolić, więc zasłaniają ją maską fałszywej pokory. Nie zawsze skutecznie. Bo czasem z tonu głosu, gestów, wyrazu twarzy ta pycha jednak przebija.

Jak pokora się kształtuje w człowieku? Mam na myśli tę dobrą, bo o tej złej chyba nie ma co rozmawiać.

To nie jest coś, z czym człowiek się rodzi. Wierzę, że ona się buduje, w miarę jak człowiek się rozwija i coraz bardziej dostrzega swoją ograniczoność, dostrzega innych, ich perspektywę, uwrażliwia się na nich. Myślę, że ludzie pokorni to ludzie dobrzy.

Czy ona jest wprost proporcjonalna do wieku? Jak patrzę na dzieci, to one wydają się raczej mało pokorne.

I całe szczęście! Bo dzięki temu mają energię, która pozwala im – naiwnie, ale jednak – zdobywać świat, poznawać go, zmagać się z przeciwnościami. Jednocześnie bez posłuszeństwa dzieci by się pogubiły.

Z kolei nastolatek ma za zadanie odnaleźć siebie, a to często wymaga buntu, więc także braku pokory. Na samym posłuszeństwie nie da się zbudować własnej tożsamości, chociaż jako rodzice dorastających dzieci często wolelibyśmy, żeby były „grzeczne". Pokorę nastolatka postrzegałbym jako ustępliwość, a nie jako refleksję nad swoimi ograniczeniami. Byłoby to uniżenie, które hamuje, na przykład zgoda na to, żeby dać się upokarzać innym, na przemoc.

Mam pacjentkę, która była w klasie kozłem ofiarnym i pokornie znosiła to, co jej życie przyniosło, a raczej rówieśnicy zgotowali. Rodzicom się nie skarżyła, bo miała z jakichś powodów poczucie, że nie powinna. I dzisiaj, po wielu latach, dzielnie walczy o to, żeby ten honor odzyskać. Ale jest bardzo krucha, wystraszona, niepewna siebie. Dziecko nie powinno być pokorne. Bo u dziecka to jest zbyt blisko zgody na doświadczanie krzywdy. U dorosłego jest już inaczej. Pokora dorosłego to jest antypycha. Czy też bezpycha.

To chyba C.S. Lewis powiedział, że pokora nie oznacza myśleć o sobie gorzej, tylko myśleć o sobie mniej. Takie ujęcie bardzo mi się podoba.

Racja. Pokora to też nie-narcyzm. W sumie gdyby mówić ludziom: „Słuchajcie, rozwijajcie w sobie pokorę", to by była celna i cenna katecheza.

Tyle że pokora ma dziś złą prasę. Wszyscy na wszystkim się znają: na himalaizmie, szczepionkach, fotografii. I coraz bardziej okopują się w swoich poglądach. Internet temu sprzyja.

Nie tylko internet. Politycy też. Oni potrzebują wrogości. Bazują na tym, że społeczeństwo się polaryzuje, że ludzie ze sobą walczą, a spirala nienawiści i agresji się nakręca. Proszę zauważyć, że hasło „wstawanie z kolan" niewiele ma wspólnego z dumą, niezgodą na upokorzenia, a bardzo dużo – z pychą. Ale trudno wyobrazić sobie żołnierza na wojnie, który miałby być pokorny, prawda? On może być pokorny wieczorami, jak pisze pamiętnik, ale gdyby był pokorny w boju, toby nie przetrwał.

Brak pokory może znajdować swój wyraz również w deklaracji własnych, nieraz skrajnych i uproszczonych, poglądów i przekonań. I wówczas, bez poszanowania dla stanowiska odmiennego, skomplikowane dylematy etyczne można rozstrzygać prostym hasłem na T-shircie... Taka jest podstępna moc kultury obrazkowej, w której żyjemy. Ona nas zniechęca do pogłębionego spojrzenia na niejednoznaczną rzeczywistość.

Przychodzą mi do głowy jeszcze inne kulturowe powody, dla których pokora nie jest dziś w cenie. Człowiek pokorny nie zaistnieje, nie wybije się, a to się dziś liczy.

Ale – używając brzydkiego określenia – „rat race", czyli wyścig szczurów, to też jest walka.

Pokornemu nie przybędzie followersów na Instagramie.

Chętnie o tym porozmawiam, choć nie jestem znawcą tematu „Instagram". Wstyd przyznać, ale nawet nie mam konta na Facebooku. Jednak tu wchodzimy w zagadnienie pod tytułem „choroby społeczne XXI wieku", które mnie żywo interesuje, bo faktem jest, że narasta kultura narcystyczna, borderline'owa, konsumerystyczna. Świat temu przyklaskuje. Dramatycznie. I w takim świecie rzeczywiście na pokorę jest niewiele miejsca.

Pokorny, czyli lamer?

Kto?

Nieudacznik.

Takie byle co, tak. Wygląda więc na to, że trudno o zacną pokorę tam, gdzie panują agresja, narcyzm i hedonizm. Umiłowanie wolności może się przemienić w umiłowanie swawoli. Rdzeń jest ten sam – i tu, i tu chodzi o wolność – ale swawola jednak oznacza, że wszystko wolno. „Anything goes", jak mówią Amerykanie. Wydaje się, że współczesna kultura zaprasza do takiej wersji świata i takiej wersji rozwoju osobowego, który polega na połykaniu, gromadzeniu przyjemności, różnych dóbr. I taka konsumpcja odbywa się kosztem straty czegoś większego.

Czego?

Duchowości. Niekoniecznie chodzi o religijność, ale o możliwość przekraczania siebie, wrażliwość metafizyczną. Świadomość, że świat nie kończy się na mnie, że istnieją jakieś tajemnice wszechświata, których nie da się wyjaśnić, nawet dotknąć. I po tej stronie, wydaje mi się, stoi pokora. Choć rozumiem, że przejście na tę stronę może być ogromnym wysiłkiem. Bo brak pokory kusi. Przyjemność niereglamentowana to jest duży wabik. Pamiętam, na trasie Warszawa – Katowice stał kiedyś billboard z hasłem „All You Need Is A Shopping Center", który był bolesną parafrazą hasła „All You Need Is Love". Chciał mnie przekonać, że wszystkie moje potrzeby, nawet te, których jeszcze nie mam, zrealizuję na zakupach w tym przybytku konsumpcji. Robił to z pomocą pięknej damy patrzącej na mnie z tego billboardu. Nie dałem się przekonać, ale wiele osób się na to łapie. I wcale się im nie dziwię.

Ale w pokorze chyba nie chodzi o ascezę?

Nie chodzi o to, żeby się przyjemności wyrzec czy też jej zaniechać, tylko żeby ona nie stała się bogiem.

Na marginesie – asceza też może mieć różne motywy. Może brać się z wyższych pobudek, ale też z narcyzmu albo autoagresji. I trudno jest orzec, a czasem nawet niebezpiecznie, czy święty był święty dlatego, że był taki pokorny, czy też dlatego, że uległ iluzji, iż złapał Pana Boga za nogi, i taki był z tego dumny, że mu świat zawirował.

Kto ma większą szansę na to, żeby ta dobra pokora się w nim wykształciła?

Będzie banalne to, co powiem, ale przydałoby się być w dzieciństwie kochanym. Bo kiedy człowiek czuje się bezpiecznie w świecie, wtedy może bardziej kierować ścieżkami swojego życia. Nie musi zajmować się gojeniem ran. A jeśli ktoś nie czuł się kochany, może usilnie szukać, jak tę potrzebę zaspokoić. Tak jak ktoś zraniony i obolały w sposób naturalny zajmuje się swoim bólem i zranieniem, a głodny rozgląda się, gdzie tu jest coś do jedzenia. I ten głód utrudnia budowanie pokory.

Życie nam ciągle daje z niej lekcje. Wydaje nam się już, że jesteśmy tacy mądrzy, dojrzali, a rzeczywistość przypomina, że jednak nie bardzo. Na przykład kiedy pojawia się dziecko. Ogromna lekcja pokory, prawda?

Niedawno konsultowałem terapię, na której ojciec małego dziecka powiedział: „Ja go nie umiem usypiać. I nie będę". I co wieczór szedł przed telewizor, a jego partnerka, wykończona, kładła dziecko spać sama. On akurat tej lekcji pokory, którą mu życie zadało, nie miał ochoty odrabiać. Może nie był na to gotowy, bo miał jakieś zranienia z własnego dzieciństwa? A może miał w sobie tyle agresji, że nie potrafił zrezygnować z siebie, jak to się mówi, poświęcić się?

Miłość, którą człowiek dostaje na wejściu, to jest mocna baza. Komuś, kto ma ten pierwotny głód niezaspokojony, znacznie trudniej pójść do przodu. A potem mierzyć się z tym, że ma prawo czegoś nie wiedzieć, że coś jest poza jego zasięgiem, że czegoś nie będzie nigdy umiał.

Nie tylko doświadczenia życiowe, ale także inni uczą nas pokory. Na przykład spotykamy kogoś, szybko oceniamy, jaki jest, a kiedy go poznajemy bliżej, okazuje się, jak się myliliśmy.

Chodzi pani o tzw. miłe rozczarowania? One nie zawsze mają miejsce i nie zawsze muszą prowadzić do pokory. Jeśli czujemy do kogoś antypatię, to raczej będziemy szukać dziur w całym, niż się miło rozczarowywać.

A ci z kolei, którzy nas dobrze znają? Oni mogą nam uzmysłowić pewne zaniedbania, słabości, porażki.

To są przydatne lekcje, zgoda, pod warunkiem że odbywają się w bezpiecznych okolicznościach. I też w miłości. Ja akurat uważam to słowo za bardzo ważne, mimo że zostało zhollywoodyzowane i przez to traci swoją wewnętrzną moc. Bo kiedy ktoś będzie mi pokazywał moje niedostatki, atakując mnie, to ja to odrzucę, a jeśli będzie to robił z miłością, to będę słuchał uważnie tego, co mówi, i jeszcze z jego uwag skorzystam.

To jest ważny problem: od czego zależy, czy się rozwijamy w bliskości z innymi, czy nie? Narzuca się refleksja, że do rozwoju potrzebna jest właśnie owa pokora. To „nie wiem", które sprawia, że szukamy własnej drogi. Nie trzeba być doświadczonym podróżnikiem, aby wiedzieć, że gdy czujemy się zagrożeni, nasze otwarcie na świat jest ograniczone.

Kto jeszcze może być odporny na te lekcje?

Ktoś, kto ma potrzebę władzy. Bo władza zakłada i posiadanie, i przemoc. Antoni Kępiński, wybitny psychiatra, używał określenia „libido dominandi". Twierdził, że tak jak swoją moc ma popęd seksualny, tak silna może być żądza władzy. Trudno oczekiwać pokory od kogoś, kto potrzebuje dominować nad innymi i zwyciężać. Wyobraża to sobie pani? Uczestniczy pani w zawodach, myśli o tym, że koniecznie musi zdobyć złoto, a obok biegnie inny zawodnik i też chce wygrać. I co? Ustąpi mu pani? Nie ma takiej możliwości! Oczywiście, jeśli się przegra, zawsze można zwalić na nieprzychylny wiatr albo na sędziego – że był stronniczy. Niepokorni tak objaśnią rzeczywistość.

Ja myślałam, że pokora jakoś się wiąże z dojrzałością i że prędzej czy później większość, czasem z przeszkodami, ale jednak do niej dochodzi.

Pytanie, czym w ogóle jest dojrzałość. My sobie możemy powiedzieć, że dobrze by było, by pokora wiązała się z dojrzałością, ale ktoś inny powie, że nie musi, bo jego zdaniem człowiek dojrzały to ktoś, kto dąży do sukcesu społecznego i go osiąga. Albo ktoś, kto maksymalizuje możliwość odczuwania szczęścia. Albo ktoś, kto ma dużo tych, jak to pani powiedziała, followersów, klików czy jakieś inne nagrody społeczne.

Chyba nikt, kto się zajmuje zdrowiem psychicznym, nie powiedziałby, że to ważne?

Ale już mógłby powiedzieć, że to, co uznamy za dojrzałość, nie jest tak ważne jak to, żeby człowiek miał satysfakcję z życia. Jeden może mieć tę satysfakcję z tego, że namalował piękny obraz, a drugi z tego, że namalował piękny obraz, który sprzedał na aukcji za bajońską sumę. I czy psychoterapeuta jest od tego, żeby mówić temu, któremu zależy na tym, by dużo zarabiać, ale mu się nie udaje: „Nie przejmuj się, że nie masz pieniędzy, bo to wszystko jest czcze, to wszystko pył, a twoje dzieła są zaiste piękne i głębokie"?

No ale może to jest czcze?

Może. Ja już jestem w tym wieku i w takiej sytuacji życiowej, że mogę się dystansować od nagród płynących z tego świata, ale nie wiem, czy potrafiłbym trwać w filozoficznym dystansie, gdybym pod koniec swojego życia zawodowego pracował w jakiejś poradni i walczył o to, żeby mi podnieśli emeryturę o 30 złotych i 50 groszy. Więc chociażby dlatego nie mam prawa oceniać innych.

Co może obudzić pokorę nawet w kimś bardzo opornym? Przychodzi mi na myśl ciężka choroba. Własna, bliskich.

Też tak sądzę, że jakieś nieszczęście może człowiekowi zwrócić uwagę na to, co jest przyziemne, a co głębokie. Co ważne, a co nieważne. Z tym że jednych nieszczęście przygniata, wpadają w depresję, innych mobilizuje. I zagadką jest, dlaczego jedni reagują tak, a drudzy inaczej. Rozmawialiśmy kiedyś o tzw. resilience, czyli odporności psychicznej. Badają ją, jednak nie wiadomo jeszcze dokładnie, dlaczego jedni po przeżyciu huraganu i utracie bliskich wchodzą na jakieś niesamowite ścieżki rozwoju, a inni się zapadają i marnują życie. Prawdopodobnie ci pierwsi nabierają większej uważności. Przestają żyć niechlujnie, zaczynają czuwać nad tym, żeby ich życie było dobre.

Są ludzie, którzy są po prostu bardziej refleksyjni, sprawdzają, jak to z nimi jest w różnych sytuacjach.

I ta refleksyjność łączy się pana zdaniem z pokorą?

Tak myślę. Bo taki ktoś ma szansę wcześniej zauważyć różne swoje ograniczenia, egotyzmy, próżności, że chce dobrze, a mu się nie udaje na przykład. Jeśli jeszcze wyciąga z tego wnioski, to jest to klucz do rozwoju. Do tego, żeby, jak mówił amerykański psycholog i psychoterapeuta Carl Rogers, „ja realne" powoli zbliżało się do „ja idealnego", czyli mówiąc normalnym językiem, żeby stać się takim, jakim się chce być, w zgodzie ze swoimi najgłębszymi wartościami. Pokora może w tym pomóc. Sprawić, że trafniej będzie się siebie widzieć.

A wie pan, że po wyborach prezydenckich w USA w wielu amerykańskich uniwersytetach zaczęto się z pasją zajmować pokorą? Nagle zauważono, że to niesłusznie bardzo zaniedbany obszar badań.

Ciekawe. A o której pokorze myślano?

Głównie o pokorze intelektualnej, o otwartości na to, że można nie wiedzieć. Mylić się. To zainteresowanie częściowo wynikło z szoku, jakim dla wielu była

wygrana Trumpa, która, zdaje się, odsłoniła pokłady pychy w części społeczeństwa. Tej, która się uważała za mądrzejszą.

I co z tych badań wynikało?

Że pokorni lepiej się uczą, więcej przyswajają, umieją wczuć się w drugiego, przyjąć jego perspektywę. I że takie cechy, a nie przeświadczenie o własnej wielkości i nieomylności, pchają świat do przodu.

Mam wątpliwości, czy ta wiedza do ludzi prędko się przebije, bo proszę zauważyć, kogo jednak wybrano na prezydenta USA i kto rządzi choćby u nas. Pokora, refleksyjność, otwartość na innych to nie są cechy, które się narzucają jako pierwsze.

Ja wierzę, że pyszałkowatość, czyli poczucie, że się wie, zanim jeszcze się czegoś dowiedziało naprawdę, jest zgubna. I sprawia, że człowiek staje w miejscu. Pokora jednak zwykle pomaga ruszyć dalej, choć może nie w robieniu kariery politycznej.

Jest większa szansa, że coś się urodzi z pokornego „nie wiem" niż z „wiem na pewno, jak jest". W dodatku „nie wiem" rodzi zaciekawienie, otwiera. Nawiasem mówiąc, jedno z najbardziej wpływowych podejść w terapii rodzin, tzw. szkoła mediolańska, za kluczowe w podejściu terapeuty do problemu uważała stan zaciekawienia i irewerencję, czyli umiejętność lekceważenia własnych myśli. Inna psychoterapeutka, Harlene Anderson, mówiła z kolei o pozycji „niewiedzenia" („not-knowing stance") jako fundamencie swojego stylu terapeutycznego. Według niej psychoterapeuta powinien wyjść z roli profesjonalisty, uznając, że ekspertem w zakresie własnego życia jest pacjent czy też klient. Dzięki temu pojawia się miejsce na dialog, wymianę myśli. Przy czym to „nie wiem" nie jest wcale pozbawione energii, nie jest kapitulacją. Ono wyciąga rękę, pyta i słucha. Mnie się wydaje, że taki rodzaj kontaktu z drugim człowiekiem w ogóle, nie tylko w terapii, ma głęboki sens. Pozwala się nawzajem zobaczyć, zrozumieć, poczuć.

Czyli kluczem jest niewiedza i zaciekawienie?

I szacunek. Brzmi to patetyczno-etycznie, ale w nagrodę możemy się czuć wzbogaceni. Człowiek może coś głębiej zrozumie – może ten świat, może samego siebie – a poza tym będzie miał smak w relacji.

Ja, można powiedzieć, żyję z rozmawiania i bardzo wiele tym rozmowom zawdzięczam. Nie tylko to, że dowiaduję się, jak może być rozmaicie na świecie, że mam wgląd w zakamarki ludzkiej duszy, w cierpienie, ale też to, że dowiaduję się wiele o sobie. O swoich ograniczeniach. O tym, że na przykład nie potrafię pomóc, choć bardzo chcę, albo że niedobrze jest, kiedy patrzę na drugiego przez własny pryzmat. Muszę się wciąż bacznie przyglądać swoim okularom, bo one mogą zniekształcić rzeczywistość.

Czyli pokora zaprasza do wyjścia z siebie?

Człowiek przestaje być pępkiem świata i to jest cenne. Bo często mamy tendencję, żeby myśleć, że jest tak, jak podpowiada nam nasze życie. I generalizować. Na przykład – czym jest rodzina? Każdy ma jakieś osobiste doświadczenie, które sugeruje, że rodzina powinna wyglądać tak a tak. Niebezpieczeństwo polega na tym, że z własnego doświadczenia powstaje teoria na temat innej rodziny.

Ale gdyby ludzie byli tylko pokorni, czy zdobywaliby inne lądy, szczyty, odkrywali nieodkryte i robili te wszystkie „niemożliwe" rzeczy?

Zastanawiam się… Możliwe, że rozważanie, czym jest pokora, jest w tym sensie ułomne, że dopiero w połączeniu z innymi cechami czy też stanami okazuje się, czy ona jest dobra, czy zła. Czy rozwija osobowość, czy cofa rozwój? Uszlachetnia czy niszczy? Dodaje mocy czy degraduje? Wydaje mi się, że czym innym będzie pokora u człowieka odważnego, a czym innym u osoby lękowej.

I?

Wyobrażam sobie, że ktoś odważny, a jednocześnie pokorny może się okazać odkrywcą, zdobywcą lub bohaterem. Bo nie wybierze się na biegun północny w stroju plażowym. Z kolei osoba pokorna, ale lękowa, by nie rzec tchórzliwa, może się ześlizgnąć w konformizm, a gdy doświadczy upokorzeń, może uznać, że godzenie się na nie to chwalebna roztropność. Więc niełatwo jest odpowiedzieć na pytanie, czy ktoś, kto ryzykuje własne życie, starając się porwać na – jak to pani ujęła – rzeczy wielkie, uosabia szlachetną niepokorność. Bo wśród tych niezwykłych ludzi są tacy, którzy te szczyty zdobywają, ale są i tacy, którzy tracą po drodze życie. Czy jedni różnią się od drugich poziomem pokory? Może wcale nie. Może różnią się jakąś dodatkową porcją szczęśliwego zbiegu okoliczności lub brakiem tej porcji?

Strasznie pan teraz skomplikował.

To jeszcze bardziej skomplikuję. A co na przykład z pokorą osób walczących z niesprawiedliwością społeczną?

Mają ją czy nie?

Myślę, że mają, bo zgadzają się na przykład na ryzyko uwięzienia czy innych szykan. Ale są też wyposażeni w nie-pokorę i poza niezbędną odwagą mają jeszcze jedną ważną cechę – ich bardziej niż pozostałych uwiera niesprawiedliwość.

Jakbym miał więc odpowiedzieć na pytanie, do czego człowiekowi pokora, tobym powiedział, że do dobrego życia. Dobro-głębokiego. Chodzi chyba o to w gruncie rzeczy, żeby na koniec nie powiedzieć sobie: „No i po co to wszystko było?". Wydaje mi się, że ten „ostateczny rachunek" będzie per saldo korzystniejszy, jeśli pokora będzie połączona z odwagą. A brak pokory – z wartościami, które nie zezwalają na upokorzenia. A zatem pokora to dobro, o ile ma dobrych towarzyszy.

Istnieje całe mnóstwo strat, które podobnie jak śmierć bliskiego domagają się przeżycia i opłakania. Rozpad przyjaźni, utrata pracy, domu, majątku, partnera, zaufania do kogoś, wyobrażenia o sobie.

Człowiek dojrzały wie, że na wiele spraw ma wpływ, ale na pewno nie na wszystko.

Próbujemy się jeszcze targować – z losem, z Bogiem. „A może gdybym zrobiła to i to, to by się nie rozpadło?", „A może jeśli postąpię tak, to go odzyskam?", „Wolałabym sama być chora, niż żeby moje dziecko chorowało" – to są takie myśli.

STRATA

JAK NIE UTKNĄĆ W ŻAŁOBIE?

Rozmowa z **Ewą Chalimoniuk**

Śmierć bliskiej osoby to niejedyna strata, której doświadczamy. Czy każda automatycznie wiąże się z żałobą?

Zacznijmy od tego, że bez strat nie ma życia. Niektóre z nich są rozwojowe, co oznacza, że tracąc coś, jednocześnie coś innego zyskujemy, i nie wymagają przeżywania żałoby. Małe dziecko na przykład w pewnym momencie musi się pożegnać z byciem karmionym piersią czy butelką, to je frustruje, ale dzięki temu idzie do przodu: uczy się jeść łyżeczką, usamodzielnia się. Nastolatek z kolei dostrzega, że rodzice wcale nie są idealni. Popełniają błędy, mówią jedno, robią drugie. To też jest strata. Umiejętność uznania, że rodzic co prawda nie jest bogiem, ale nadal pozostaje wartościowym człowiekiem, sprawia, że nastolatek się urealnia. Zaczyna rozumieć, że świat jest trochę dobry, trochę zły, ludzie są trochę dobrzy, trochę źli i on sam też taki jest. Każdy etap życia przynosi takie naturalne straty.

Ale poza tym istnieje całe mnóstwo strat, które podobnie jak śmierć bliskiego domagają się przeżycia i opłakania.

Na przykład?

Rozpad przyjaźni, utrata pracy, domu, majątku, partnera, zaufania do kogoś, wyobrażenia o sobie. W przeciwieństwie do śmierci w większości przypadków nie są to straty nieodwracalne.

Jak to nie?

Z przyjaciółką może się pani zejść, podobnie jak z mężem. Życie zna przypadki, że ludzie do siebie wracają po latach. Pracę może pani odzyskać. Zaufanie przy dobrych staraniach też można odbudować. Przynajmniej jest to możliwe. To nie oznacza oczywiście, że kiedy to się dzieje, to mniej boli.

Niektórzy utratę partnera przeżywają tak samo mocno, jakby umarł. Od czego zależy, jak sobie radzimy w takich sytuacjach?

Od wielu czynników, między innymi od tego, jak poradziliśmy sobie z różnymi stratami rozwojowymi, ale duże znaczenie ma też styl przywiązania, który kształtuje się w pierwszych latach naszego życia. Autor teorii więzi, brytyjski psychoanalityk John Bowlby wyróżnił trzy style: unikający, lękowo-ambiwalentny i bezpieczny. Pierwsze dwa związane są z brakiem poczucia bezpieczeństwa, z niestabilnością, nieadekwatnością. W bardzo dużym uproszczeniu oznacza to, że dziecko wzrasta w środowisku, w którym nie jest widziane ze swoimi potrzebami, emocjami, któremu się nie towarzyszy w różnych stanach, „nie odzwierciedla", jak to się mówi. Może się czuć psychicznie opuszczone, a czasami jest dosłownie porzucone przez najbliższych. Oczywiście stosuje różne mechanizmy adaptacyjne, żeby to jakoś przetrwać, ale kiedy jako dorosły doświadcza bolesnej utraty czegoś ważnego – wartości, rzeczy, człowieka – to jest tak, jakby...

...ktoś mu włączył tę starą płytę?

Tak. Jakby ktoś go z powrotem wrzucił do tej pierwotnej sytuacji bolesnej utraty. Jest w takiej rozsypce psychicznej, jakby znów był tym małym, opuszczonym dzieckiem. I wtedy dochodzenie do siebie może trwać bardzo długo. Zorientowanie się na przykład, ile rzeczywiście dawał mi ten partner, który odszedł, a na ile to była wyłącznie moja iluzja.

Zdarza się, że takie osoby w żałobie „utykają", co bywa jeszcze bardziej dojmujące w przypadku nieodwracalnych strat, takich jak śmierć kogoś bliskiego, ale też własna ciężka choroba czy poważna choroba dziecka. Dla osób z doświadczeniem spoza bezpiecznej więzi pogodzenie się z taką sytuacją może być wyjątkowo trudne, bo każda strata poza tym, że jest stratą samą w sobie, jest również echem tej pierwszej.

Co to znaczy „utknąć w żałobie"?

Domknięta żałoba oznacza między innymi akceptację tego, co jest. Na przykład: „Mam cukrzycę, muszę stale brać leki, odżywiać się w ściśle określony sposób, ale wciąż mogę być aktywny, wchodzić w relacje" itd. Albo: „Jestem bezpłodna, nie urodzę dziecka, ale mogę je adoptować albo spełniać się jako ciocia moich siostrzeńców". Człowiek powoli godzi się z tym, że jakiegoś scenariusza już nie zrealizuje, ale to nie oznacza, że nie może dalej cieszyć się życiem. Być szczęśliwym z tym, co zostało.

Ci, którzy „utykają", nie potrafią dostrzec dobra, które nadal mają. Ciągle swoją stratę rozpamiętują, przeżywają, czym często narażają się na niezrozumienie i niechęć. Bywają rozgoryczeni, pełni żalu, czasem złości i pretensji. I często wtórnie się upośledzają. Ktoś na przykład traci nogę w wypadku i wycofuje się z życia. Nie podejmuje żadnych aktywności, unika kontaktów z ludźmi, nie wychodzi z domu. Nie daje sobie nawet szansy na to, żeby skorzystać z tego, co ma. A ma przecież drugą nogę, zdrową głowę, jest zdolny do miłości.

Niektórzy, wydaje mi się, zatrzymują się w żałobie, bo mają bardzo duże wymagania w stosunku do siebie i świata. Wszystko musi być „naj". Konfrontacja z rzeczywistością, z tym, że nie jest idealnie, że czasem trzeba z czegoś zrezygnować, musi być bardzo bolesna.

Opisała pani sytuację człowieka, w którego przypadku nie powiódł się do końca proces radzenia sobie z różnymi stratami rozwojowymi.

Kogoś, kto właśnie nie przerobił tych „ćwiczeń" z utraty, tylko żył iluzją, że zawsze będzie świetnie, że będzie odnosił same sukcesy, że nigdy nie poczuje bezsilności. Być może nie stawiał wcześniej czoła różnym stratom dlatego, że nie chciał, nie musiał czy też chroniono go przed świadomością, że musi się z czymś pożegnać, że ma jakieś ograniczenia.

Bywa tak, że dziecko za wszelką cenę unika tego, co trudne. Wybiera na przykład tylko te aktywności, które mu świetnie idą, a za swoje porażki obwinia wszystkich dookoła. Jak dostanie dwóję, to tłumaczy sobie, że to dlatego, że nauczycielka jest „głupia", a nie dlatego, że się nie nauczył. Jak mu coś nie wychodzi, mówi: „To nie dla mnie", „To nudne" itd. To koledzy są zawsze beznadziejni, a nie on się zachował nie tak. W ten sposób chroni swoje poczucie wszechmocy. Czasem rodzice nie zauważają, że dziecko w ten sposób ustawia się do świata, a czasem sami je w tej jego wyjątkowości utwierdzają. Przenoszą z klasy do klasy, z drużyny do drużyny, bo to „poniżej twojego poziomu", bo „zasługujesz na więcej". „Szkoła jest zła", „trener kiepski", „koleżanki beznadziejne, znajdziesz lepsze".

I zdarza się, że takie osoby dość długo i bezproblemowo są w stanie przeć do przodu.

Tylko...?

Tylko że jeżeli nie stłuką sobie kolanek raz czy drugi po drodze, to pierwsza poważna porażka, której już nie będą w stanie ominąć, na przykład oblany egzamin na studia, może ich złamać. Często to się kończy depresją, myślami samobójczymi, takim zaprzeczeniem wszystkiego: „A po co mi to w ogóle?", „To ja już niczego nie będę próbował".

Do gabinetów terapeutów trafiają nastolatki, których rozbudzone poczucie wyjątkowości dramatycznie się załamało. W wieku lat czternastu piszą powieści science fiction, robią zdjęcia, chcą zostać modelkami/modelami, gwiazdami YouTube'a czy wybitnymi tenisistami, rodzice je w tym wspierają...

To chyba dobrze?

Ale często z takim nastawieniem, że muszą odnieść sukces albo że to oczywiste, że im się uda. Tymczasem życie samo to weryfikuje, bo na przykład brakuje predyspozycji organizmu albo talentu, albo przychodzi jakiś autorytet i mówi: „To, co robisz, jest przeciętne". I jest rozpacz.

Jakiś czas temu trafiła do mnie nastolatka, która żyła wyobrażeniem swojej matki o tym, że genialnie pisze i w ogóle jest idealna. Była przekonana, że zostanie wybitną pisarką. W pewnym momencie pokazała swoje utwory polonistce, ale ku jej wielkiemu zaskoczeniu zachwytu nie było, nie było żadnego „wow!" – i świat się tej dziewczynce rozpadł. Przestała chodzić do szkoły. Przestała robić cokolwiek. Nikt jej wcześniej nie powiedział: „Super, że piszesz. Rób to, jeśli ci sprawia przyjemność, ale poczekaj ze snuciem wielkich planów. Pamiętaj, że to wymagający zawód, że ciężko się z niego utrzymać, jest duża konkurencja. A jak w ogóle wyobrażasz sobie swoje dorosłe życie?". Nikt jej w ten sposób nie urealniał. Przeciwnie, pompowano w nią wizję sukcesu, że to się właściwie stanie samo, bo przecież jest genialna.

Może nikt nie chciał jej podcinać skrzydeł?

Ale pomiędzy podcinaniem skrzydeł a odrobiną realności jest jednak różnica, nie sądzi pani? Nie chodzi o to, żeby dzieciom czy młodym ludziom odbierać marzenia. Nie jesteśmy przecież wyroczniami. Ludzie rozwijają się w różnym tempie i zdarza się, że u kogoś talent objawia się późno, genialnym terapeutą czy pisarzem można się na przykład okazać koło czterdziestki lub jeszcze później. Ważne jest jednak, żeby ten przekaz do młodych był podwójny: „Fajnie, że grasz w piłkę, że masz z tego frajdę, że ci zależy, ale nie zaniedbuj nauki",

„Niewielu udaje się zostać Lewandowskim. Może akurat tobie się uda, ale nie wiadomo, jak się życie potoczy".

Czyli to jest takie amortyzowanie ewentualnej porażki?

Duży kryzys związany ze stratą znacznie częściej uderza w tych, którzy w ogóle nie biorą takiej możliwości pod uwagę.

Kolejny przykład to młodzi dorośli, którym się wydaje, że pieniądze są, a nie, że się je zarabia.

Co pani przez to rozumie?

Na terapię trafiają też młode osoby, których wszystkie potrzeby finansowe zawsze były zaspokajane przez rodziców. Rodzice często sami, jak byli młodzi, niczego nie mieli albo o wszystko musieli walczyć, więc chcą, żeby ich dzieci już nie musiały. To jest jakoś zrozumiałe. No więc dają: na kino, na teatr, na wyjazdy na narty, markowe ciuchy, kółka zainteresowań. Taki młody człowiek na nic sam nie musi zarobić, a potem idzie do pierwszej pracy, w której proponuje mu się dwa tysiące na rękę, i czuje się skrzywdzony. Jest wściekły na pracodawcę, na system, na rodziców za to, że ma sobie radzić sam. Jak to sam?

Co traci?

Wygodę, spokój, luz. I nie chce przyjąć do wiadomości, że wokół jest realność, z którą jako osoba dorosła musi się zacząć liczyć. Większość młodych ludzi w końcu się godzi z tym, że pieniądze nie spadają z nieba, tylko trzeba się wysilić, asymilują tę stratę, ale są i tacy, którzy odwracają się czterema literami i mówią: „To ja nic nie będę robić". Czytałam niedawno o pewnym hiszpańskim czy włoskim czterdziestolatku, który pozwał rodziców za to, że nie chcą go dłużej utrzymywać...

Kiedy takie niedojrzałe osoby zakładają rodzinę i rodzi im się na przykład dziecko z autyzmem albo z rozszczepieniem podniebienia, to często nie są w stanie tego udźwignąć. Odchodzą, twierdząc: „To przez nią, przez niego, ma złe geny", albo uciekają w uzależnienia, albo się załamują: „Dlaczego mnie się to przytrafiło?", „Za co mnie los tak pokarał?", „Już nie mam po co żyć".

W ogóle wydaje mi się, że przybywa osób, od których metrykalnie można by oczekiwać dojrzałości, ale które wcale dojrzałe nie są. Dramatem wcale nie musi być chore dziecko, może być i zdrowe.

Co ma pani na myśli?

Młode pary, które przychodzą do mnie po pomoc w kryzysie, są często zaskoczone tym, że dziecko oznacza rezygnację z różnych rzeczy, utratę części wolności. W ogóle bywają zaskoczone tym, że związek z drugim człowiekiem wiąże się z jakimiś ustępstwami: „Żona nie chce współżyć w połogu. Jak to?", „Dziecko płacze w nocy i nie mogę się wyspać. Dla mnie to koniec świata!".

A miało być tak pięknie jak na Instagramie.

Przekaz kulturowy dodatkowo tę wyidealizowaną wizję życia wzmacnia, co najbardziej uderza w osoby, które nie zdążyły dorosnąć. Wrzucone na głęboką wodę zaczynają się topić. I zamiast wspólnie szukać rozwiązań: „Zorganizujmy to tak, żebyś raz ty się mógł wyspać, raz ja", wspólnie się pocieszać: „Dziecko urośnie, damy radę", „Wszyscy przez to przechodzą", włączają mechanizm wycofania i ucieczki albo wściekłości i ataku.

Czy te myśli: „Dlaczego mnie to spotkało?", „Za co ta kara?", „Życie nie ma sensu", nie pojawiają się przypadkiem zawsze wtedy, gdy mamy do czynienia z jakąś utratą, nawet jeśli jesteśmy dojrzali?

Oczywiście, z tym że u osób dojrzałych one się z czasem wyciszają. Bo człowiek dojrzały wie, że na wiele spraw ma wpływ, ale na pewno nie na wszystko. Dziś jest, jutro może go nie być. Może go potrącić samochód albo może się okazać, że ma nowotwór, mimo że świetnie się odżywiał i dbał o siebie. Albo żyje w przekonaniu o wierności partnera, a tymczasem się okazuje, że jest oszukiwany i zdradzany.

Te wszystkie „ćwiczenia" z różnych utrat wzbogacają nas między innymi o świadomość, że życie nie jest bajką i że nie wszystko od nas zależy.

Za każdym razem strata boli coraz mniej?

Każda strata jest bolesna. Ale przynajmniej wiadomo mniej więcej, czego się spodziewać. Proszę zobaczyć, jak stratę przeżywa dziecko czy nastolatek. Zgubi jakiś prezent od przyjaciółki czy od mamy i świat mu się kończy. Albo przyjaciel wyprowadza się do innego miasta czy pierwszy chłopak albo dziewczyna odchodzą. Jest rozpacz, jakby ktoś umarł. „Już nigdy nikogo nie pokocham", „Do niczego się nie przywiążę". Jest żałoba. Ale jak już kolejny raz tracimy kogoś i znów przechodzimy przez to samo, to jednak jesteśmy bogatsi o te poprzednie doświadczenia. Wiemy na przykład, że myśląc: „Ja tego nie przeżyję", „Już nigdy nikogo nie pokocham", możemy się mylić.

Z drugiej strony każdy ma swoją wyporność i skumulowanie się strat, jedna po drugiej, to tak trudne doświadczenie, że bardziej nas może straumatyzować, niż uczynić dojrzalszymi. O tym też warto pamiętać.

Jak przebiega sama żałoba?

Najpierw jest szok. Nie chcemy przyjąć do wiadomości tego, co się zdarzyło. „Zaraz na pewno znajdę ten prezent od mamy" albo „Chłopak przyśle mi maila, że zmienił zdanie". Albo „Zrobię coś takiego, że wszystko się odwróci". Potem pomału zaczynamy być smutni, ale też źli. Szukamy winy w sobie, w innych: „To bank mi zabrał mieszkanie", „Odszedł, bo nie potrafi z nikim być". W przypadku śmierci zdarza się, że rodzina osoby, która umarła, szuka za wszelką cenę błędu lekarskiego. Rozpacz, złość się ze sobą mieszają.

Co potem?
Próbujemy się jeszcze targować – z losem, z Bogiem. „A może gdybym zrobiła to i to, to by się nie rozpadło?", „A może jeśli postąpię tak, to go odzyskam?", „Wolałabym sama być chora, niż żeby moje dziecko chorowało" – to są takie myśli. Potem następuje etap odrętwienia i pustki. Taki dół, że nawet łez już nie ma, całe ciało boli, brakuje sił. Aż w końcu pomału, pomału zaczynamy z tego wychodzić. Żegnamy się z różnymi aspektami tej relacji czy rzeczy. Widzimy, co nam zostało, co jest przed nami, jakie to miało dla nas znaczenie.

Jak długo to może trwać?
Każdy ma swój rytm: kilka dni, tygodnie, rok. Niedobrze jest, jeśli żałoba trwa dłużej i jeśli nie pojawiają się żadne myśli, które zwracają się do przodu, bo to może znaczyć, że się gdzieś utknęło.

Niektórzy zatrzymują się na etapie zaprzeczenia.
Zdarza się na przykład, że rodzice nie potrafią zaakceptować tego, iż ich dziecko nigdy nie będzie już w pełni zdrowe. Wożą je od lekarza do lekarza, na jedną terapię, drugą, trzecią, konsultację u kolejnych specjalistów, a kiedy już diagnoza jest wielokrotnie potwierdzona, kiedy wiadomo, że nie da się więcej zrobić, że ich dziecko będzie mieć ograniczoną sprawność, na przykład intelektualną, oni wciąż szukają nowych rozwiązań.

No i to jest pytanie o to, kiedy próba naprawy, próba uzdrowienia staje się negacją rzeczywistości. W którym momencie trzeba się wycofać, pogodzić z tą stratą i rozwijać to, co możliwe.

To są bardzo indywidualne, trudne decyzje, ale wydaje mi się, że w życiu warto się kierować zasadą, którą opisał autor „Dezyderatów": róbmy wszystko, co w naszej mocy, ale też zaakceptujmy to, że nie wszystko możemy.

Co się dzieje z niedomkniętą żałobą?

Zawsze wraca. U tych, którzy jej najbardziej zaprzeczają, często przychodzi pod postacią jakichś dolegliwości ciała albo nałogów. Ale zdarza się, że wraca nie dlatego, że ktoś chciał od niej uciec, tylko dlatego, że na przykład był wydelegowany przez system rodzinny do tego, by chronić innych jako ten najsilniejszy. Ten, który „musi dawać radę". Wraca, bo taki człowiek nie miał na nią ani przestrzeni, ani czasu. I ta duża, nieprzeżyta żałoba, na przykład po śmierci bliskiego albo utracie całego majątku, może przyjść w momencie doświadczenia jakiejś mniejszej straty, na przykład kłótni z przyjacielem.

Następuje taka kumulacja?

Kumulacja i moment spustowy, czyli depresja, której często te osoby nie łączą z wcześniejszymi zdarzeniami. „Jak kto? Przyjaciel mnie zawiódł, zerwaliśmy kontakty, a tu aż taki zjazd?". Tymczasem być może rykoszetem wraca odroczona żałoba po stracie matki.

Jak mądrze towarzyszyć komuś, kto doświadcza straty?

Niezależnie od tego, czy to jest dziecko, czy osoba dorosła, trzeba pozwolić mu przeżywać to, co jest. Nie pocieszać za szybko. Nie mówić: „Będzie dobrze!", „I tak nie był ciebie wart".

Przeżycie straty to również żal po utracie własnego zaangażowania, wysiłku, uczuć, czasu, niezrealizowanych planów, więc to wymaga czasu.

Do tego trzeba samemu być na tyle silnym, żeby wytrzymać tę całą rozpacz, tę wściekłość, ten płacz, podążać za tą osobą, ale też powoli i delikatnie ją z tego wyciągać: „Może obejrzymy razem film?", „Może pójdziemy gdzieś razem?", „Chodź, przytulę cię". Podkreślam słowo „powoli". Jeśli ktoś woli być sam, niech będzie sam. Jeśli jednak widzimy, że taki stan przygnębienia trwa już długo i człowiek nie może się z niego wydobyć, to warto się tym zainteresować, zatroszczyć. Jeśli nastoletnia córka ma złamane serce i kolejny tydzień odmawia pójścia do szkoły, to można jej powiedzieć, że się ją rozumie, że wiemy, co przeżywa i że nie ma siły się uczyć, ale może niech choć spróbuje pójść do szkoły, pobyć w niej. Możemy zaoferować, że razem z nią nadrobimy zaległości. Chodzi o to, żeby jakoś zawrócić ją powoli do życia.

Jakie błędy popełniają ludzie, którzy chcą kogoś pocieszyć?

Pocieszają zbyt szybko albo się odwracają. To są dwie najczęstsze reakcje.

„Mężczyzna nie tramwaj, będzie następny, umów się z kimś nowym", „Zdechł ci pies? Kup sobie następnego". Ludzie, którzy pocieszają za szybko i bez wyczucia, nie są w stanie znieść cudzego cierpienia?

Może chodzić o to, że chcą to cierpienie jak najszybciej odsunąć. Może też nie wiedzą, co powiedzieć. Może im się wydawać, że tego się od nich oczekuje.

Jeśli chodzi o zwierzęta, to wiele osób po prostu nie rozumie czy też nie chce uszanować tego, że po ich stracie często przeżywa się podobną żałobę jak po stracie bliskiego człowieka. Co z tego, że się jakoś w miarę normalnie funkcjonuje, kiedy się cierpi, tęskni, wspomina. Przynoszenie nowego psa czy kota w takim momencie jest nadużyciem, a co najmniej nietaktem. Chyba że ktoś już daje sygnały, że jest gotowy na nowe zwierzę.

Ale jeszcze innym błędem, popełnianym zarówno przez przyjaciół, rodzinę, jak i terapeutów, jest to, że nie reagują, kiedy osoba, która opłakuje swoją stratę, nie robi żadnego postępu.

Na przykład?

Mija rok, a przyjaciółka wciąż żywi nadzieję, że mąż do niej wróci, choć on już układa sobie życie z kimś innym. Albo wciąż rozpamiętuje swoje krzywdy, pogrąża się w żalu. Jeśli nie ma przy sobie nikogo, kto zwróciłby jej na to uwagę, to jest to niebezpieczne.

Przypomina mi się pacjent sprzed lat, który przed samym ślubem stracił narzeczoną. Zmarła nagle w wypadku. To była miłość jego życia. Trafił do mnie na terapię w naturalnej żałobie, ale mijał czas, a on wciąż tkwił w fantazji o wspólnym życiu, a życie wokół kompletnie go nie interesowało. Kiedy minęło już półtora roku i nic się nie zmieniło, powiedziałam mu: „Pan chce żyć ze zmarłą. Podjął pan taką decyzję".

Mocne.

Na następnej sesji podziękował mi za interwencję. Wreszcie dotarło do niego, że sam odbiera sobie szanse na ułożenie sobie życia.

Przychodzą do pani ludzie opłakać straty, o których wcześniej się nie mówiło, bo na przykład nie wypadało?

Na pewno jest więcej kobiet, które dają sobie prawo do żałoby po stracie ciąży albo po dziecku, które umarło po porodzie. Kiedyś to był temat tabu. Lekarze potrafili powiedzieć: „A co się pani przejmuje? Urodzi pani następne" – to à propos szybkiego pocieszania... Zresztą i dziś zdarza się, że tak mówią.

Ale przychodzą też osoby, które dowiedziały się, że ich dziecko nie jest heteroseksualne. I trudno im się z tym pogodzić.

To też jest żałoba?

My zwykle patrzymy na takie sytuacje od strony dziecka, które jest homoseksualne, biseksualne czy ma wieloraką seksualność i jest nieakceptowane, ale trudniej nam wejść w skórę rodziców, którzy muszą się pożegnać z jakimiś swoimi wyobrażeniami o tym dziecku, z nadziejami, marzeniami. Dla niektórych to jest bolesna strata. Muszą się pogodzić z tym, że być może nigdy nie będą mieli wnuków, nie zrealizują się jako dziadkowie. Nie będą mieli synowej czy zięcia, „jak wszyscy". Czasem też muszą się zmierzyć ze wstydem, bo na przykład mieszkają w małej miejscowości, z nietolerancją. Ale przeżycie tej straty pozwala im również realniej zobaczyć to dziecko. Z czym ono samo się zmaga.

Jest też więcej rodziców dorosłych dzieci, które wyjechały za granicę i tam postanowiły ułożyć sobie życie. Starzejący się rodzice czasem nie mogą ich odwiedzić albo ich na to nie stać. Czasem nie są zapraszani. Mają wnuki, których nie widują. Nie tak sobie wyobrażali te kontakty na starość i też mają prawo do tego, żeby to przeżyć i opłakać.

Co nam przynosi każda opłakana strata?

Może nas tak po ludzku ubogaca? Stajemy się dzięki temu bardziej elastyczni, bardziej akceptujący rzeczywistość, bardziej pokorni wobec życia, bliżej siebie. Przygotowujemy się też do tej ostatecznej straty, z którą kiedyś będziemy się musieli zmierzyć, a którą jest koniec życia.

Jak jesteśmy nieprzygotowani, to śmierć bywa rozpaczliwa. Starzenie w ogóle. Ludzie nieprzygotowani na to, że życie jest pełne różnych mniejszych i większych strat, mają poczucie, że świat się kończy, kiedy dostrzegą siwy włos na głowie, gdy okaże się, że nie mogą odbyć tylu stosunków, ile by chcieli, albo nie zrobili kariery, jaką planowali. Często są zgorzkniali, sfrustrowani i emanują tym na zewnątrz.

Myślę, że różne straty różnie ludzi dotykają. Dla kogoś na przykład utrata stanowiska może być czymś druzgocącym, ale niekoniecznie rozpad związku, dla kogoś innego – odwrotnie.

Ważny jest też styl, w jakim to wszystko się dzieje, nie tylko nasza hierarchia wartości. Na ile sami się do tego przyczyniliśmy, na ile zostaliśmy postawieni przed faktem dokonanym, zaskoczeni itd. Wiele osób rozpad relacji dotyka głębiej, gdy zawiodą się na drugim człowieku, szczególnie jeśli jest kimś bliskim. Na przykład całe życie pożyczałam siostrze pieniądze, bo gorzej jej się wiodło, nie miałam z tym żadnego problemu, a teraz od trzech lat choruję na depresję, nie pracuję, mam długi, pożyczam od niej tysiąc złotych na jedzenie, a ona co chwila przychodzi i pyta, kiedy oddam, bo musi sobie urządzić mieszkanie. Uzmysłowienie sobie, że to była tak naprawdę jednostronna relacja, że nie mogę na nią liczyć, chyba że to się odbywa na jej warunkach, jest bardzo przykre.

W związkach chyba nieustannie przeżywamy mniejsze i większe straty?
I niektóre są bardzo potrzebne, bo pomagają nam partnera i związek urealnić. Co nam może dać, czego nie jest w stanie. Ale są takie straty, które stawiają już poważniejsze pytania: czy da się tak razem żyć? Czy jak się okazuje, że za każdym razem, kiedy jestem chora albo słabsza, mój partner się odsuwa, to jestem w stanie to zaakceptować? Albo czy dam radę być z kimś, kto uważa, że odpowiedzialność za utrzymanie rodziny leży wyłącznie po mojej stronie? Co, jeśli tych „grubszych" strat jest więcej niż zysków? To są bardzo trudne decyzje. Rozwód to jest bardzo bolesna seria różnych utrat. Nadziei, wyobrażeń, poczucia, że można na kogoś liczyć.

Ale są osoby, dla których najboleśniejszą stratą jest nie tyle utrata relacji, ile utrata wyobrażenia o sobie. Każdy wyobraża sobie, że jest jakiś, jakoś wygląda, ma jakieś poglądy, zainteresowania. Na tym budujemy własną tożsamość. I zdarza się, że tracimy tę główną rolę, w której się obsadziliśmy. Ktoś na przykład jest wybitnym aktorem czy aktorką i przestaje dostawać propozycje. Albo jest wybitnym pisarzem, pisarką, a tu się okazuje, że kolejna książka nie może „się napisać". Albo jest piękną, atrakcyjną kobietą, która w pewnym momencie, na przykład na skutek choroby, przestaje się mieścić w kanonach piękna wyznaczonych przez kulturę.

Co wtedy?

To z jednej strony jest bolesna utrata, która wymaga opłakania, pożegnania się ze swoim wizerunkiem, a z drugiej – szansa na to, żeby zobaczyć, że jest się kimś znacznie więcej niż własne ciało, kariera zawodowa czy role życiowe.

Pytanie tylko, kim jesteśmy, jeśli nie jesteśmy tym, co robimy, jak wyglądamy, jakie role odgrywamy?

Może filozof potrafiłby na to pytanie odpowiedzieć lepiej?

W sumie to jest chyba pytanie o to, czy istnieje coś takiego w życiu, czego nigdy nie możemy utracić?

Na pewno. Starzy ludzie mówią często, że mimo że mają siwe włosy, by-passy, cukrzycę, mimo że poruszają się przy balkoniku czy o lasce, a oczy odmawiają im posłuszeństwa, to w środku czują się wciąż sobą. Mówią też, że dusza się nie starzeje.

Czyli jednak dusza?

Nie wiem, czy ważne jest, jak to nazwiemy, ale w środku zawsze jest jakieś ja, które czuje, przeżywa. Cieszy się, że żyje. Może to jest to?

WSPÓŁCZUCIE

Wierzę w to, że lepiej być dobrym, tak jak lepiej być ufnym niż podejrzliwym, współczującym niż niewzruszonym, nawet jeśli przez to człowiek się czasem zawiedzie. Bo ufność, dobro, współczucie otwierają na świat i ludzi.

Jak już współczujesz, to się zachowuj tak, jak czujesz. Nie kombinuj. U jednego to będzie dotknięcie, u innego spojrzenie, ktoś inny przyniesie komuś rosół do szpitala – to taka konwencja z PRL-u.

Powiedzieć: „Ależ ci współczuję", i odejść w swoją stronę to jednak za mało.

WYOBRAŹNIA SERCA

Rozmowa z **Bogdanem de Barbaro**

To Szymborska tak określiła współczucie – „wyobraźnią serca". Podoba się panu?

Mnie się w ogóle Szymborska bardzo podoba, bo w kilku słowach potrafiła zawrzeć coś, na co inni zwykle potrzebują kilkunastu zdań albo i więcej.

Pani pewnie chciałaby, żebym jakoś się do tego odniósł, w dodatku niebanalnie?

Chciałabym.

Ja tę „wyobraźnię serca" rozumiem jako coś, co się nie poddaje trikom mediów, politykom czy specom od PR-u. Empatię łatwo wzbudzić, a potem nią manipulować – wystarczy przejmujący obrazek w gazecie czy w telewizji, płomienna przemowa, widok płaczącego dziecka. Poza tym ludzie odczuwają empatię zwłaszcza do tych osób, do których im uczuciowo bliżej. W pierwszej kolejności najbliżej nam do samych siebie, potem do osób, które kochamy, potem do znajomych, następnie do mieszkańców naszego miasta, potem naszego regionu, kraju itd. Im dalszy krąg inności, tym empatia słabsza. Widzi pani problem?

Widzę. Prezydentowi Trumpowi na przykład, który wzbudzał empatię dla ofiar przestępstw popełnionych rzekomo przez imigrantów, tak naprawdę chodziło o to, żeby wzbudzić nienawiść do tych drugich.

To właśnie przykład, strasznie zresztą niecny, na to, jak przy empatii można majstrować, jeśli niedostatecznie włączone jest myślenie. A proszę zauważyć, że współczucie to jest jednak coś więcej. Jest bogatsze w refleksję, wolę działania. Potrafi zadać pytanie: „Dlaczego mnie to właśnie porusza? Co sensownie mogę w tej sprawie zrobić?".

Empatia ma dwa oblicza: z jednej strony może świadczyć o naszej wrażliwości, a z drugiej możemy się tak tą swoją wrażliwością przejąć i zadowolić, że nic z niej nie wyniknie.

Kłopot w tym, że przyglądając się temu, co się dzieje dookoła, widać wyraźnie, że rozum jest przereklamowany. Przegrywa z emocjami.

To myśli pan podobnie jak Paul Bloom, autor książki „Przeciwko empatii. Argumenty za racjonalnym współczuciem". On uważa, że empatia sama w sobie może być niebezpieczna.

Zgadzam się z Bloomem w tym, że empatia może być pułapką, ale jestem gdzieś w połowie drogi pomiędzy nim a Simonem Baronem Cohenem, innym psychologiem, autorem „Teorii zła", który twierdzi, że ratunek dla świata leży w empatii. Bo bez empatii w końcu i współczucia by nie było, prawda? Warto więc ją pielęgnować, tyle że z głową. I nie odwracać się od współczucia.

Po co nam ono w ogóle? To współczucie?

Cohen powiedziałby, że pomaga zapobiegać złu. „Nie skrzywdzę kogoś, bo wiem, że naraziłoby go to na cierpienie. Skoro współczuję, to nie chcę cierpienia dla tego kogoś, bo nie chcę go przecież i dla siebie". Ja bym dodał – tym razem za Bloomem – że ono ma więcej sensu wtedy, jeśli jest ufundowane na wartościach, a jego efektem jest działanie.

Powiedzieć: „Ależ ci współczuję", i odejść w swoją stronę to jednak za mało.

Jak się kształtuje zdolność do przejmowania się cudzym cierpieniem? Malutkie dzieci chyba tego nie potrafią.

Stopniowo się tego uczą. A czy im się to uda, będzie zależało od tego, jak będą współgrać ze sobą czynniki genetyczne i środowiskowe. W dużym uproszczeniu sprowadza się to do tego, że jeśli ktoś dostał w dzieciństwie miłość i współczucie, to będzie potrafił je potem dawać. Jednocześnie neuronauka pokazuje, że można mieć dobre wzorce, ale jeśli człowiek ma, powiedzmy, uszkodzoną korę przedczołową, to nie będzie zdolny do współczucia.

Wrażliwość na innych to pewne kontinuum. Na jednym biegunie są ci, którzy nie są w stanie wejść w cudze buty, na przykład socjopaci, na drugim – ci zbyt empatyczni. Można powiedzieć, że empatia jest otwartością wobec drugiej osoby i rozpoznawaniem jej stanu emocjonalnego, a współczucie to aktywna reakcja na czyjeś cierpienie. Nadmiar empatii może prowadzić do zlewania się stanów emocjonalnych i utraty rozeznania we własnych uczuciach.

Co mówią panu zbyt empatyczni pacjenci?

Często się skarżą, że mają dużo znajomych, którzy roszczą sobie prawo do nazywania się ich przyjaciółmi, co głównie polega na tym, że się im zwierzają, a raczej zrzucają na nich swoje problemy, a moi pacjenci nie potrafią powiedzieć im: „Basta!". Bo albo nauczyli się w domu, że obowiązkiem każdego jest przyjmować do siebie cierpienia innych, albo obawiają się odrzucenia, albo uważają, że tylko w ten sposób dostaną miłość. I są tym wykończeni. A stąd już blisko do wypalenia. Na przykład dziecko się martwi, że matka się martwi, i koło zmartwienia się rozkręca. W efekcie tak bardzo jedna osoba identyfikuje się z drugą, że nie dodają sobie siły, lecz się wzajemnie osłabiają.

To się chyba nawet nazywa profesjonalnie „zmęczenie współczuciem"?

I czasem prowadzi do uprzedmiotowienia drugiej osoby. Człowiek, który nie ma już w sobie miejsca na cudze cierpienie, zaczyna kolejnego człowieka czy pacjenta – bo wypalenie często dotyczy zawodów tak zwanych pomocowych: lekarzy, terapeutów, ratowników – traktować przedmiotowo.

Można coś zrobić, żeby temu zapobiec?

Gdybym rozmawiał z młodymi lekarzami, tobym się odwołał do Marka Aureliusza, który i mnie przychodzi nieraz z pomocą, i powiedziałbym, że warto się nauczyć odróżniać to, co jest zmienialne, od tego, co niezmienialne. Bo najszybciej wypalają się ci, którzy chcą osiągnąć niemożliwe, czyli na przykład za wszelką cenę, nie zważając na okoliczności, uratować kogoś, kto umiera. Nie mogę im powiedzieć: „Nie czuj!", ale mogę im powiedzieć, znów za Markiem Aureliuszem: znajdź taką małą cząstkę, na którą będziesz miał wpływ i dzięki której będzie przybywać dobra na świecie. Oraz: pamiętaj, że nie jesteś wszechmocny. Poczucie omnipotencji prowadzi do zguby.

A co by mógł pan powiedzieć takiemu zwykłemu nadwrażliwemu?

Mam pacjenta, który ma w sobie taką gotowość do dawania siebie. Jest niezwykle uważnym słuchaczem. Potrafi powiedzieć: „To musiało być trudne dla ciebie", „Ojej, to aż tak?", „Domyślam się, że było ci ciężko".

I to nie są tylko takie empatyczne teksty?

Nie, to idzie ze środka. Tyle że się już zorientował, iż jest nadużywany. Teraz sprawdzamy, jaką ma za to nagrodę. Może zabliźnia w ten sposób jakieś stare rany, choć, jak widać, nieskutecznie? Dalej patrzymy, czy jest już skłonny powiedzieć „dość", a jeśli nie, to co stoi temu na przeszkodzie. Niestety, jak jednej osobie powiedział „dość", to usłyszał: „A ja i tak będę ci opowiadał o swoich problemach".

Czyli chodzi o to, żeby nauczyć się stawiać granice?

Żeby być w wymianie emocjonalnej z drugim człowiekiem i jednocześnie nie dawać się wykorzystywać.

Co z tymi niezdolnymi do współczucia?

To często są ludzie, którym nie jest dane czuć się winnym.

Kiedy przeprowadzano badania na – używając niepsychiatrycznego określenia – psychopatach, to się okazało, że przy dużym stresie nie odczuwają nawet bólu. Cohen w swojej książce opowiada o człowieku, który zabił dlatego, że ktoś na niego z drugiego końca baru źle popatrzył. Psychiatrze sądowemu odpowiedział: „Jak mogę się czuć winny, skoro mogli mnie w dzieciństwie bić, mogli mnie wyrzucić ze szkoły, szydzić ze mnie itd. Jak miałem tego śmiecia nie zabić?".

A co ten z baru miał wspólnego z tymi z przeszłości?

Nic. Ale u psychopatów często następuje taki przeskok między tym, co było, a tym, co jest. Często to są osoby bardzo poranione w dzieciństwie.

I teraz, w związku z rozwojem technologii, głównie dzięki technice neuroobrazowania, która jest w stanie coraz lepiej wskazać, która część mózgu za co odpowiada, coraz częściej pojawia się pytanie, czy jeśli ktoś nie ma empatii, bo ma na przykład uszkodzony tzw. obwód empatyczny, i morduje, to jest odpowiedzialny za to czy nie. Karać go czy nie? To pytanie tym większym będzie wyzwaniem dla psychiatrów i prawników, im bardziej precyzyjna będzie diagnostyka.

Na ile to biochemia, a na ile wolna wola?

To jest problem w swojej istocie filozoficzny.

Pomyślałam sobie teraz, że nie tylko psychopatom ciężko wykrzesać współczucie. Weźmy taką skonfliktowaną parę, która trafia do pana na terapię...

Często na początku współczucia nie mają dla siebie za grosz. Są zainteresowani tylko tym, żeby wykazać, że to ten drugi/ta druga jest nie OK. Empatię skutecznie blokują: niechęć, uraza, poczucie skrzywdzenia. I w zasadzie sednem terapii jest wyprowadzić tę parę z negatywnej oceny do życzliwego opisu.

Z „sali sądowej"?

Zwłaszcza że często te krzywdy to de facto krzywdy sprzed wielu lat, a owym krzywdzicielem okazuje się wcale nie mąż czy żona, tylko na przykład babka, matka, ojciec albo brat. Usunięcie – wyobrażeniowe – spomiędzy małżonków postaci z przeszłości pozwala im nawzajem siebie zobaczyć. I kiedy w takiej parze pojawiają się jakieś oznaki współczucia dla tego drugiego, to jest to dobry znak. Bo to oznacza, że koło wzajemnych oskarżeń i ran ma szansę zostać zredukowane na rzecz życzliwych zachowań, na przykład właśnie empatycznych.

Współczucia można się nauczyć?

Wierzę, że można, pod warunkiem że w punkcie wyjścia zdolność do współczucia nie jest zerowa. Ludzie dojrzewają i po drodze uwrażliwiają się na innych. Czasami cudze cierpienie, tragedia, której jesteśmy świadkami, tak nas porusza, że stajemy się współczujący. Bloom trochę szydzi, że zdjęcie z Aleppo ilustrujące tragedię uchodźców niewiele zmienia, ale ja myślę, że taki obraz może w człowieku coś uruchomić. Skłonić i do refleksji, i do działania. Jakież znaczenie miało słynne zdjęcie przedstawiające wietnamskie dzieci, w tym nagą dziewczynkę, które uciekają z krzykiem z płonącej wioski, na którą zrzucono napalm. Przecież ono właściwie zmieniło bieg historii.

Mnie się wydaje, że nie tylko tragedie uwrażliwiają. Ja się współczucia uczę od swoich dzieci.

A one z kolei mogą się uczyć współczucia od pieska albo kota. Widzą, że jest głodny, miauczy, trzeba go nakarmić. Albo daje znać, że chce iść na spacer.

Ale z tego wszystkiego, o czym rozmawiamy, rodzi się kolejne pytanie: ile wrażliwości dobrze by było mieć?

Co pan przez to rozumie?

Zdarza się, że przychodzi do mnie pacjentka, która płacze, gdy myśli o tym, co się dzieje na świecie. No i teraz kto jest normalny: ona, że widzi tragedie tego świata i płacze, czy ja, odporny na te tragedie i niepłaczący z tego powodu? Przecież tyle dzieje się strasznych rzeczy. Czy mamy być na nie nieczuli? Osobiście nie chciałbym, żeby mnie świadomość, ile jest zła na świecie, osłabiała tak, żebym myślał, że na nic nie mam wpływu. I że „wszystko to marność nad marnościami". A z drugiej strony chciałbym uniknąć fantazji, że mogę zlikwidować wszelkie zło. Ta pacjentka zostawia też we mnie pytanie, czy powinienem ją z tej nadmiernej – i czy rzeczywiście nadmiernej – wrażliwości leczyć. Możliwe, że dla jej rozwoju, ale także dla ilości dobra, które mogłaby zdziałać, gdyby poczuła się bardziej sprawcza, byłoby lepiej, gdyby...

...jej trochę tę empatię stępić?

Może raczej przekuć ją we współczucie właśnie. Tak, żeby mogła nie tylko czuć, ale także myśleć o tym, co czuje, a dzięki temu – funkcjonować.

Pomyślałem teraz, że może warto by było odróżnić prawdziwe współczucie od pewnej konwencji społecznej, kiedy się mówi komuś „współczuję ci" albo wysyła list w jakiejś smutnej sprawie, bo tak należy.

Jest taki piękny film pt. „Mów mi Vincent", który opowiada o przyjaźni między dwunastoletnim chłopcem Oliverem a gburowatym, nieco wykolejonym sąsiadem Vincentem, którego gra Bill Murray. W pewnym momencie chorująca od lat żona Vincenta umiera. Chłopiec mówi mu coś w rodzaju: „Bardzo mi przykro. Moje kondolencje". Na co Vincent się oburza: „Dlaczego ludzie w takiej sytuacji tylko tyle są w stanie powiedzieć? Dlaczego nikt nie pyta, jaka ona była? Co w niej kochałeś? Czy za nią tęsknisz?". Pytanie, ile tak naprawdę warte jest to współczucie tylko wyrażane, za którym nie idzie nic więcej.

To zależy od stopnia bliskości. Jeśli coś takiego pada z ust przyjaciela, to ja się nie dziwię, że Murray vel Vincent się obrusza. Jeśli komuś bliskiemu stanie się coś złego, to nie powiem mu raczej „współczuję", i tyle, tylko obejmę albo będę współprzeżywał, albo okażę jakiś wspierający gest.

Oliver ma na usprawiedliwienie to, że jest dzieckiem. Ale co, jeśli bliski dorosły mówi w przytłaczającej dla nas sytuacji „współczuję" i na tym kończy?

Może boi się być bliżej, dlatego się tak odgradza? Może gdyby był bliżej, to tak mocno by przeżywał, żeby go też bardzo bolało? Konwencja może być obronna. My się często boimy nieszczęścia drugiego. Z różnych powodów. Ja na przykład, w związku ze swoim życiorysem, programowo nie oglądam filmów, w których cierpią dzieci.

Żona to wie i jak planuje, co będziemy oglądać, to sprawdza, czy to film dla mnie. Ale „Anię z Zielonego Wzgórza" obejrzałem z przyjemnością. W każdym razie zbliżanie się do cudzego cierpienia, jeśli jest takim zbliżaniem otwartym, bezbronnym, może być współraniące.

Na marginesie, jest taki dowcip rysunkowy: pacjentka mówi coś o traumie z wczesnego dzieciństwa, a terapeuta jest cały zalany łzami, widziała pani?

Nie.

W tak zwanym realu psychoterapeuci uczeni są tego, żeby być empatycznymi, a zarazem umieć swoją empatię okiełznywać za pomocą refleksji intelektualnej, która pozwala nazwać to, co się dzieje z pacjentem, i jego przeżycia. Dzięki temu terapeuta nie wchłania bezrefleksyjnie cierpienia. W przeciwnym wypadku to się może skończyć tak, jak na tym obrazku, z tym że na końcu płakać będą oboje. I to nie będzie dobra terapia.

Myślę, że za konwencją mogą się też chować osoby, które same bardzo cierpią i nie są w stanie aktualnie nic z siebie dać.

O, tak. Trauma zdecydowanie zamyka na cierpienie innych. I oczekiwanie na przykład od kogoś, kto jest w głębokiej depresji, że okaże nam współczucie, jest mało empatyczne. Nie można takiej osobie powiedzieć: „No, współczuj mi teraz, bo mnie ząb boli". Współczucie raczej każe uszanować, że ktoś jest w depresji, czyli na przykład nie dobijać się do tego kogoś nachalnie.

Są też osoby, które się zachwycają swoją zdolnością do empatii. Spotyka pan takich, co się tak, za przeproszeniem, onanizują swoim współczuciem?

„Onanizują się" to ładny termin. Bardzo dobrze oddaje istotę wprowadzania się w dobry nastrój przy pomocy siebie samego. Myślę... W gabinecie raczej spotykam takich, którzy opowiadają o tym, jacy to są dobrzy. Naruszenie tego obrazu albo próba zwrócenia uwagi, że może jest w tym jakiś cień fałszu, bywa trudne, bo często te osoby mówią to obronnie. Zwykle pod spodem jest jakaś niepewność, jakiś niepokój, jakieś zranienia, niski autoportret. Ta dobroć wobec siebie samego to takie kłamstwo, którym się żyje – jak by to nazwał amerykański psychoterapeuta Jon Frederickson.

Na prawdziwe współczucie od takiego kogoś chyba nie ma co liczyć?

Ale on chyba sam się wypisze z takiej relacji, w której musiałby coś z siebie dać, albo w której chwilowo ktoś inny jest ważniejszy. A tak zapytam z ciekawości – jak właściwie pani sobie to wyobraża? Leży ktoś w łóżku, zwija się z bólu, przychodzi ten, nazwijmy go umownie, egotyk i co mówi?

„Jak ja ci współczuję. Tak ci współczuję, że aż mnie serce boli. Muszę się położyć".

Cha, cha, cha.

Tu się nie ma co śmiać.

No to ten, który się położył jako pierwszy, jeśliby miał dość siły, to chyba powinien powiedzieć: „Spadaj!". Chyba że zdobędzie się na współczucie, że tamten jest taki egocentryczny.

Rozumiem, że prawdziwe współczucie jest czymś, co buduje więź?

Najmilej jest wtedy, jak to jest takie współżycie, a nie jedynie seria doraźnych wydarzeń. Jednego dnia kogoś boli ząb, to się mu mówi: „Ach, współczuję", drugiego dnia kogoś innego boli noga, to teraz jego kolej. Chciałoby się, żeby to była jakaś ciągła interakcja, która tka więź między ludźmi. Miłosną, przyjazną. To wtedy dodaje ducha.

Jak powinniśmy okazywać współczucie, żeby ten drugi miał poczucie, że to jest szczere, pomocne?

Tego się nie da wystylizować. Jeśli we mnie jest prawdziwe współczucie, to ono się po prostu dzieje, zgodnie z maksymą świętego Augustyna: „Kochaj i rób, co chcesz". Jak już współczujesz, to się zachowuj tak, jak czujesz. Nie kombinuj. U jednego to będzie dotknięcie, u innego spojrzenie, ktoś inny przyniesie komuś rosół do szpitala – to taka konwencja z PRL-u, jakby pani nie wiedziała.

Jeśli ludzie są na siebie otwarci uczuciowo i nie ma pomiędzy nimi jakichś ukrytych żalów, pretensji, to ten przekaz może być nawet ledwo wyczuwalny przez innych. Może się dziać między wierszami, ale oni dwoje to wyczują.

Z różnych stron dochodzą głosy, że z naszą empatią jest coraz gorzej. Często obwinia się o to media – głównie internet, portale społecznościowe. Mówi się, że ogrom cierpienia, takiego niefiltrowanego, prowadzi do znieczulenia. Są też badania prof. Sheryl Turkle z MIT-u, które pokazują, że poziom empatii u amerykańskich studentów w ciągu ostatnich dwudziestu lat dramatycznie spadł. Kontakty twarzą w twarz, które pozwalają rozwijać empatię, bo widać, jak inni reagują na nas, zostają wypierane przez kontakty online, gdzie te reakcje są znacznie mniej widoczne. Co pan o tym myśli?

Nie wiem, czy jest gorzej, niż było na przykład sto lat temu. Bo nieabsurdalna jest też teza, że nastąpił postęp etyczny i że mimo wszystko jesteśmy bardziej empatyczni. Z drugiej strony nie mam pewności, czy za dwadzieścia lat moi wnukowie nie spytają: „Jak to możliwe, że dwadzieścia lat temu jedni ginęli z głodu, a inni mieli dylemat, jakim jachtem płynąć przez ocean?".

Jeśli natomiast miałbym odpowiedzieć na pytanie, dlaczego o empatię dziś trudno – bo nawet jeśli jest lepiej, to wygląda na to, że w tej chwili zaliczamy dołek – to powiedziałbym, że to dlatego, że nasiliła się spirala nienawiści społecznej.

A nie odwrotnie? Spirala nienawiści się nasila, bo brakuje empatii, na przykład do Innych?

Wydaje mi się jednak, że spirala nienawiści jest pierwotna. To struna, która jest w tej chwili bardzo chętnie potrącana przez polityków na całym świecie i przez media. Wrogość i strach to są dwa główne oręża władzy, które bardzo ograniczają empatię. Albo czynią z niej karykaturę. I tu zgoda: nowe media temu sprzyjają, bo znacznie łatwiej nienawidzić czy hejtować kogoś, kogo się nie widzi. Internet pozwala być chamem, być wrogim, pozwala kłamać i te kłamstwa oraz tę nienawiść bezkarnie rozpowszechniać.

Ja bym chyba chciała, żeby pan wyraźnie zaznaczył, że empatii możemy się uczyć, tylko obcując z innymi ludźmi.

Ale ja to z przyjemnością powiem. A nawet z przekonaniem. Dodałbym, że samo bycie wśród ludzi to warunek konieczny, choć niewystarczający.

Ostatnio syn mi opowiadał, że czytał o takich badaniach, z których wynika, że gdy rodzice małego dziecka rozmawiają ze sobą w obcym języku, to ono szybko tę obcą mowę podłapie, a jeśli będzie się go uczyć od jakiegoś wirtualnego stworka gadającego z ekranu komputera, to długo nic nie będzie rozumieć. Ta opowieść jest chyba też trochę o potędze kontaktu człowiek – człowiek?

Profesor Michał Bilewicz kierujący Centrum Badań nad Uprzedzeniami na UW powiedział mi kiedyś, że najlepszym sposobem na pozbycie się uprzedzeń jest bezpośredni kontakt z człowiekiem, wobec którego się te uprzedzenia żywi.

Absolutnie się z tym zgadzam. Mam zresztą takie doświadczenie osobiste. Dawno temu w Ameryce spotkałem Niemców. Opowiadałem pani? Miałem wtedy jakieś trzydzieści pięć lat, byłem na stypendium i pewnego dnia na kalifornijskiej plaży spotkałem trójkę Niemców.

Chce mi pan powiedzieć, że był pan do nich uprzedzony?

Wstępnie tak. Miałem taki stereotyp w głowie, że Niemcy równa się hitlerowcy. Zacząłem z nimi rozmawiać. Okoliczności były piękne, plaża, ocean, no i w pewnym momencie doszliśmy do wniosku, że „my, wspólnie i razem: Europejczycy"... I się zaprzyjaźniliśmy.

Nie było potem panu wstyd, że tak pan o nich myślał?

Głównie czułem ulgę. Tak jakbym wyjął z siebie jakieś zło.

Opowiem o sobie. Przyjaciółka w podbramkowej dla mnie sytuacji zawiodła. Mogłam pomyśleć: „Przejmuje się tylko sobą, to koniec". Albo uruchomić współczucie: „Sama ma dużo na głowie. Widocznie nie ma miejsca na cudze cierpienie". Wybrałam to drugie. Można powiedzieć, że było warto, bo współczucie dla niej oderwało mnie trochę od własnych problemów. Ale czy jest w tym jakiś głębszy sens?

Ja tu widzę kilka sensów. Po pierwsze, coś wartościowego zwanego przyjaźnią nie zostało zabite. Po drugie, dzięki temu mogła pani wejść w obraz świata życzliwego, a nie podejrzliwego. Po trzecie, pani wewnętrzna decyzja była decyzją zmierzającą ku dobru. I o to właśnie mi chodziło, kiedy mówiłem wcześniej o tej „cząstce dobra".

Wie pani, jak mi pani zaproponowała ten temat, to zastanawiałem się, dlaczego mi się on tak podoba.

I teraz już pan wie?

Bo on jest na styku tego, co psychologiczne, i tego, co etyczne. Zauważyła pani, że nasza rozmowa co rusz skręca do pytania o dobro? Nie o to, czy się opłaca, jaki jest mechanizm. I wychodzi na to, że rozwój polega na byciu dobrym człowiekiem. Ja w każdym razie wierzę w to, że lepiej być dobrym, tak jak lepiej być ufnym niż podejrzliwym, współczującym niż niewzruszonym, nawet jeśli przez to człowiek się czasem zawiedzie. Bo ufność, dobro otwierają na świat i ludzi.

We wschodnich tradycjach współczucie to postawa, nie uczucie. Dalajlama mówi, że to „konieczność, a nie luksus".

Coś wyższego. I znów jesteśmy przy etyce.

A co ze współczuciem dla samego siebie?

To zależy, co z niego wynika. Jeśli to ma być takie: „Och, ja, nieboże, teraz się do łóżka położę"...

...to jest już użalanie się nad sobą.

No właśnie, a to już niedobrze. Natomiast jeśli to jest takie współczucie, które sprawia, że siebie akceptuję w cierpieniu, ale też zastanawiam się, jak się z tego wykaraskać, co dalej – to ma sens.

Gdzie tu miejsce na troskę o siebie? Czułość?

Na początku się przydają. Ale potem potrzebne jest działanie. Nie jakieś gorączkowe, ale ja jednak wierzę, że warto się wokół siebie rozeznać. Zobaczyć, co się tak naprawdę wydarzyło, czy miałem może w tym jakiś udział. Co mogę zrobić, żeby w przyszłości ponownie się w taką sytuację nie wpakować.

Byłem niedawno z żoną w Londynie. Okradli mnie, pozbawiając dowodu, kart płatniczych, prawa jazdy, wszystkiego.

Współczuł pan sobie?

Nie, czułem złość. Ale ta złość nie odebrała mi poczucia wpływu. Zadzwoniłem do syna. On mi doradził, żeby pójść na policję. Pani z komisariatu przyjęła zgłoszenie i zadzwoniła do konsulatu, gdzie przemiła pani w sobotę wystawiała mi zastępczy paszport. Pośredniczył w tym wszystkim recepcjonista z hotelu. Jeszcze pomagali mi szwagier i piętnastoletni wnuk. Łańcuszek ludzi dobrej woli wyzwolił mnie z biedy i wróciłem do domu na czas. Natomiast gdybym sobie tylko współczuł, do tego bezenergetycznie, to być może poszedłbym się upić. Umiarkowanie, bo przecież mnie okradli, ale na szczęście nie ze wszystkich pieniędzy, bo żona miała swoje.

Są ludzie, którzy w ogóle nie potrafią sobie współczuć.

Oni nie widzą siebie, nie słyszą swoich uczuć, nie bronią siebie, a przez to nie stanowią dla siebie oparcia. Takie osoby nazywamy „autoagresywnymi", a ich opowieść ma tytuł „Jestem nie OK": „Nie należy mi się", „Nie zasługuję", „Nie poradzę sobie" – taka narracja jest destrukcyjna, bo paraliżuje. A często sprawia, że o innych też się myśli, że są nie OK.

Rozumiem, że ci, którzy uważają, że są OK, potrafią też sobie okazać współczucie w trudnych momentach?

Akceptację. Ja chyba jednak wolę mówić o samoakceptacji niż współczuciu dla siebie. To mi jakoś nie pasuje.

Wyczuwam u pana niepokój, że współczucie może się łatwo przerodzić w...

...cackanie się ze sobą? Może dlatego wolę mówić o samoakceptacji, bo ona jest czymś głębszym, stałym, a nie tylko reakcją na jakieś trudne wydarzenie. A może trudno mi mówić o współczuciu dla siebie, bo mam jakiś przymus bycia zuchem?

Ale umiejętność dania sobie prawa do słabości, zaopiekowania się sobą, jest ważna?

Ważna, tu się zgadzamy. Na przykład zmęczony jestem – mam prawo wypocząć. Pracowałem siedem dni w tygodniu, należy mi się. To by się na przykład pracoholikom przydało. Albo takim, co tak dążą do sukcesu, że zapomnieli, gdzie lewo, a gdzie prawo. Ale to wciąż chyba nie jest współczucie dla siebie.

Życzliwość?

Życzliwość – pełna zgoda. Ale bez popadania w stan zakochania w sobie.

Różnica między wstydem a innymi zranieniami polega na tym, że one przychodzą z zewnątrz, a wstyd dręczy nas cały czas od środka.
Jest chorobą duszy.

Zawstydzać można spojrzeniem karcącym, pogardliwym, pełnym dezaprobaty. Albo gestem. Wstyd budzi też pozorna neutralność, gdy dziecko jest czymś poruszone, a słyszy: „To twoja sprawa. Rób, jak chcesz".

Czasem całe grupy ludzi mówią: „My jesteśmy dobrzy i moralni, a świat jest zły i zasługuje na zniszczenie". Albo: „Wszyscy się mylą, tylko nie ja". Pod spodem zaś zwykle kryje się wstyd.

SCHOWANI W SOBIE

Rozmowa z **Anną Król-Kuczkowską**

Psychiatra Donald Nathanson powiedział: „W postfreudowskim społeczeństwie byliśmy leczeni na wszystko poza wstydem". Wstyd jest jedną z najmniej zbadanych emocji. Dlaczego?

Bo wstyd jest... wstydliwy. Nathanson opisuje, jak po jego pierwszym dużym wykładzie o wstydzie podszedł do niego wybitny kolega i powiedział: „Wszystko pięknie, ale może byś się zajął innym tematem? Bo wstyd nie przysłuży się twojej karierze naukowej". Co więcej, badanie wstydu w nieunikniony sposób często konfrontuje nas z własnymi doświadczeniami wstydu. Wstydzimy się przecież wszyscy, ale nikt o tym nie mówi.

Jak się pani orientuje, że to wstyd leży u źródła problemów pacjenta, który do pani przychodzi? Pewnie rzadko mówi: „Potwornie się wstydzę".

Tak też się zdarza. Ale nie musi użyć słowa „wstyd". Wystarczy, że powie coś w rodzaju: jestem mało warty; nie zasługuję... Gorzej, gdy wstyd jest mocno odszczepiony, przykryty agresją albo wielkościowością. Wtedy ważnym sygnałem dla terapeuty są jego własne reakcje w kontakcie z pacjentem. Jeśli odczuwam jakiś rodzaj pustki, nie jestem w stanie uchwycić pacjenta emocjonalnie, jeśli nie pojawiają się we mnie żadne uczucia w reakcji na to, co mówi, to w większości przypadków okazuje się to związane z silną patologią wokół chronicznego wstydu. Ten mur między nami odzwierciedla wycofanie się pacjenta z samego siebie. Papierkiem lakmusowym wstydu jest także niezdolność osoby do poczucia humoru, również dotyczącego siebie. Żart na jej temat wzbudza podejrzliwość, krytyka jest dla niej zabójcza.

Taki wstyd bywa destrukcyjny...

Wiele badań to pokazuje. Znana badaczka wstydu June Tangney rozpoznała wśród dzieci takie, które mają większą tendencję do reagowania wstydem, i takie, które częściej reagują poczuciem winy. Prosiła: „Wyobraź sobie, że okropnie pokłóciłeś się ze swoim najlepszym przyjacielem w szkole. Co sobie potem pomyślałeś?". A pod spodem były odpowiedzi do wyboru. Jeśli ktoś wybierał taką: „Zastanawiam się, co teraz z tym zrobić, jak można by to naprawić" – wskazywało to, że ma tendencję do reagowania poczuciem winy. Natomiast gdy myślał: „Jak mogłem coś takiego zrobić? Jestem kimś złym, skoro mu tak nagadałem" – ujawniał tendencję do reagowania poczuciem wstydu.

Ta druga odpowiedź zamyka drogę do naprawy.

No właśnie, bo poczucie winy dotyczy konkretnego zachowania, wstyd natomiast odnosi się do człowieka jako całości. Poczucie winy akcentuje TO – jak mogłem TO zrobić, ale TO można zmienić, na przykład zadośćuczynić. We wstydzie akcent pada na JA: jak JA mogłem to zrobić. To JA jest na wskroś złe, przynajmniej tak czuje ktoś, kto doświadcza głębokiego wstydu. Można się wtedy albo wycofać ze świata, albo zakryć upokorzenie atakiem furii na drugą osobę. Nie ma miejsca na: przepraszam, porozmawiajmy, czy mógłbym ci to wynagrodzić? Tangney zauważyła, że już ośmiolatki różnie reagowały na życiowe zdarzenia. Poruszające natomiast jest, że kiedy dziesięć lat później badała te same dzieci, wówczas już nastolatki, okazało się, że te, które ujawniały wcześniej tendencję do reagowania głównie wstydem, częściej porzucały naukę, znacznie wcześniej rozpoczynały życie seksualne, częściej uprawiały seks bez zabezpieczeń, sięgały po używki, w tym twarde narkotyki. Nie znały bowiem innej niż wstyd reakcji na trudności.

Wiadomo, w jakich rodzinach się wychowywały?

W takich, które między innymi na różne sposoby zawstydzały dziecko. W taki sposób zwracały mu uwagę, że czuło się ono nie jak ktoś, kto akurat zrobił coś złego, tylko jak z gruntu zły człowiek. Na przykład zamiast spytać: „Powiedz, dlaczego zniszczyłeś siostrze lalkę? Zezłościłeś się? Jestem na ciebie zła za to, co zrobiłeś, chcę to wyjaśnić…", matka stwierdzała: „Ale z ciebie okropny chłopak! Jak mogłeś?! Przeproś natychmiast".

Jak jeszcze można zawstydzać?

Spojrzeniem karcącym, pogardliwym, pełnym dezaprobaty. Albo gestem. Podobno jedna z greckich zabaw z dziećmi polega na tym, że daje się maluchowi coś pysznego do spróbowania i w ostatniej chwili cofa się łyżkę. Bardzo zawstydzająca forma interakcji, jeśli stosuje się ją często. Zawstydzać można także ujawnianiem sekretów przed innymi. Upokarzaniem. Wymownym milczeniem. Obrażaniem się i nieodzywaniem całymi dniami. Dopóki nie zaczęłam pracować z pacjentami, nie miałam pojęcia, jak powszechna jest to forma karania dzieci przez matki. Wstyd budzi też pozorna neutralność, gdy dziecko jest czymś bardzo poruszone, a słyszy: „To twoja sprawa. Rób, jak chcesz".

Są osoby, które się wstydzą wręcz tego, że istnieją. Jakie są korzenie tak głębokiego wstydu?

Są różne rodzaje wstydu, ale ten pierwotny, który potem staje się chroniczny, zawsze wiąże się z wczesną traumą relacyjną. Pojawia się, jeśli najbliższy opiekun regularnie i długotrwale „rozmija się" w kontakcie z dzieckiem. Patricia de Young, kanadyjska psychoterapeutka, badaczka chronicznego wstydu, pisze, że „wstyd jest doświadczeniem dezintegracji »ja«, które powstaje w kontakcie z rozregulowującym Innym".

Jak taki kontakt wygląda?

Na emocje dziecka, jego porażki czy słabości rodzic reaguje przeważnie złością, rozdrażnieniem, obojętnością czy rozpaczą. Na przykład kiedy dziecko płacze, odkłada je, by się „wypłakało" – to wciąż, niestety, popularna metoda, która, jak wiadomo z badań neuroobrazowania, bardzo uszkadza mózg. Inny przykład: dziecko przewraca się, rani się w kolano, krwawi. Można na to zareagować strachem, ale go w sobie zatrzymać i skupić się na tym, by uspokoić dziecko: „Wiem, że cię boli, przestraszyłeś się, ale nie martw się, zaraz to opatrzę". Rodzic pełni wtedy funkcję regulatora emocji, czyli kogoś, kto pomaga dziecku rozpoznać, co ono czuje, i jest gotowy to przyjąć. Pokazuje w ten sposób, że dziecko jest w porządku, bez względu na to, jakie emocje nim targają. Ale można podnieść lament i razem z dzieckiem zanurzyć się w przerażeniu albo nakrzyczeć na nie: „Zobacz, co zrobiłeś!". Te rodzicielskie reakcje często są nieświadome, czasem niezawinione. Mogą wynikać na przykład z tego, że matka ma depresję i potrzebuje pomocy, by mogła naprawdę być matką. Słynne są eksperymenty Edwarda Tronicka...

...z tak zwaną kamienną twarzą.

Pokazują, co się dzieje, kiedy matka przestaje być emocjonalnie zaangażowana w relację. Nagrywano matkę w interakcji z kilkumiesięcznym dzieckiem. Początkowo żywo reaguje ona na zachowanie dziecka, jest do niego dostrojona – dziecko się uśmiecha, matka też; dziecko coś pokazuje, matka wyraża zainteresowanie. W pewnym momencie jej twarz nieruchomieje na kilka sekund, co wzbudza konsternację i lęk dziecka, ale zaraz, ku obopólnej uldze, matka wraca do interakcji. Podobne eksperymenty powtórzono z udziałem matek ze zdiagnozowaną depresją albo zaburzeniami typu borderline. To są wstrząsające nagrania. Widać, że one naprawdę się starają: mówią do dziecka, próbują koić, ale jakby robiły to o sekundę za późno albo za wcześnie. Cały czas się z nim rozmijają i to „mijanie się" jest momentem rodzenia się wstydu. W efekcie takie dziecko ma słabszy kontakt wzrokowy z matką, w chwili dyskomfortu zaczyna skubać ubranko. Nie jest w stanie okazać matce złości za to, że jest nieadekwatna, tę złość kieruje na siebie. W trudnych sytuacjach reaguje agresją i nie potrafi jej wygasić.

Co jeszcze przeżywa dziecko nieadekwatnie odzwierciedlane?

Jest w chaosie poznawczym. Czuje coś, ale reakcja rodzica mówi mu coś innego. Jeśli do takich rozminięć dochodzi często, zaczyna mieć poczucie, że to z nim jest coś nie tak. To może mieć różną gradację: od przekonania „jestem nie w porządku" do głębokiego poczucia, że jestem kimś strasznym, potworem, który sieje spustoszenie. Silvan Tomkins, amerykański badacz wstydu, uważa, że różnica między wstydem a innymi zranieniami polega na tym, że one przychodzą z zewnątrz, a wstyd jest czymś, co dręczy nas cały czas od środka. Jest chorobą duszy.

Ten wstyd jest uświadomiony?

Zależy, na ile ktoś jest ze sobą w kontakcie. Kiedyś w „Dużym Formacie" zobaczyłam reportaż o wstydzie [Moniki Redzisz – dop. red.]. Bohaterowie opowiadali o swojej potrzebie skulenia się, wycofania, zniknięcia, a każda konfrontacja z ludźmi wzmagała w nich poczucie wstydu. Byli świadomi, z czym się borykają. Ale wiele osób, które doświadczają chronicznego wstydu, nigdy by tego słowa nie użyło, opisując swe przeżycia.

A co mówią?

„Od siedmiu lat próbuję skończyć studia, ale z jakiegoś powodu mi się to nie udaje". Albo: „Mam tendencję do odkładania różnych zadań w nieskończoność". Inni mówią: „Nie wiem dlaczego, ale odczuwam ciągły przymus bycia miłym, żeby broń Boże nikogo nie urazić". Są też osoby narcystyczne, u których wstyd odgrywa kluczową rolę.

Jak to?

Wbrew pozorom takie osoby czują do siebie nie miłość, lecz pogardę. Wstydzą się tego, kim są, choć na zewnątrz często manifestują coś przeciwnego, co tylko pogłębia w nich poczucie wstydu, bo wiedzą, że to fasada. Natomiast to, co prawdziwe, jest w nich głęboko schowane, bo kiedyś było nieakceptowane albo niedostrzegane przez ważne dla nich osoby. A jeśli ktoś zdoła to teraz dojrzeć przez jakąś szczelinę, spotka go za to kara – zostaje okrutnie potraktowany albo odrzucony.

Jeden z bohaterów wspomnianego reportażu mówi, że wstydzi się swojej rodziny, a nie siebie.

Co to znaczy, że wstydzi się rodziny? Gdy się przyjrzymy temu bliżej, okazuje się, że ten wstyd jest w nim, bo nie potrafi odróżnić siebie od ojca czy matki. Dziecko potrzebuje sensownej narracji, żeby przeżyć. Jeśli nie ma szansy doświadczyć siebie w relacji z osobą czującą i rozumiejącą, to próbuje to jakoś „wyjaśnić". Czasem to wyjaśnienie brzmi: Tata mnie bije, bo jestem nie w porządku. Mama pije, bo jestem zła. Jeśli bardziej bym się postarała, wszystko by się zmieniło. Takie osoby nie potrafią uznać, że jeśli rodzic traktuje je źle, to jest opowieść o rodzicu, nie o nich.

A bliskość z kimkolwiek jest dla nich zagrażająca: boją się, że ktoś odkryje, jacy są kiepscy?

Tak bywa. Są dwa wektory głębokiego wstydu. Pierwszy to poczucie: jestem zły, więc chcę zniknąć, czyli chęć ucieczki, schowania się, a w konsekwencji trudność w relacji ze światem i ze sobą. Jeżeli uważam, że jestem straszny i sobie zasłużyłem, by mój ojciec pił i bił, to bliski kontakt z kimkolwiek przeraża mnie, bo nieświadomie obawiam się, że historia się powtórzy. I albo zrobię komuś krzywdę, albo ten ktoś ucieknie, gdy tylko odkryje prawdę o mnie. Drugi wektor przeciwnie – to pragnienie odwetowego ataku.

Wtedy mam poczucie, że to inni są źli, nie ja?

Taka osoba, a czasem całe grupy ludzi mówią: „My jesteśmy dobrzy i moralni, a świat jest zły i zasługuje na zniszczenie". Albo: „Wszyscy się mylą, tylko nie ja". Pod spodem zaś zwykle kryje się wstyd. Często są to osoby, które latami były upokarzane, prześladowane, a teraz wcielają się w nieomylnego tyrana. Albo doświadczyły narcystycznego uwiedzenia przez rodziców, którzy widzieli w nich realizatorów własnych ambicji, a nie realne dzieci. Takie osoby rzadko trafiają na terapię, bo są przekonane o swej nieomylności i podłości innych. Musi się wydarzyć coś, co je złamie.

Na przykład?

Bilans życia w wieku czterdziestu czy pięćdziesięciu lat, czasem później, gdy okazuje się, że zostali sami. Nawet jeśli mają opowieść, że świat jest wstrętny, kobiety okropne albo mężczyźni podli, to nie do końca przynosi ona ukojenie. Coś uwiera i w pewnym momencie objawia się depresją albo problemami somatycznymi. Natomiast ci, którzy źle myślą o sobie i izolują się, często agresję kierują na siebie – okaleczają się, podejmują próby samobójcze, popadają w uzależnienia.

A przecież wstyd czemuś służy. To nie tylko patologia.

Oczywiście, że nie. Poza chronicznym istnieje też zdrowy wstyd. Jakaś doza podatności na jego odczuwanie świadczy o naszej dojrzałości, poczuciu odpowiedzialności, granic, intymności. Gdyby przebierała się pani w łazience i wszedłby ktoś obcy, raczej by się pani zawstydziła, a nie zachęcała: „Proszę wejść. Może chciałby mnie pan pooglądać?". Mam wrażenie, że na poziomie społecznym takiego zdrowego wstydu zaczyna nam brakować. Gdy czasem słucham, co mówią niektóre osoby publiczne, odczuwam zażenowanie, którego być może mówcy zabrakło. Stajemy się czymś w rodzaju bezwstydnej kultury wstydu. Z jednej strony cierpimy na patologiczny wstyd, z drugiej zaś zakrywamy go bezwstydem.

Czasem zaś wstyd przykrywa inne uczucia.

W psychoterapii nazywamy to obroną. I próbujemy dotrzeć, co się znajduje pod spodem. W dzieciństwie wstyd przykrywa pragnienie kontaktu, bliskości. Dziecko uważa, że nie ma miejsca na te uczucia, a co więcej, że gdy je przeżywa, to traci kontakt z bliską mu osobą, więc zastępuje je wstydem. Poświęca swoje pragnienia i potrzeby, by ocalić więź z rodzicem. Wstyd uszkadza inne emocje. Sprawia, że bycie blisko z kimś, już w dorosłym życiu, staje się trudne, wręcz niemożliwe. Nie pozwala pokochać kogoś i nie pozwala, by nas ktoś pokochał.

Dlaczego?

Bo czyjaś uwaga i miłość bolą. Przypominają bowiem tym osobom, co mogły dostać, a czego nie dostały. Uświadamiają im, że ta strata nie wynika z ich „okropności", ale z tego, że najbliższe im osoby nie były w stanie kochać ich tak, jak potrzebowali. I nie mieli na to jako dzieci żadnego wpływu. Jeśli nawet zdarza się dobra, karmiąca relacja, te osoby często uciekają, niszczą kogoś, kto chce im coś bezinteresownie dać, a wybierają partnerów, którzy nie potrafią kochać. Chronią się w ten sposób przed przeżyciem żałoby, przed bolesnym uświadomieniem sobie nieodwracalności pewnych wczesnych utrat. W psychoterapii mówi się też o masochistycznym uwikłaniu. Takie osoby „oczekują dobrych rzeczy od złych ludzi i złych rzeczy od dobrych ludzi", jak powiedział psychoanalityk Arnold Modell. Wierzą, że jeśli ktoś jest im życzliwy, robi to z wyrachowania albo ma jakiś ukryty cel, a w końcu ich upokorzy i porzuci, więc trzeba się trzymać od niego z daleka. Natomiast od osób, które nie rokują, spodziewają się miłości i akceptacji, czyli czegoś niemożliwego.

Można się wyleczyć z chronicznego wstydu?

Całkowicie? Jestem sceptyczna. To jest tak głęboka trauma, że nawet najlepszy terapeuta nie jest w stanie zupełnie cofnąć jej skutków. Może na tym właśnie polega praca z pacjentami z poczuciem chronicznego wstydu, żeby oni też w końcu uznali, że różne utraty w ich życiu są nieodwracalne. Że czas w końcu opłakać ojca, którego nie mieli, zamiast szukać rekompensaty tej straty w kolejnych partnerach. Terapia nie polega na tym, by „wyciąć" to, co nam zrobiono, zapomnieć o tym, ale by uczyć się z tym żyć w najlepszy możliwy dla siebie i innych sposób. Przestać się obwiniać i karać, nie próbować odtwarzać przeszłości. Jeśli ojciec nie był w stanie nas kochać tak, jak potrzebowaliśmy, jeśli matka była wobec nas okrutna, to jest to nieodwracalna strata. Do przeszłości wrócić się nie da, nie można mieć znów trzech lat i innego rodzica.

Niektórzy mają jednak nadzieję, że ktoś im tę „dziurę" zalepi.

Dr Martha Stark, psychiatra i psychoanalityczka, nazywa to nieustępliwą nadzieją na realizację niemożliwego. Takie osoby często szukają kogoś, ale nie tam, gdzie trzeba, i nie tego, co trzeba.

Na przykład angażują się w kolejny przemocowy związek, żywiąc nadzieję, że partner się odmieni i w ten sposób symbolicznie odmieni tę pierwotną relację. To się nie może wydarzyć, a koszt tej iluzji może być ogromny. W poszukiwaniu kogoś, kto odczaruje przeszłość, przegapiamy w swoim życiu ludzi, z którymi można budować teraźniejszość i przyszłość.

Żaba się nie nudzi, wypławek się nie nudzi.
Nudzić się mogą psy, małpy, człowiek.

Człowiek głodny, człowiek, któremu jest zimno, który ucieka przed wojną albo nagle trafia do niewłaściwej dzielnicy, się nie nudzi.
Jeśli stać cię na nudę, to znaczy, że jesteś bezpieczny.

Nuda budzi dzisiaj panikę. Wystarczy zobaczyć, co się dzieje w kolejce do kasy, w poczekalni u lekarza albo w autobusie – od razu pojawia się telefon. Dzieci też nie mogą się nudzić – każdą godzinę muszą mieć zaplanowaną.

JESTEŚ MNICHEM CZY KARDASHIANKĄ?

Rozmowa z **Bartłomiejem Dobroczyńskim**

Podobno inteligentni ludzie się nie nudzą. Prawda to?

Nie będzie to łatwa rozmowa, bo nuda jest fenomenem szalenie paradoksalnym. Ma swoje pozytywne i negatywne strony, a do tego różne rzeczy dla różnych ludzi są nudne.

Odpowiadając jednak na pani pytanie: prawdą jest zarówno to, że ludzie inteligentni się nie nudzą, jak i to, że tylko inteligentni ludzie, czy też byty, są w stanie się nudzić. Żaba się nie nudzi, wypławek się nie nudzi...

Kto?

Taki mały biały robak. Nudzić się mogą psy, małpy, człowiek.

Dalej, istnieje nie tylko nuda, która wynika z braku, z niedosytu aktywności, wrażeń – przysłowiowe „w czasie deszczu dzieci się nudzą" – ale i taka, która bierze się z nadmiaru czegoś irytującego, męczącego, kiedy ma się po dziurki w nosie na przykład czyjegoś narzekania, wiecznych kłótni.

Francuska filozofka Simone Weil twierdziła z kolei, że monotonia może być „czasem jałowym" i wtedy jest „najstraszliwsza", ale może być też „czasem przezwyciężonym" – wówczas jest „najpiękniejsza", i w jakimś stopniu to od nas zależy, jak ją będziemy przeżywać: czy jako ciężar, czy jako wyzwolenie.

Wydaje się, że dzisiaj nuda ma głównie jeden wymiar – negatywny. Najogólniej: to czas stracony.

Bo nuda w kulturze konsumpcyjnej stała się czymś w rodzaju etykiety, bata, który ma zaganiać ludzi do różnych aktywności, korzystnych z jej punktu widzenia. Jeśli się nudzisz w kulturze, która ma tyle atrakcji do zaoferowania, to znaczy, że albo jesteś głupi, albo nieudolny.

Zacznijmy od nudy jako dowodu na inteligencję.

Większość istot we wszechświecie nie jest w stanie się nudzić, bo nie ma pewnego intelektualnego zapasu, naddatku, który pozwoliłby im się zorientować, iż rzeczywistość nie jest w stanie sprostać ich oczekiwaniom. Starcza im go na tyle, żeby tę rzeczywistość jakoś na bieżąco ogarniać.

Znam wielu bardzo inteligentnych ludzi, profesorów/-ek, literatów/-ek, artystów/-ek, którzy mówią: „Bardzo łatwo się nudzę". Oni potrzebują dużej stymulacji, żeby w ogóle móc jakoś funkcjonować. Na przykład niemiecki reżyser Rainer Werner Fassbinder mógł pracować tylko wtedy, kiedy miał włączone cztery telewizory, dwa magnetofony naraz, przy tym cały czas chodził...

...za to krótko żył.

To już inna sprawa. Znajoma wybitna psycholożka jak nie robi badań albo nie pisze tekstów naukowych, to cierpi katusze.

Druga rzecz – nuda świadczy jednak o względnym luksusie. Większość ludzi na tej ziemi nie ma czasu ani warunków, żeby się nudzić. Całą energię i uwagę wkładają w przetrwanie. Człowiek głodny, człowiek, któremu jest zimno, który ucieka przed wojną albo nagle trafia do niewłaściwej dzielnicy, się nie nudzi. Innymi słowy, jeśli stać cię na nudę, to znaczy, że nic ci nie zagraża. Jesteś bezpieczny.

Skrajnie luksusowa nuda przeradza się czasem w zwykłą przemoc. Myślę teraz o arystokracji, która na przestrzeni wieków wypełniała pustkę różnymi wyrafinowanymi gierkami i okrucieństwami. Dobrze to pokazuje powieść i serial „Patrick Melrose".

Takie wypełnianie nudy służy jednemu – żeby okazać przewagę „osobnikom słabszym", choć tak naprawdę obnaża totalne środowiskowe oderwanie od rzeczywistości, jak w słynnej wypowiedzi Marii Antoniny: „Nie mają chleba? To niech jedzą ciastka". W jednej ze scen serialu, o którym pani wspomniała, angielska księżna każe francuskiemu ambasadorowi na przyjęciu przy wszystkich ścierać z sukni sos, którym przypadkiem ją ochlapał, pastwiąc się nad nim bezlitośnie. Pewnie uważa, że dzięki temu nie jest nudna, ale to nic więcej jak prymitywny społeczny darwinizm polegający na tym, że silniejszy pokazuje słabszemu, kto tu rządzi. Ojciec Patricka Melrose'a z kolei, zachowując się w sposób odrażający, wysyła komunikat światu: jestem chamem, despotą, w dodatku mogę sobie pozwolić na wygodne, próżniacze życie, to znaczy, że jestem wyjątkowy.

Ale poza nudą w wersji de luxe istnieje jeszcze inny wymiar nudy, znacznie bardziej powszechny – nudy konsumpcjonistycznej. I to jest dopiero zbiór paradoksów.

Co z nią?

W latach 20.-30. XX wieku amerykańscy antropolodzy przeprowadzali wywiady z Indianami z Wielkich Równin o tym, jak to kiedyś żyli. Indianie barwnie opowiadali o polowaniach, wędrówkach, wojnach plemiennych, życiu duchowym, ale ich opowieści kończyły się raptownie mniej więcej na roku 1876-1877. „A co było dalej?" – dopytywali antropolodzy. Indianie na to: „Dalej nic nie było. Poszliśmy do rezerwatów i życie się skończyło". Przez kolejnych pięćdziesiąt lat z ich perspektywy nie wydarzyło się nic znaczącego, do czego ich umysły mogły przylgnąć. Nie mogli polować, walczyć, poruszać się, gdzie chcieli.

Nudzili się?
W pewnym sensie. Zaczęli żyć życiem jałowym.
Organizm żywy potrzebuje wyzwań, bez nich gaśnie. I mówi się o tym, że społeczność, która żyje w dostatku, bez większych niewygód, degeneruje się albo wchodzi w okres dekadencji. Ludzie zaczynają wtedy szukać pobudzenia w różnych perwersyjnych praktykach seksualnych, w używkach, w wyrafinowanych przyjemnościach. Weźmy taki Rzym przed upadkiem, Egipt...

Bliżej mamy Wall Street przed kryzysem 2007-2008.
Film „Wilk z Wall Street" dobrze oddaje ten mechanizm: „Mam już dziesięć samochodów, pięć jachtów, co jeszcze? Co jeszcze?". Heroina już nie daje kopa, kokaina już nie daje kopa, to może teraz heroina z kokainą?

I dzisiaj żyjemy w kulturze, w której cenione jest posiadanie pewnych dóbr i ekscytujących doświadczeń: masz mieć fajne wakacje, superseks, ekstraprzeżycia. A do tego powinieneś atrakcyjnie wyglądać, przy czym to kultura powie ci, co można uznać za atrakcyjne. Żyjemy w społeczeństwie spektaklu, jak to określił francuski filozof Guy Debord. Co nie jest spektaklem, nie istnieje. Co nie jest sfilmowane, nie istnieje. Co nie jest w mediach społecznościowych, tego nie ma. Czego inni nie widzą, tego też nie ma.

Jak to się ma do nudy?
Choćby tak, że ktoś, kto odmawia udziału w powszechnej pogoni, rywalizacji i zabawie pod tytułem „kto ma fajniej" czy „kto jest fajniejszy", uważany jest za gnuśnego. Ktoś, kto nie wie, czego chce, nie

potrafi się zorganizować. Nuda w tej kulturze jest symbolem bycia nisko i nieudanie.

Wyrzuca poza nawias.

Tylko proszę zauważyć, że czy coś nazwiemy nudnym, czy ekscytującym, to kwestia umowy, interpretacji. Mnich, który cały dzień kontempluje, patrząc w ścianę, nie powiedziałby, że przebimbał bez sensu ten dzień.

Chce pan powiedzieć, że mimo iż „społeczeństwo spektaklu" ciągle dokądś pędzi, nudą pogardza, tak naprawdę samo jest znudzone, jak ci Indianie?

W jakimś sensie tak. Paradoksalnie, żyjemy w potwornym obciążeniu i jednocześnie w koszmarnym luksusie. Z jednej strony jesteśmy przeładowani informacjami, bodźcami, aktywnościami, medialną papką, z drugiej – brakuje nam realnych wyzwań. Takich, jakie zwierzętom stawia świat naturalny, czy takich, jakie Komanczom stawiała rzeczywistość sprzed rezerwatów.

I prawdą jest to, że przeciętny obywatel społeczeństwa spektaklu od momentu wstania do pójścia spać zasuwa, nawet celebryta, który niby nic specjalnie nie wytwarza, za to musi dbać o swój wizerunek przez dwadzieścia cztery godziny na dobę, ale tak naprawdę nic mu nie zagraża.

Może poza wypaleniem zawodowym.

Ale nie umrze już na dżumę, cholerę czy syfilis.

Jeszcze dwieście lat temu szanse kobiety w ciąży na przeżycie wynosiły 50 procent, zapalenie płuc oznaczało śmierć, a wojna była na porządku dziennym. Dzisiaj nie musimy się zmagać z żadnymi poważnymi wymaganiami adaptacyjnymi tak naprawdę. „Znudzone społeczeństwa dobrobytu" – tak się o tym mówi.

Które bez przerwy kompulsywnie ucieka od nudy w różne aktywności?

Ucieka od nudy pojmowanej jako zatrzymanie, refleksja, uważność, pewna dyscyplina wewnętrzna, ale wpada w inny rodzaj nudy – biorącej się z przebodźcowania oraz z tego, że wszyscy się do siebie upodabniają: ubierają się tak samo, jedzą to samo. To jest błędne koło. Dziś mistrzostwa świata w piłce nożnej, jutro szczyt NATO, pojutrze spotkanie Trumpa z przywódcą Korei, ale już dwa dni później nikt o niczym nie pamięta. Gdybym chciał zaprotestować przeciwko temu, co mnie otacza, zebrał wszystkich znajomych dziennikarzy z różnych redakcji i się podpalił w miejscu publicznym, to najdalej pojutrze nikt by o tym nie mówił.

Jeden człowiek już to niedawno zrobił i rzeczywiście nie wiem, czy wiele osób o nim pamięta.

Bo to przestymulowanie nas po prostu znieczula. Odbieramy setki bodźców, ale jest ich tak dużo, że żaden nas tak naprawdę nie dotyka. Nudzą nas. Nie angażujemy się w żadną rzecz na sto procent, tak jak impala zwyczajna angażuje się w ucieczkę przed gepardem, który chce ją pożreć.

Dla wielu osób wytrwanie w chwili bez bodźców jest prawie niemożliwe. Coś takiego się stało, że nuda budzi panikę. Wystarczy zobaczyć, co się dzieje w kolejce do kasy, w poczekalni u lekarza albo w autobusie – od razu pojawia się telefon. Dzieci też nie mogą się nudzić – każdą godzinę muszą mieć zaplanowaną.

Ja rozumiem tę panikę. Ludzie w większości są nieświadomi, w jakim systemie żyją, i że ktoś, czy raczej coś, bez przerwy mówi im, jak mają żyć. Kup to, kup tamto, pojedź tam, zrób sobie takie, owakie, a przede wszystkim trzymaj rękę na pulsie, bo cię coś ważnego ominie. Wszystko to osiąga się jednak za pomocą pieniędzy, na te „fajne" rzeczy trzeba zarobić. Ludzie to kupują, bo świat im mówi, że tak trzeba, jeśli chcą w tym społeczeństwie coś znaczyć, a nie być jakimiś outsiderami.

Rodzic w kulturze spektaklu może nie umieć unieść nudy swojego dziecka, bo sam tego nie potrafi, ale może też mieć poczucie winy, że skoro dziecko się nudzi, to znaczy, że nie wiedzie takiego życia, jakie powinno – ekscytującego, pełnego atrakcji, możliwości „rozwoju". A może będzie przez to gorsze? Na coś się nie załapie?

Mam wrażenie, że wiele współczesnych dzieci jest tak przeładowanych różnymi atrakcjami, że zwykły spacer po parku to synonim nudy absolutnej, skoro wczoraj był aquapark, przedwczoraj trampoliny, a dwa dni temu kino.

To jest właśnie efekt przestymulowania. Pamiętam, jak z moim dziesięcioletnim wówczas synem Maksem poszliśmy się przejść po Plantach. Na chodniku kredą ktoś namazał cytat z piosenki Eminema: „Bitch, suck my dick". Maks przeczytał to, bo już coś tam po angielsku rozumiał, i zapytał: „No i co? No i co?". „No i ten człowiek stoi przed ścianą – odpowiedziałem. – Jak już ma takie trzęsienie ziemi za sobą, jak powiedział to, co powiedział, to co jeszcze może zrobić, żeby poczuć ekscytację?". Nie da się produkować podniet w nieskończoność. Dlatego wolę kino japońskie albo rosyjskie od amerykańskich filmów akcji. Na przykład Tarkowskiego – Tarkowski przez dwie godziny pokazuje ci pole, wycisza, a potem nagle robi coś takiego, że wbija cię w fotel, i to na długo. W hollywoodzkich produkcjach przez pierwszych piętnaście minut jest akcja, akcja, akcja, napięcie rośnie tak, że głowę urywa, ale często wychodzi się z kina rozczarowanym, bo nie sposób utrzymać tego napięcia do końca.

Nuda rozumiana jako uważność, refleksja wydaje się w kulturze pędu czymś rewolucyjnym.

To jest największa kontestacja! Może jeszcze bycie tłustym i bezzębnym. Ktoś, kto mówi: „A ja jestem za nudą", rzuca tej kulturze wyzwanie. I ona wpada w furię.

A może się jej zwyczajnie boi?

Panicznie. Człowiek, który mówi: „Ja wysiadam, nie będę konkurował, nie będę konsumował, nie będę się chwalił i informował całego świata na Facebooku czy Instagramie, gdzie aktualnie jestem, co fascynującego przeżyłem, jaki sukces osiągnąłem", stanowi zagrożenie dla tej kultury. Kwestionuje jej najważniejsze wartości.

Ciekawe swoją drogą, jaki byłby odzew, gdyby na Facebooku napisać: „Dziś nie zrobiłam absolutnie nic".

Albo: „Nudzę się już drugi dzień z rzędu". Pewnie by się pojawiły zaraz komentarze w stylu: „Zrób coś ze sobą, dziewczyno!", „Fajny koncert jest", „Masz tu link do wydarzenia".

Jestem wielkim fanem serialu „Westworld". W tym świecie ludzie nie dokonują żadnych realnych wyborów, są w gruncie rzeczy sumą prostych programów. Współczesna kultura konsumpcyjna jest dość podobna. Bardzo niewiele osób jest w stanie z niej wyskoczyć, przyjrzeć się jej z zewnątrz wnikliwie, powiedzieć: „Stop, nie da się jeszcze szybciej i jeszcze lepiej". Niewielu rodziców potrafi zostawić znudzone dziecko, żeby jakoś przecierpiało samo ten stan, mając świadomość, że prędzej czy później coś sobie wymyśli, a jeszcze będzie mieć satysfakcję, że zorganizowało sobie czas, odkryło w sobie nowe możliwości, poczuło, że ma wpływ.

Znajoma co roku na wakacje jeździ w to samo miejsce, gdzie każdy jej dzień wygląda tak samo. Twierdzi, że to uwielbia, ale ma poczucie, że ciągle się musi z tego tłumaczyć. Nie zliczy, ile razy usłyszała: „Nie chcesz jechać gdzie indziej? Nie nudzi cię to?".

Bo ona tam pewnie odżywa, regeneruje siły, a nie się nudzi. Doświadcza, jak by powiedziała Weil, wyzwalającej monotonii. I podejrzewam, że każdy mnich czy lama bardzo dobrze by ją zrozumiał. Bo co ona tak naprawdę robi, powtarzając codziennie te same czynności? Medytuje. I są ludzie, którzy mają ogromną potrzebę, żeby własna dusza w końcu ich dogoniła. A może to zrobić tylko wtedy, kiedy będzie wiedziała, gdzie oni się dokładnie znajdują, czyli kiedy przestaną biec, w dodatku we wszystkich kierunkach naraz. Na co dzień w natłoku różnych zadań nie ma szans za nimi nadążyć.

Jednak dla innych taka powtarzalność to synonim piekła, bo oni się regenerują w inny sposób. I tu przechodzimy do kolejnej komplikacji związanej z nudą, mianowicie takiej, że ludzie się od siebie różnią pod względem zapotrzebowania na stymulację.

Frank Zappa opowiadał na przykład, że najbardziej lubi siedzieć w piwnicy swojego domu i przez szesnaście godzin dziennie pisać nuty. Też pewnie wiele razy słyszał: „Nie nudzi cię to?". Immanuel Kant codziennie o tej samej porze chodził na spacer, jego życie cechowało się bezlitosną monotonią, ale to mu pewnie pozwalało składać myśli. Modigliani z kolei pił, ćpał, tarzał się w rozpaczy i szaleństwie, ale być może gdyby prowadził bardzo higieniczne, „nudne" życie, niczego by nie namalował.

Nie sądzi pan jednak, że współczesny świat zyskałby, gdyby zaznał więcej takiej świadomej monotonii, czasu na refleksję?

Sądzę, choć to bardzo trudne, bo natura funkcjonowania społecznego jest taka, że od małego uczy nas podporządkowywania się temu, co nas otacza. Najpierw te normy wyznaczają rodzice, ale potem bardzo szybko – środowisko. Innymi słowy, można dziecku tłumaczyć na przykład, że wartości duchowe są ważniejsze od materialnych, lecz dziecko może na to odpowiedzieć: „Ale w butach z Tesco nie pójdę do szkoły", bo rówieśnicy je zmiażdżą. Albo: „Koledzy powiedzieli, że teraz najlepszy model telefonu to jest X. Inne to obciach". Trzeba by najpierw zmienić samą kulturę.

To może byśmy zainicjowali jakiś oddolny ruch, który by propagował „uskrzydlającą" nudę?

Są przykłady ludzi, którzy prowadzą jednostajne, monotonne, pozbawione podniet życie i donoszą, że są w ekstazie od rana do wieczora. Proszę popatrzeć na klasztory kontemplacyjne, chrześcijańskie czy buddyjskie. Pobudka o tej, medytacja czy modlitwa o tej, praca fizyczna o tej, posiłki o tej. Stymulacja zmniejszona do zera, żadnych atrakcji, ekscesów. Znajoma mniszka mówi: „Takie życie jest boskie". Zgiełk świata znika i nagle otwierają się nowe przestrzenie.

Już widzę, jak niektórzy przewracają teraz oczami: „Dla kogo to jest w ogóle propozycja?".

W sensie, że dla nielicznych?

Dla nielicznych i w dodatku trochę... jak by to powiedzieć... specyficznych?

Ja bym tak na to nie patrzył. Poza tym klasztor jest tu tylko pewną metaforą. Człowiek jest jednak w ogromnej mierze produktem przyzwyczajenia. To, co ludzie odbierają jako ważne elementy swojej tożsamości, które świadczą o tym, że są tym, kim są, to złudzenie. Jesteśmy ulepieni z pewnej mentalności, z tego, co nam dali rodzice, szkoła, spotkani ludzie, przeczytane książki, obejrzane filmy, podróże. Ale przyzwyczajenia można zmienić. Buddyści mówią: „Nie podoba ci się jakaś muzyka? Słuchaj jej tak długo, aż ci się spodoba". Pewna powtarzalność, umiejętność odsuwania gratyfikacji mogą naprawdę przynieść człowiekowi dużą satysfakcję. Jeden z najważniejszych dla mnie nauczycieli powiedział kiedyś, że jedyną umiejętnością naprawdę wartą opanowania jest umiejętność odraczania nagrody, czyli wygrywa tak naprawdę ten, kto nie zeżre od razu pudełka lodów, które trzyma w lodówce. Człowiek tym się między innymi różni od zwierzęcia, że ma pewien luz na smyczy, na której prowadzi go natura, i może to wykorzystać.

Co to znaczy: ma luz na smyczy?

Jakby się pani urodziła jako łasica, to miałaby pani dwadzieścia centymetrów długości, ledwie dwa lata do dyspozycji i w tym czasie musiałaby zrobić masę trudnych rzeczy, żeby przetrwać. Nie miałaby pani specjalnie wyboru, jeśli chodzi o sposób życia. A ludzie jednak jakiś wybór – mniejszy, większy – mają. Mogą przynajmniej próbować szukać takiego sposobu funkcjonowania, który będzie bardziej w zgodzie z ich indywidualnym programem, jak to ujmują w „Westworld".

Przyszło mi teraz do głowy, że przecież człowiek korporacji też żyje w pewnej monotonii. Pobudka o tej, jak są dzieci, trzeba je odprowadzić do szkoły, przedszkola, potem praca, zebrania o tej, powrót do domu. Następnego dnia, miesiąca – podobnie. Ale większości żadne nowe przestrzenie dzięki temu się nie otwierają. Przeciwnie.

Bo to jest monotonia zupełnie innego rodzaju. Nie chciana i nie wybrana, tylko narzucona – no bo jak chce się mieć dom, to trzeba wziąć kredyt, zarobić, poza tym teraz takie czasy, że się pracuje w korporacjach; to wszystko, o czym mówiliśmy. A moja znajoma mniszka zamknięta w klasztorze kontemplacyjnym mówi: „Ja w każdej chwili mogę stąd wyjść. Mam klucz. Sama sobie to zrobiłam". Poza tym ona w tę swoją monotonię wkłada całą siebie. I są ludzie, którzy nawet w sytuacji korporacyjnej czy nudnej, mechanicznej pracy też to potrafią – angażują się w to, co robią, mimo że jest to do bólu powtarzalne. Doładowują mentalnie swoją pracę tak, żeby była dla nich fajna. Choć umówmy się, że jest to umiejętność dostępna dla nielicznych. Trudno sobie wyobrazić, że człowiek zajmujący się rozładowywaniem ziemniaków będzie się swoją pracą ekscytował i tęsknił za nią w weekend. Na marginesie, modne powiedzenie w kręgach coachingowo-motywacyjnych: „Rób to, co kochasz, to przestanie to być twoją pracą", to jedna wielka bzdura. Większość ludzi nigdy nie będzie kochać tego, czym zajmuje się zawodowo. I nie ma takiego obowiązku.

Profesor Barry Schwartz, amerykański psycholog, autor „Dlaczego pracujemy?", opowiadał mi kiedyś o badaniach, które przeprowadzano na sprzątaczach w jednym ze szpitali. Część ledwo tolerowała swoją pracę, ale byli i tacy, którzy ją naprawdę kochali, bo poza sprzątaniem rozmawiali z pacjentami, robili różne dodatkowe rzeczy, które sprawiały im satysfakcję.

Ale to są w dużej mierze kwestie związane z temperamentem, z osobowością. Przywilej nielicznych, jak powiedziałem. Choć istnieją różne narzędzia, między innymi trening uważności, za pomocą których można się trochę nauczyć przerabiać nieatrakcyjność i monotonię w coś twórczego i życiodajnego.

Wrócę jednak do klasztoru i ascezy.

A nie będziemy przynudzać?

Chciałbym dobrze wyjaśnić, o co mi chodzi.

Powszechnie uważa się, że asceta to ktoś, kto się wyrzeka zmysłowych uciech, przyjemności. Umartwia się. Cierpi. Ale można spojrzeć na ascezę inaczej. Jako na coś, co wzmacnia doznania.

Jeśli je pani na zmianę pieprzne, ostre i pikantne, to z czasem traci pani smak. Ale jeżeli je pani proste, delikatne jedzenie, to zaczyna się pani na różne smaki uwrażliwiać, wyczuwać niuanse. Podobnie jest z glebą. Jak się ją eksploatuje bez przerwy, to ona się wyjaławia. Przestaje rodzić. Można ją oczywiście nawozić, ale jeszcze lepiej zostawić ją samą sobie na kilka sezonów. Dojdzie do siebie i znów będzie płodna. Chcę powiedzieć, że tak rozumiana asceza – jako wewnętrzna powściągliwość i pewna powtarzalność

– może być w dzisiejszej kulturze odpowiednikiem wyzwań, które kiedyś człowiekowi stawiał świat naturalny.

Ale chyba nie chodzi o to, żeby teraz wszyscy nagle zamienili się w ascetów?

W ogóle nie o to chodzi. Chodzi o to, że świat potrzebuje zarówno rosomaków, które są ciągle pobudzone, jak i leniwców. Dla kosmosu przydatne są różne typy aktywności. Równowaga polega nie na tym, że każda istota będzie żyć w wewnętrznej równowadze – zresztą nie istnieje żaden wzorzec równowagi z Sèvres – tylko na tym, że różne elementy tego świata będą się równoważyły.

Potrzeba nam i mnichów, i Kardashianek.

Właśnie. Potrzebujemy również Hendrixów, Mahlerów, Picassów i Lynchów. Z tym że dzisiejszy świat jest tak skonstruowany, że robi nieporównywalnie więcej miejsca dla Kardashianek. A do tego stawia je za wzór godny naśladowania.

„Więcej miejsca dla mnichów!" – w sumie nawet podoba mi się to hasło. Widzę je na sztandarze walczących o prawo do nudy.

Nuda rozumiana jako trwanie, kontemplacja uwrażliwia tak samo, jak pewna powściągliwość jedzeniowa uwrażliwia na smak. Uruchamia kreatywność, twórczość, spostrzegawczość. Niemiecki mistyk Mistrz Eckhart twierdził, że wszystko w życiu prędzej czy później nas znudzi. Nie jest pani w stanie codziennie pić wina i czerpać z tego przyjemności w nieskończoność.

Szkoda.

Poje pani zupę pomidorową przez tydzień, to pod koniec tygodnia będzie jej pani serdecznie nienawidzić. Może warto więc ćwiczyć uważność po to, żeby nauczyć się w powtarzalnych rzeczach wciąż widzieć nowe? Drzewo czy kamień nigdy nie są nudne, jeśli się na nie odpowiednio patrzy.

Może zamiast powtarzać, że inteligentni się nie nudzą, lepiej byłoby mówić, że uważni się nie nudzą?

Otóż to.

Nie da się nauczyć uważności bez ćwiczeń?

Czasem życie samo nam to przynosi. Choroba. Cierpienie. To często chwile, w których ludziom zmieniają się priorytety. Zaczynają widzieć, w czym tkwili, w czym tkwią, jak by chcieli inaczej. Większość powołań czy przebudzeń duchowych opisana jest jako zetknięcie z cierpieniem. Budda, Adam Chmielowski... Ale co tam będę daleko szukał. Moment, w którym się dowiedziałem, że mam nieuleczalną chorobę, był momentem, który zmienił moje życie na lepsze. Bardziej niż cokolwiek innego. Wzbogacił, bo właśnie uwrażliwił na różne sprawy.

Są takie osoby, które nigdy się nie nudzą albo nudzą się rzadko i nie muszą w tym celu przechodzić treningu uważności, po prostu tak mają?

A słyszała pani o schizotypowym umyśle?

O matko, nie.

To umysł odporny na wszelkie automatyzmy. Tę samą rzecz w zasadzie cały czas widzi jako nową, przez co jest ona ekscytująca. Na końcu tego kontinuum znajduje się schizofrenia, ale wiele osób o tym typie umysłu po prostu normalnie funkcjonuje.

Ja mam na przykład tak skonstruowaną psychikę, że lubię spacerować dokładnie tą samą trasą. W ogóle mnie to nie nudzi. Drogę z Krakowa do Myślenic pokonałem już z tysiąc razy i za każdym razem czułem się tak, jakbym jechał nią po raz pierwszy. Tyle mi się dzieje w głowie, że absolutnie uporządkowane aktywności pozwalają mi nie zwariować.

Świetna cecha. Można być z jedną osobą przez całe życie i nigdy się nie znudzić.

Nie do końca świetna, bo to jest też cecha świadcząca o dużym poziomie lęku. Nowe warunki, różne zmienne stanowią dla takiego człowieka zagrożenie, łatwo go rozpraszają. Owszem, można w swoim mężu czy żonie ciągle coś nowego odkrywać, ale jak zjawi się ktoś świeży, bardzo atrakcyjny, to jest to taki atak na zmysły, że się jest na miejscu znokautowanym. Takie nadwrażliwe osoby trzeba więc chronić przed nadmiarem bodźców, potrzebują też więcej czasu na odpoczynek, na regenerację, więc czasy dla nich są wybitnie niesprzyjające. Za to z perspektywy przetrwania wspólnoty są niezwykle pożyteczne.

Bo?

Bo pierwsze widzą różne zagrożenia tam, gdzie nikt inny ich jeszcze nie dostrzega, więc warto się o nie troszczyć. I słuchać, co mają do powiedzenia.

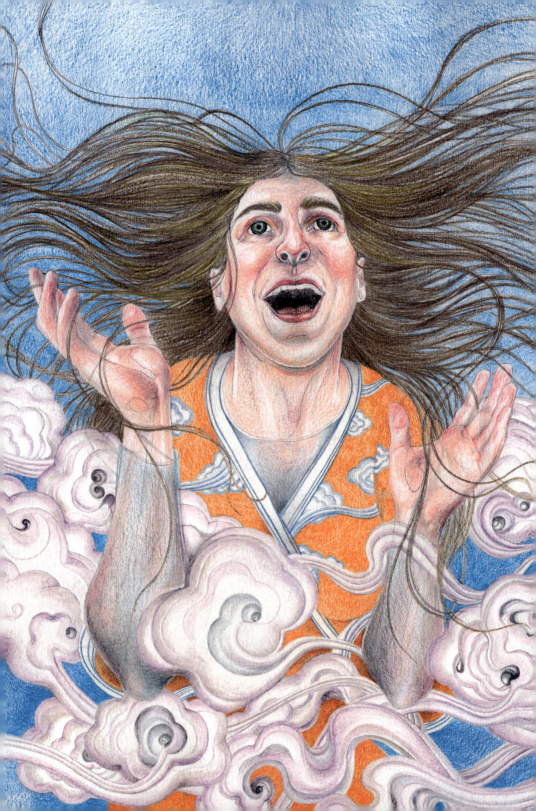

Nie trzeba iść w góry czy podróżować na koniec świata. Można pójść do biblioteki albo w ogóle nie ruszać się z fotela, a doświadczać euforii. Akt niezrealizowany, który realizujemy w wyobraźni, w twórczości ma szansę trwać o wiele dłużej.

Są ludzie, którzy jakoś funkcjonują, pracują, zakładają rodziny, ale nie są w stanie odczuwać przyjemności. Część z nich nawet nie zdaje sobie sprawy, że coś ich w życiu omija.

W granicznych sytuacjach, na przykład dużego szoku, stresu, bólu czy przed śmiercią, mózg może produkować substancje euforyzujące po to, żeby człowiek lepiej tę swoją sytuację znosił.

PIERWSZY KĘS EKLERKI

Rozmowa z **Cezarym Żechowskim**

Euforia, czyli „haj"?

Potocznie ten stan często jest tak właśnie rozumiany – jako uniesienie, niezwykle dobry nastrój, wywołany albo przez nadzwyczajne wydarzenia, albo pewne substancje, ale to tylko wycinek opowieści o euforii, która jest emocją znacznie bardziej złożoną, głębszą i właściwie na co dzień obecną w naszym życiu.

Proszę sobie wyobrazić taką banalną scenkę, obserwuję ją często, kiedy jadę do Krakowa na zajęcia: piękny słoneczny poranek, na peronie rodzina albo grupka znajomych, którzy wybierają się na wycieczkę. Widać, że są zadowoleni, podnieceni. Zachwyceni, że jadą Pendolino, wyciągają aparaty, robią zdjęcia.

Wystarczy sobie przypomnieć stan, którego się doświadcza, kiedy wyrusza się w podróż, za granicę albo idzie na randkę. To jest właśnie to.

Co się dzieje na poziomie mózgu?

Upraszczając, stymulowany jest ośrodek nagrody. Z tym że ten ośrodek, zgodnie z aktualnym stanem wiedzy, składa się tak jakby z dwóch części: układu dopaminowego, który uruchamia się na etapie poszukiwania, eksplorowania rzeczywistości, oraz układu, w którym działają endogenne opiaty i który „włącza" się, kiedy poszukiwanie zostaje zrealizowane i pojawia się hedonistyczna przyjemność wynikająca z zaspokojenia.

Czyli jak zamierzam kupić sobie ulubioną eklerkę, to odczuwam euforię, a kiedy ją zjadam...

...to się pani uspokaja. Analogicznie jest z orgazmem – najpierw euforia wynikająca z dążenia do zaspokojenia, a kiedy do niego dochodzi – silny wyrzut endogennych opiatów i ogromna przyjemność, która sprawia, że na czas jakiś system poszukiwania zostaje wygaszony. Ciastko zostało zjedzone.

Czy euforia zawsze jest falą wznoszącą, która w pewnym momencie musi opaść? Czymś, co musi się skończyć?

To zależy. Hedonistyczne zaspokojenie w zasadzie stan euforii kończy, ale sam proces dążenia może być bardzo rozciągnięty w czasie, jeśli posiadamy zdolność do odraczania nagrody. Osoby uzależnione, na przykład od alkoholu, tego nie potrafią. Ktoś taki budzi się rano, zastanawia się, co by tu zrobić...

...długo się raczej nie zastanawia...

Właśnie. I jego droga z domu do sklepu, te pięć, piętnaście minut czy pół godziny, to jest ten moment odroczenia, który kończy się na przykład w Żabce. Tyle trwa jego euforia.

„Euforia kończy się w Żabce" to byłby świetny tytuł...

...natomiast można sobie wyobrazić inną sytuację, kiedy ktoś odracza spełnienie na wiele tygodni, miesięcy, nawet lat, na przykład pisząc książkę.

Część osób piszących uważa, że to wyłącznie męka. Zero euforii.

Oczywiście ta euforia nie jest czymś stałym. Pojawia się, potem znika, bo są różne wydarzenia życiowe, różne etapy tworzenia, też żmudne, męczące, ale generalnie dążeniu do skończenia czegoś tak skomplikowanego towarzyszy jednak duża przyjemność, która, jeszcze raz przypomnę, jest czymś subtelniejszym niż „haj".

Takie przyjemne mrowienie?

Przyjemne mrowienie, dokładnie.

Jeszcze w XVII-XVIII wieku utożsamiano ją po prostu z dobrym samopoczuciem, z czymś, co dzisiaj byśmy określili jako „well-being". O pacjentach powracających do zdrowia po długiej chorobie mówiono, że doświadczają euforii, kiedy odzyskiwali apetyt i zaczynali interesować się otoczeniem. Dopiero w XIX wieku jej definicja zaczęła się zawężać.

Mnie się wydaje, że euforię wciąż sensowniej jest opisywać na pewnym kontinuum. I tak na jednym jego biegunie będziemy mieć człowieka pogrążonego w depresji, który nie ma dostępu do odczuwania przyjemności i radości, którego najmniejsza rzecz kosztuje ogromny wysiłek, a na drugim kogoś, kogo rozpiera energia, kto czuje, że mógłby, jak to się mówi, góry przenosić, choć nie zawsze będzie to świadczyć o jego zdrowiu, ale do tego jeszcze wrócimy.

W każdym razie między tymi dwoma biegunami istnieje cała masa możliwości.

Na przykład?

Przede wszystkim różne stany, które określa się jako entuzjazm. Mniejszy, większy. Wzbudzenie takiego stanu sprawia, że zaczynamy się rozglądać wokół. Różne rzeczy, zjawiska, które wcześniej uznawaliśmy za nieinteresujące, zaczynają nas pociągać. Pojawia się motywacja, żeby się w nie zaangażować, poznać, zdobyć. Jednym słowem, „chce nam się". I samo to jest bardzo przyjemne.

Samo zaciekawienie jest euforyzujące?

Dokładnie. Psychobiolog Jaak Panksepp, którego teorią się zajmuję, nazwał ten proces poszukiwaniem, „seeking". Wyróżnił on siedem podstawowych systemów emocjonalnych, które rządzą zachowaniem człowieka, między innymi gniew, pożądanie, potrzebę opieki, ale za najstarszy, najważniejszy z nich, pień, z którego wyrastają pozostałe, uważał właśnie „poszukiwanie". To ten system jest odpowiedzialny za naszą chęć działania, odkrywania. Dzięki niemu mamy poczucie sensu, ale też doświadczamy euforii rozumianej właściwie jako energia życiowa.

Czyli wychodzi na to, że euforia jest czymś absolutnie elementarnym?

Podobnie myślał Freud, że popęd życiowy jest zawsze skierowany ku jakiemuś obiektowi. Tym obiektem może być drugi człowiek, ale równie dobrze może nim być pokarm, fascynujący film, koncert. Coś, co stymuluje naszą ciekawość i dążenie.

A co z zakochaniem? Wiele osób twierdzi, że jest wtedy w absolutnej euforii.

W zakochaniu pobudzony jest jeszcze troszkę inny układ. Oczywiście dążenie do tego, żeby być blisko ukochanego czy ukochanej, jest bardzo mocne, struktury dopaminowe są niezwykle ożywione, człowiek bez wątpienia doświadcza euforii, ale oprócz niej także lęku. Pisze o tym dużo między innymi Helen Fisher, antropolożka badająca mózgi zakochanych.

Chodzi o lęk przed utratą?

Jeśli nie zna się tej osoby jeszcze, to w ogóle lęk przed nią samą. Zakochanemu często na początku znajomości przy ukochanej osobie plącze się język. Potyka się. Zachowuje jakoś niezgrabnie. To wszystko świadczy między innymi o wysokim poziomie lęku. Do tego w mózgu często dochodzi do zakłóceń w układzie serotoninowym, co powoduje, że pojawiają się obsesyjne myśli. Niektóre badania wskazują, że zakochany poświęca na myślenie o obiekcie swoich westchnień ponad 80 procent czasu w ciągu dnia, więc tu się pojawia znacznie więcej uczuć niż sama euforia.

A co z „euforią biegacza" czy „euforią wysokościową", związanymi z dużym, fizycznym wysiłkiem? Kiedy ostatnio byłam w Tatrach, to samo wspinanie się na prawie dwa tysiące metrów było przyjemne, ale nic nie pobiło tej chwili na szczycie. Czułam się jak, że się tak wyrażę, po zażyciu narkotyków. A teraz zastanawiam się, jak by to jak najszybciej powtórzyć.

Góry to jest jeszcze inna historia. Sam ruch, wysiłek mogą być rzeczywiście euforyzujące, bo ten rodzaj stymulacji produkuje w mózgu endogenne opiaty, więc pani porównanie do narkotyków nie jest wcale od rzeczy. Dzięki temu między innymi uwrażliwiamy się na piękno krajobrazu, na przyrodę. To może być uzależniające w takim sensie, że nasz umysł dąży do powtarzania tego, co przyjemne. To dlatego, między innymi, ludzie, którzy lubią chodzić po górach, ciągle tam wracają.

Ale ja bym chciał jeszcze wrócić do pani pytania o to, czy euforię można przedłużyć. Otóż odkrywanie, poszukiwanie może być też ruchem wewnętrznym.

Co pan przez to rozumie?

Nie musi pani iść w góry czy podróżować na koniec świata. Może pani pójść do biblioteki albo w ogóle nie ruszać się z fotela, a doświadczać euforii.

W wydanym niedawno zbiorze esejów „Pamięć i ład" autor, Paweł Hertz, jeden z nich poświęca morzu i górom właśnie. Odwołuje się w nim między innymi do francuskich pisarzy XIX-wiecznych, którzy, jak twierdzi, wspaniale opisywali morze i góry, ale... rzadko mieli z nimi do czynienia. A może właśnie dlatego mogli je tak wspaniale opisywać. Hertz pisze mniej więcej tak: akt, który jest przyjemny i który zostaje zrealizowany, powoduje, że wpadamy w pułapkę ciągłego powtarzania go. Natomiast akt niezrealizowany realizujemy w świecie wyobraźni, w fantazji, w twórczości. I wtedy ma on szansę trwać o wiele dłużej.

Uważam, że to jest świetna myśl.

Ona też daje nadzieję, że właściwie taki pozytywny stan można sobie samemu zafundować, w dodatku bez używek.

Właśnie. Realizacja pragnienia wcale nie jest konieczna, żeby poczuć satysfakcję. Czasem może być wręcz odwrotnie.

Może lepiej było w takim razie w te góry nie jechać. Może byłoby mi teraz fajniej.

Alfred Szklarski, który napisał cykl książek przygodowych o Tomku – w Krainie Kangurów, na tropach Yeti, na Czarnym Lądzie – nigdzie nie wyjeżdżał. Karol May, który rozpalił wyobraźnię czytelników opowieściami o Indianach Ameryki Północnej, nie ruszał się z Niemiec. Przykłady można by mnożyć. Znam za to wiele osób, które bez przerwy podróżują daleko, na przykład do Azji, i nie są w stanie tego doświadczenia przetworzyć, opracować wewnętrznie. Pojawia się jakiś rodzaj pomieszania co do tego, kim się jest po zetknięciu z inną kulturą, jakie ma to znaczenie. Sam należę do osób, które ciągle coś na Wschód gna, ale dużo czasu zajmuje mi potem zrozumienie tego, co przeżyłem, więc nie mogę powiedzieć, że to jest tylko przyjemne.

Powiedział pan na razie o subtelnej euforii, a co z euforią z tego drugiego bieguna, z tym „hajem"?

Wyobraźmy sobie, że układy neuronalne odpowiedzialne za eksplorowanie rzeczywistości zostają wzbudzone mocniej, na przykład pod wpływem jakiejś substancji psychoaktywnej, albo dlatego, że ktoś ma biologiczną predyspozycję, która sprawia, że równowaga emocjonalna łatwiej się u niego rozregulowuje. Zaczyna coraz intensywniej badać rzeczywistość, różne obiekty coraz bardziej go przyciągają i nabierają specjalnego znaczenia. Taki proces nazywamy „procesem nadawania znaczeń" – pisze o nim między innymi brytyjski badacz Shitij Kapur, ale też polski psychiatra Sławomir Murawiec. Jeśli ten system jeszcze się bardziej „rozkręci", wszystko dosłownie staje się niezmiernie ciekawe i znaczące.

O takich osobach czasem mówi się, że są intensywne, rozbiegane.

Bo za tym często idzie również pobudzenie ruchowe. Ruch przecież też służy eksploracji. Taki człowiek coraz szybciej się przemieszcza, gorączkowo czegoś poszukuje, aż w końcu może dojść do stanu, który w psychiatrii nazywamy pobudzeniem psychoruchowym. Osoba w takim stanie nie może usiedzieć w miejscu. Biega, chodzi. Jej umysł też ciągle jest w ruchu. Jedna myśl jeszcze się nie kończy, a już zaczyna się następna. I kolejna. I kolejna. To tak zwana gonitwa myśli.

Nastrój?

Może być podwyższony, właśnie euforyczny – nazywamy to hipomanią, a jeśli dojdzie do jeszcze większego nasilenia tego stanu i pojawią się urojenia, to będziemy mówili już o manii. Osobie w manii może się wydawać, że jest kimś niesamowitym, że ma jakąś misję posłanniczą do zrealizowania, na przykład musi pojechać do Iranu i przekonać ajatollahów, żeby zrobili dla świata coś innego, niż robią. Kiedyś poznałem człowieka, który w manii chciał założyć poradnię dla osób z zaburzeniami psychicznymi. Wynajął ogromny, drogi obiekt, zaprosił do współpracy lekarzy. Początkowo robił świetne wrażenie, nikt niczego nie podejrzewał do momentu, w którym zdecydował się, żeby zatrudnić kabaret.

Po co?

Żeby rozśmieszał chorych na depresję. Tak się jego umysł rozpędził. Szybko okazało się, że na to całe przedsięwzięcie go nie stać.

Impulsywne, niekontrolowane zachowania to chyba część manii?

Tak. Ludzie się zadłużają, wydają pieniądze bez umiaru, podróżują. Podwyższone jest też wtedy libido, więc mogą wchodzić w kontakty seksualne, które później miewają różne konsekwencje. Przy jeszcze większym pobudzeniu tego układu urojenia zaczynają dominować i człowiek w ogóle traci kontakt z rzeczywistością.

Ten „lot" zawsze kończy się depresją?

Tak jest w zaburzeniach afektywnych dwubiegunowych – po manii przychodzi depresja.

Depresja lub stan dysforyczny to przeciwieństwo euforii.

Freud uważał, że depresja bierze swój początek w stracie – kogoś albo czegoś. To może być inny człowiek, ale też jakieś wyobrażenie o sobie, o świecie, które legło w gruzach. Człowiek w depresji jest tak związany myślami i uczuciami z tą stratą, że przestaje mieć miejsce na cokolwiek innego. Świat, inni ludzie go nie interesują. Proces wychodzenia z depresji, niezwykle bolesny, polega na tym, żeby te uczucia i emocje oderwać od utraconego obiektu i żeby one wróciły do nas samych. Wtedy będziemy mogli znów w coś się zaangażować. Panksepp pisał z kolei, że najważniejszym elementem leczenia depresji jest pojawienie się nadziei. Nadziei na to, że może być inaczej. I ta budząca się nadzieja jest niczym innym jak budzeniem się systemu „seeking", poszukiwania. Zalążkiem euforii.

Istnieją ludzie, którzy mogą nie mieć dostępu do euforii przez całe życie?

Wiele osób żyje z dystymią, czyli takim rodzajem depresji, który nie jest bardzo nasilony. Jakoś funkcjonują, pracują, uczą się, wykonują swoje obowiązki, zakładają rodziny, ale nie są w stanie odczuwać przyjemności. Są przygnębieni, żyją zmartwieniami. Część z nich nawet nie zdaje sobie sprawy, że coś ich w życiu omija.

Dystymię się leczy?

Jak najbardziej. Tak jak depresję.

Z drugiej strony są osoby, które wydają się bez przerwy zadowolone, nawet w lekkiej euforii, choć nie można powiedzieć, żeby ich stan był patologiczny.

Myślę, że optymiści tak mają. Czy też – niepoprawni optymiści, którzy nie do końca uwzględniają rzeczywistość. Zawsze się im wydaje, że jest lepiej. Nie wiemy wciąż, dlaczego jedni mają tak, a inni inaczej, współgrają tu ze sobą czynniki genetyczne, środowiskowe, kultura. Natomiast, z całą pewnością możemy już stwierdzić, że dziecko, które ma więcej akceptacji, więcej poczucia bezpieczeństwa, będzie chętniej eksplorować rzeczywistość niż dziecko, które tego nie ma.

Mówi pan o tak zwanej bezpiecznej więzi?

Tak. Bezpieczna więź z rodzicami sprawia, że świat jawi się dziecku jako ciekawy, wart poznania i w gruncie rzeczy bezpieczny, bo ono to bezpieczeństwo ma w sobie. Takie dziecko swobodnie bada to, co na zewnątrz, ale też to, co się dzieje w jego wewnętrznej przestrzeni psychicznej. Później jest też gotowe do tego, żeby tych rodziców opuścić, w sensie usamodzielnić się i iść w świat, bez poczucia winy. Jeśli natomiast w tej wczesnej relacji jest dużo lęku, braku wsparcia, a dziecko nie jest widziane ze swoimi uczuciami, to najprawdopodobniej będzie bardziej wycofane. Taki człowiek nie będzie chciał eksplorować, otwierać się na nowe doświadczenia. Będzie trwał przy figurze przywiązania, choćby emocjonalnie, mając do niej jednocześnie dużo pretensji, co z kolei będzie generowało w nim dużo negatywnych emocji, dysforycznych.

Czyli jego dostęp do przyjemności będzie ograniczony?

Może być. Niezależnie od tego, czy będzie miał rok, pięć lat, piętnaście czy sześćdziesiąt.

Ale styl przywiązania to jedno. Kształtuje nas również kultura. Podzielę się z panią takim spostrzeżeniem. Jeśli dziecko ma zaspokojone poczucie bezpieczeństwa i zaczyna badać rzeczywistość, budzi się w nim jeszcze jeden system, który Panksepp nazwał systemem „play", zabawy. Zabawa jest niezwykle ważna dla rozwoju, bo w bardzo przyjemny sposób, czasem właśnie euforyczny, prowadzi do przyswojenia mnóstwa zachowań koniecznych do przeżycia w dorosłości.

Małe zwierzęta roślinożerne bawią się na przykład tak, że wykonują skoki, ćwiczą uciekanie. Zwierzęta drapieżne bawią się w polowanie, małe kotki bez przerwy na coś polują. Mali ludzie natomiast poprzez zabawę ćwiczą interakcje społeczne. Odgrywają najrozmaitsze życiowe scenariusze i zdobywają w ten sposób wiele nowych kompetencji. Jest zabawa w dom, w szukanie się, zabawa polegająca na rywalizacji, na rozwiązywaniu konfliktów, samodzielna, grupowa itd.

Problem polega na tym, że dzisiaj dzieci mają niezwykle zredukowany czas na spontaniczną zabawę. Nacisk kładzie się głównie na ich intensywny rozwój poznawczy, na przyswajanie wiedzy.

Zabawa postrzegana jest jako strata czasu?

A już takie zabawy, które są związane z intensywnym kontaktem fizycznym, jak siłowanie się, przewalanie, „bójki", w ogóle są źle widziane, chociaż stanowią cenne źródło informacji o granicach własnych, cudzych, obniżają lęk społeczny, a poza wszystkim są przyjemne.

Tracąc zabawę, dzieci moim zdaniem tracą również okazję do doświadczania zdrowej euforii.

Jakie mogą być tego konsekwencje?

Przeprowadzono doświadczenia na chomikach. Pozbawiono je możliwości zabawy, a później badano ich korę czołową, a więc tę strukturę, która u człowieka odpowiada za funkcje kontrolne, decyzyjne, także za refleksyjność i empatię. Okazało się, że bez zabawy ten obszar mózgu się nie kształtuje.

Jak to?

To znaczy neurony w tym miejscu mają bardzo dużo rozgałęzień i połączeń, ale nie są w odpowiednich miejscach, co oznacza, że w tym obszarze nie powstają dobrze wymodelowane szlaki neuronalne.

Mówiąc prościej – bez zabawy mamy zachwaszczony ogród, gdzie rośnie dosłownie wszystko, ale gdzie w gruncie rzeczy nie da się niczego wyhodować. Zabawa jest w jakimś sensie pielęgnacją tego ogrodu. Powoduje, że szlaki neuronalne, a za nimi nasze wewnętrzne dyspozycje – do kontroli, podejmowania decyzji, wczuwania w innych – dobrze się formują.

Gdy pytam dziś osiemnasto-, dwudziestolatków, co jest dla nich najważniejsze, to często słyszę: „Dobrze się bawić". Zwykle mówią to osoby, które nie miały możliwości wcześniej zaspokoić głodu zabawy i w których ten głód jest wciąż żywy.

Jak go teraz zaspakajają?

Najczęściej sztucznie. Przyjmując środki psychoaktywne, ostro imprezując, stymulując się.

Ale czy nie zawsze tak było? Młodzi ludzie eksperymentują.

Ja bym powiedział, że dziś jest w tym jakiś element desperacji. I konsumpcja tych używek nie była jednak tak duża jak dzisiaj.

Osiemnasto- czy dwudziestolatek, który w dzieciństwie wybawił się tyle, ile należy, inaczej traktuje te eksperymenty?

Myślę, że bardziej potrafi korzystać z doświadczeń, które przynoszą mu radość i przyjemność, a niekoniecznie wynikają ze stymulacji za pomocą substancji. Nawet jeśli po nie sięga, to nie są one tak ważne, bo wie, że euforię mogą mu dać też inne rzeczy – obcowanie z ludźmi, z kulturą, sztuką, podróżowanie, przyroda, jakieś zainteresowania, które rozwinął, wysiłek fizyczny. Sprawdził to.

Jak już rozmawiamy o kulturze, to warto pamiętać również, że różne procesy społeczne mogą wpływać na to, co będziemy czuć.

Bo emocje są społeczne.

Czyli różne bodźce zewnętrzne, różne procesy i narracje mogą je uruchomić. I nimi sterować. Na przykład strachem, ale też właśnie euforią.

Najlepiej to widać w momentach przełomowych dla danego społeczeństwa, co się wtedy dzieje z ludźmi. I łatwo sobie wyobrazić taką sytuację, w której system poszukiwania zostaje w ludziach wzbudzony do tego stopnia, że całe społeczeństwo zaczyna żyć jakimiś fantazjami, urojeniami.

Na przykład dotyczącymi własnej wielkości?

Na przykład.

Panksepp twierdził, że poszukiwanie nie jest moralne. Ono może służyć moralnym rzeczom, pomocy innym ludziom na przykład, tworzeniu więzi, tworzeniu dzieł sztuki, ale samo w sobie jest amoralne, bo jednym z elementów poszukiwania jest również polowanie, drapieżnictwo. I ono także bywa, niestety, niezwykle przyjemne. Proszę sobie wyobrazić grupę ludzi, która pod wpływem jakiejś narracji z zewnątrz czuje się uprawniona do skierowania swoich nienawistnych uczuć na inną grupę ludzi. Zacierają ręce, zwierają szyki, mówią: „No to teraz im pokażemy!". Jest w tym energia, jest w tym zaciekłość i jest euforia.

Do tej pory myślałam o euforii jako o czymś pozytywnym.

Mogę pani pokazać zdjęcia z internetu, choćby na Facebooku, które dobrze to pokazują: na ziemi leży dwadzieścia zastrzelonych ptaków, osiemnaście lisów, wokół stoją myśliwi uśmiechnięci od ucha do ucha. Drapieżnictwo bez wątpienia wzbudza euforię tak, jak sprawianie bólu innym, patrzenie na cudze cierpienie. Najprawdopodobniej jest w nas głęboko zakorzenione. Jako gatunek wyewoluowaliśmy tak, że jedne grupy napadały na inne, mordowały je, przejmowały ich zasoby i pewnie czerpały z tego przyjemność. Łatwo jest więc tę część w nas stymulować, odwołując się przy tym do jakichś wyższych „wartości", „celów", „misji", do tego, że tak naprawdę „zaprowadzamy ład i porządek na świecie".

Nie wszyscy się na ten rodzaj zbiorowej euforii łapią.

To zależy od umysłu człowieka. Od tego, czy rozumie emocje, potrafi je nazwać, pomyśleć o nich, zatrzymać się. Jeśli nie, jeśli jego kora przedczołowa, która odpowiada za krytyczne myślenie i refleksję, jest słabiutka, to emocje mogą całkowicie zdominować jego myślenie. Mogą też tworzyć urojenia albo idee nadwartościowe.

Idee nadwartościowe?

To coś na pograniczu urojeń, na przykład ktoś podkłada bombę, zabija kilkadziesiąt osób i twierdzi, że robi to w imię „większego dobra". Każda zbrodnicza ideologia, która uzasadnia przemoc, opiera się na ideach nadwartościowych.

Ten, kto powie: „a ja się nie zgadzam", „myślę inaczej", będzie psuł pozostałym uczucie euforii.

Ale przecież zbiorowa euforia, udzielona, nazwijmy ją, może być też czymś bardzo pozytywnym. Myślę o koncercie, o jakimś widowisku sportowym.

Na pewno, ale tu już mówi pani o pewnej konwencji. Umawiamy się, że w tej wspólnej przestrzeni będziemy razem coś przeżywać, halucynować, bratać się, wzruszać, płakać, że granice między nami będą trochę zatarte. Ale to się odbywa w pewnych ramach, trochę „na niby". I to jest w porządku. Poczucie wspólnoty jest bardzo ważne. Wspólne iluzje też są bardzo potrzebne. I wydaje mi się, że sytuacja, w której znaleźliśmy się dzisiaj, nie tylko w Polsce, pokazuje, że w pewnym momencie tych wspólnych iluzji zabrakło i z czasem ich miejsce wypełniono straszną ideologią.

Jak by pan ją nazwał?

Stymulacją drapieżnictwa? Partykularnych interesów? To jest tylko i wyłącznie walka o zasoby.

A przecież można sobie wyobrazić, że kultura wzmacnia to, co w człowieku dobre, nie to, co okrutne. Ukierunkuje go na przykład na czerpanie przyjemności z pomagania innym, na euforię płynącą z rozumienia drugiego człowieka, z empatii.

Chciałam na koniec zapytać pana o „euforię umierających". Podobno zdarza się, że tuż przed śmiercią ludzie doświadczają takich stanów.

Nie wiem, czy o tym mówić... Wierzę, że stan euforyczny w takich okolicznościach jest możliwy. Wie pani, kiedyś straciłem przytomność i upadając, uderzyłem głową w stół. Jak się ocknąłem, przez pewien czas nie czułem bólu, czułem się za to niezwykle przyjemnie. Coś takiego aktywowało się w mojej głowie, co mnie absolutnie euforyzowało.

Zastanawiam się, czy czytelnicy nie będą chcieli teraz tego naśladować.

No więc nie wiem, czy jest sens w ogóle o tym pisać...

Czuję, że ten przykład nas dokądś doprowadzi.

W każdym razie leżałem na podłodze, nie byłem w stanie się podnieść i miałem taką myśl, że jakbym teraz umarł, to nic wielkiego by się nie stało. Było mi po prostu przyjemnie.

Wydaje mi się, że w takich granicznych sytuacjach, na przykład dużego szoku, stresu, bólu czy właśnie przed śmiercią, mózg może produkować substancje euforyzujące po to, żeby człowiek lepiej tę swoją sytuację znosił. Prowadzi to do tak zwanej dysocjacji. Człowiek poddany ekstremalnym bodźcom zamyka się w świecie, który jest przyjemny, po to, żeby oddzielić się od rzeczywistości.

Czyli mózg sam go znieczula?

I wprowadza w stan euforii. Neuropsycholog Allan Schore tak twierdził.

Ludzie z tego powodu między innymi się tną. Zadają sobie ból, to wyzwala dysocjację, po czym przestają czuć ból z cięcia, też ból psychologiczny, i robi im się miło. Można się od tego uzależnić.

Kiedyś rozmawiałem z osobą, która kilka miesięcy spędziła w śpiączce. Opowiadała mi, że przez znaczną część tego czasu czuła się świadoma. Miała poczucie, że przebywa w różnych miłych miejscach, najpierw na łonie przyrody, potem już w szpitalu, ale że cały czas to był dla niej bardzo przyjemny stan. Czyli mózg musiał produkować substancje, które pozwalały jej jakoś tę sytuację unieruchomienia przetrwać.

Ale czy na tej podstawie można wyciągnąć wnioski, że tu chodzi tylko o mózg?

W sensie, że to tylko mózg nas tak oszukuje?

Czy też w tych granicznych sytuacjach uchyla się jakiś inny rodzaj percepcji? Ludzie, którzy mają światopogląd religijny, widzą w tym często pewną nadzieję dla siebie, że to nie koniec, okno na transcendentną rzeczywistość. Myślę, że dla tych ludzi to jest ważna interpretacja tego rodzaju euforii.

Ja słyszałam z kolei o osobach śmiertelnie chorych, które po otrzymaniu diagnozy nieoczekiwanie doświadczały euforii. Twierdziły, że wreszcie czują się wolne od różnych oczekiwań, od presji.

Wierzę, że zetknięcie z czymś tak ostatecznym może człowieka w stan euforii wprowadzić, że człowiek wtedy wreszcie dotyka czegoś, co jest dla niego naprawdę ważne, co do tej pory od siebie odsuwał, i stąd może się brać jego siła, radość, chęć zrobienia czegoś, przed czym zawsze się bronił, a co nada jego życiu sens.

Natomiast wyobrażam sobie, że może być inaczej, że w takiej sytuacji może się pojawić coś, co psychoanalitycy nazywają obroną maniakalną.

Jak to może wyglądać?

Ktoś dostaje bardzo trudną informację, na przykład właśnie, że jest śmiertelnie chory. Jest przygnębiony, w depresji, ale za wszelką cenę chce tym uczuciom zaprzeczyć, więc wpada w przesadną wesołkowatość, w zabawę.

Podręcznikowy przykład to historia pewnego chłopca, który wraca po szkole do domu i znajduje matkę w bardzo złym stanie. Jest w takim szoku, że zamiast sprowadzić pomoc, wyjmuje pieniądze z jej torebki, wychodzi z domu i kupuje sobie różne rzeczy, stawia kolegom. Ta sztuczna euforia ma zagłuszyć rozpacz, która w nim tak naprawdę jest.

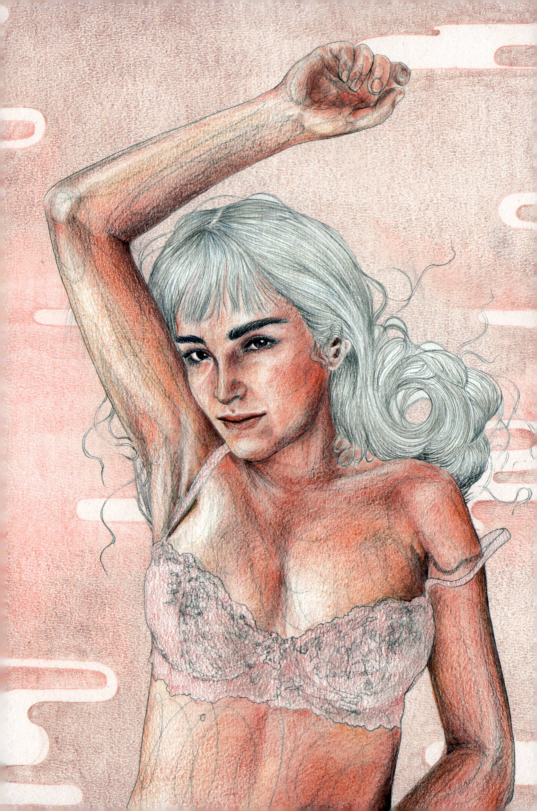

Są osoby, które "płoną" wyłącznie dzięki temu, że wyobrażają sobie, jak by to było cudnie, gdyby mnie całował, siedzielibyśmy nad jeziorem, trzymając się za ręce, i patrzyli na wieczorną mgłę unoszącą się nad wodą. To im wystarcza, żeby się czuły na haju. Bo najistotniejszą cechą namiętności jest odrealnienie drugiej osoby.

Niektórzy, zamiast wdawać się w romans, mówią: "Lepiej polatam na paralotni, po co mam sobie rozwalać fajny związek?". Ale są też tacy, którym żadna paralotnia tego strzału dopaminowego nie da, bo romans załatwia im coś jeszcze.

Są ludzie, którym się ciągle miesza namiętność z miłością, i kiedy ta pierwsza się kończy, a nic innego nie zostało zbudowane, to kończy się i ta druga.

GDY TRAFIA CIĘ NAGLE PIORUN SYCYLIJSKI

Rozmowa z **Andrzejem Depko**

Spotkałam ostatnio znajomą. Na pytanie, co słychać, odpowiedziała, że płonie żywym ogniem namiętności. Zainteresowało mnie, co przez to rozumie, ale była w stanie rozmawiać jedynie o tym, jaki obiekt jej namiętności jest wspaniały. Dlatego postanowiłam zwrócić się z tym pytaniem do pana.

W potocznym rozumieniu często namiętność utożsamia się z seksualnością. Z pożądaniem. A to nie to samo.

Jaka jest różnica?

Pożądanie jest formą specyficznych napięć w organizmie, wynikających ze zjawisk zachodzących w układzie nerwowym i hormonalnym, które mogą zostać rozładowane tylko w formie aktywności seksualnej. Ze stałym partnerem albo, jeśli jest się singlem czy singielką, z kimś, kto spełnia pewne „kryteria brzegowe", czyli jest dla nas atrakcyjny seksualnie. Potencjalnie takich osób może być więcej niż jedna. Natomiast namiętność jest czymś innym. Po pierwsze, to są emocje, często silne, gwałtowne, które wcale nie muszą być pozytywne, bo można namiętnie i zazdrościć, i nienawidzić. Po drugie, namiętność nakierowana jest na jeden konkretny obiekt. Jest w niej wpisana wyłączność.

Jak powiedział kiedyś profesor Wojciszke, odrzucona namiętność może prowadzić nawet do samobójstwa, a jeśli ktoś odmawia nam seksu, raczej to się nie zdarzy.

Właśnie.

Ten obiekt musi być realny?

Nie może być postacią fikcyjną. Ale już aktor, o którym wiemy na przykład, że kocha psy, uprawia ten sam sport, co my, i wygląda tak, że nam się w środku wszystko roztapia – ujdzie.

Ale czy w namiętności nie chodzi ostatecznie o to, żeby ją skonsumować?

Generalnie dąży się do tego, by być blisko z obiektem namiętności, dotykać go, patrzeć mu w oczy, pieścić itd. Ale to dążenie może rozgrywać się też w naszej głowie. Są osoby, które „płoną" wyłącznie dzięki temu, że wyobrażają sobie, jak by to było cudnie, gdyby mnie całował, siedzielibyśmy nad jeziorem, trzymając się za ręce, i patrzyli na wieczorną mgłę unoszącą się nad wodą. To im wystarcza, żeby się czuły na haju. Bo najistotniejszą cechą namiętności jest odrealnienie drugiej osoby.

Czyli?

Gdyby teraz, tak jak tu siedzimy, trafił w nas nagle „piorun sycylijski", to nie widziałbym pani takiej, jaka jest – z pani zaletami, ale również wadami – tylko swoją projekcję: tę najpiękniejszą, najmądrzejszą, najseksowniejszą istotę stąpającą po ziemi.

Czyli ten „piorun sycylijski" nie trafia w nas nie wiadomo skąd, tylko raczej idzie ze środka?

Można tak powiedzieć… Choć precyzyjnie byłoby powiedzieć tak: dociera do nas wiele bodźców, mózg je analizuje i albo zostaje wywołany poziom fascynacji, wtedy wali w nas grom, albo nie.

Co więcej, zdarza się, że my nawet nie musimy wiedzieć, jak ten nasz obiekt fascynacji wygląda. Ona się może zrodzić na przykład z korespondencji w internecie, co pokazuje, jak plastyczny jest nasz mózg. Powiedzmy, że spotykamy się na czacie i zaczynamy wymieniać poglądy. Nagle okazuje się, że myślimy podobnie! Pada jedno słowo klucz, drugie słowo klucz – jakieś zdanie, myśl, która ma dla pani specjalne znaczenie – i nagle rodzi się ekscytacja: „On czuje, patrzy na świat tak jak ja!". Powtarza się to raz, drugi i już zaczyna pani budować mój wizerunek, który może się nijak mieć do rzeczywistości, a namiętność zaczyna kiełkować. Bo widzi pani to, co chce widzieć.

I długo się potem chodzi z taką tykającą bombą w środku?

Wszystko zależy od indywidualnych predyspozycji. Od tego, jak ten scenariusz się dalej rozwinie. Czy namiętność zostanie zrealizowana? Czy się przerodzi w związek? Jedni są w szponach namiętności przez miesiąc, inni pół roku, jeszcze inni dwa lata. Ale natura namiętności jest taka, że ona prędzej czy później wygasa.

Nie ma wyjątków?

Nie ma. Taka jest w ogóle natura emocji. Zawsze się kończą. W stałych związkach namiętność przeradza się w intymność, w zaangażowanie. I to one stają się fundamentem relacji. Przy tym można mieć superseks, pożądać się, ale już bez namiętności. Natomiast są ludzie, którym się ciągle miesza namiętność z miłością, i kiedy ta pierwsza się kończy, a nic innego nie zostało zbudowane, to kończy się i ta druga.

Profesor Wojciszke porównał kiedyś namiętność do lawiny. Ja bym powiedział, że ona przypomina zdobywanie Everestu. Najpierw jest ostre podejście na szczyt, czyli silne, gwałtowne emocje. Zakładamy pierwszą bazę, potem drugą, czwartą, stawiamy chorągiewkę na szczycie, a potem jest gwałtowny zjazd w dół, powiedzmy, na poziom bazy drugiej. Trochę się w tej bazie posiedzi, ale później przychodzi kolejny zjazd. Tyle że tym razem zjeżdżamy poniżej poziomu pierwszej, wyjściowej bazy, do samego podnóża góry. Wtedy pojawia się coś na kształt depresji, poczucie braku, deficytu. Na szczęście to jest przejściowe, na końcu organizm wraca do stabilizacji.

Ta depresja z czego wynika? Z urealnienia?

Tak. Ale to urealnienie nie tyle jest związane z tym, że obiekt namiętności okazał się jednak człowiekiem, a nie postacią z marzeń, lecz raczej z wysiłku, który poczynił nasz organizm. Cechą organizmów żywych jest to, że zawsze dążą do równowagi, więc jeśli kogoś trafia piorun i zaczyna iść ostrą święcą w górę, spalając się w tym ogniu miłości, to w pewnym momencie organizm wymusi na nim powrót na ziemię, żeby wyrównać ten ogromny wydatek energetyczny.

Co się dzieje w mózgu człowieka, który "płonie"? Wielu mówi w takiej sytuacji, że kompletnie stracili głowę. Jak się ich obserwuje, to rzeczywiście tak to wygląda.

W układzie nerwowym mamy taką strukturę, która się nazywa układem nagrody. To układ związany m.in. z kontrolowaniem emocji. W układzie nagrody dominującym neuroprzekaźnikiem, czyli substancją, która odpowiada za prędkość przewodzenia bodźców w mózgu, jest dopamina, molekuła szczęścia, która daje nam motor do działania, doładowuje nas. Jej chemiczna natura jest taka, że aktywizuje też inne układy, na przykład nadnercza, stąd przyspieszone bicie serca, przyspieszony oddech towarzyszący różnym namiętnym porywom. Kiedy wchodzimy w ten stan, dopamina się uaktywnia i dosłownie zalewa nasz mózg. Nasz układ nagrody się w niej kąpie.

Brzmi pięknie. Tylko zdaje się, iż ta kąpiel sprawia, że przestaje się widzieć wszystko poza tą jedną osobą.

Tak, ma się zawężone pole świadomości, ale ma się też pasję, motywację do działania taką, że można góry przenosić. Spada zapotrzebowanie na sen, jeść też w sumie nie trzeba, cały organizm jest doenergetyzowany. Odczuwa się szczęście, kiedy się jest obok tej osoby, ale i cierpienie, kiedy się jest daleko.

Trochę jak w uzależnieniu.

Nie trochę, tylko tak samo, bo układ nagrody jest tym samym układem, który odpowiada za uzależnienia. Jeżeli jesteśmy w fazie namiętności, w której dosłownie żyć bez siebie nie możemy, to na przykład tygodniowy wyjazd w delegację naszego ukochanego powoduje, że czujemy się jak alkoholik, którego pozbawiono alkoholu. Cierpimy na dolegliwości związane z odstawieniem. U większości to się w końcu wycisza, ale są osoby, właśnie te ze skłonnością do uzależnień, które się również uzależniają od namiętności. Cały czas potrzebują tego dopalacza.

I skąd go biorą?

Jak kończy się jedna namiętność, szukają następnej. Albo mają partnerkę, która zaspokaja ich wszelkie wyobrażenia tego, jak powinien wyglądać dom, ale wdają się w kolejne romanse na boku. To są osoby, które cały czas potrzebują dodatkowej stymulacji. Bo stała dobra relacja daje im poczucie przywiązania, spokoju i tu się wydzielają inne neuroprzekaźniki, jak oksytocyna i trochę endorfin, ale za szaleństwo odpowiada dopamina, a tacy ludzie nie mogą bez niej żyć.

Nie mogliby sobie w jakiś inny sposób tej dopaminy dostarczać?

Niektórzy to robią. Skaczą na bungee, latają na paralotniach, jeżdżą na ścigaczach, biegają ultramaratony. Uzależnienia behawioralne też stymulują układ nagrody.

Romans i skok na bungee to naprawdę to samo?

Oczywiście mózg czuje różnicę, bo kora mózgowa ma zdolność do analizowania, ale jeśli chodzi o to, jak to działa na organizm człowieka, różnicy w sumie nie ma.

Proszę pamiętać, że mamy jeszcze jedną bardzo ważną strukturę w mózgu – kontrolę rozumową tego, co robimy. I są osoby, które z niej korzystają. Zamiast wdawać się w romans, mówią: „Lepiej polatam na paralotni, po co mam sobie rozwalać fajny związek? Może i on jest letni, ale w wielu innych obszarach daje mi bardzo wiele, a kopa dam sobie w inny sposób". Jednak są też tacy, którym żadna paralotnia tego strzału dopaminowego nie da, bo romans załatwia im coś jeszcze – na przykład niską samoocenę. Dzięki niemu się dowartościowują. Są także tacy, którzy w mózgu mają za mało innego neuroprzekaźnika – serotoniny, która w przeciwieństwie do dopaminy spowalnia reakcje. Tacy się urodzili. To są zwykle osoby, u których słabo działa układ hamowania i które mają predyspozycje do działań impulsywnych, nierozważnych. Rzadko przewidują konsekwencje swoich działań. A jak jeszcze do tego mają skłonność do uzależnień, to już w ogóle o żadnym hamowaniu nie ma mowy.

Nie dałoby się jakoś farmakologicznie wspomóc kogoś, kto tak kompulsywnie przechodzi od jednej namiętności do drugiej?

Nie ma tabletek na wyleczenie z namiętności... Chociaż moglibyśmy w takich przypadkach podawać nalokson. To taki lek, który przerywa wydzielanie dopaminy. Ale w psychiatrii się go nie stosuje. Tylko m.in. w anestezjologii, podczas znieczulenia.

Czyli jedynym sposobem, by kogoś wyleczyć z chorobliwej namiętności, byłoby całkowite odcięcie go od czucia?

Teoretycznie tak. Pamiętam, że nawet kiedyś były prowadzone takie rozważania wśród lekarzy psychiatrów, czyby nie można naloksonem przerywać podobnych stanów, ale na rozważaniach się skończyło.

Zdarzają się też osoby z przeciwnego bieguna. Racjonalne, rozsądne. Dla nich samych namiętność jest zaskoczeniem. Przychodzi nagle, nie wiadomo skąd,

na przykład po dwudziestu latach stabilnego związku. One nie poznają wtedy samych siebie, tak szaleją z „miłości".

Zdarza się, że to trafia na moment kryzysu w ich życiu. Być może są to ludzie sfrustrowani aktualną relacją. Może dopadły ich jakieś lęki egzystencjalne, na przykład związane ze starzeniem się albo z tym, że „przecież ich życie miało być takie udane". Niektórzy cierpią na syndrom „zamykających się drzwi". Mają poczucie, że na pewne rzeczy już za późno... No i nagle pojawia się ktoś, kto przywraca takiemu człowiekowi wiarę, że on jeszcze coś może, że może się tak czuć. On nawet nie musi sam aktywnie tego szukać, ale jest w nim pewna gotowość, z której on sobie nawet nie zdaje sprawy.

I nagle jedzie na wyjazd integracyjny...

...albo na wakacje. Albo spotka kogoś w pracy. Albo usiądzie samotnie w kawiarni nad kubkiem kawy... I nagle naprzeciwko niego siada ktoś, kto mu zagląda głęboko w oczy – bo trzeba pamiętać, że patrzenie głęboko w oczy bardzo sprzyja rodzeniu się namiętności – zaczyna coś do niego mówić i on nagle zdaje sobie sprawę, że ma jakąś głęboką potrzebę. I znów różne czynniki osobnicze zadecydują o tym, czy namiętność się urodzi i co on z nią zrobi.

U niektórych się ona uruchamia, ale nic z tym nie robią, wolą wzdychać. Obiekt może nawet o tym nie wiedzieć.

Zdarza się i tak, bo dołącza się wiele kalkulacji. Możliwość pierwsza: jeśli pokażę mu swoją namiętność, a on nie będzie zainteresowany i mnie odrzuci, to będę cierpieć. Druga możliwość: pokażę mu swoją namiętność, on ją odwzajemni, popłyniemy, rozwalę swój związek, ale być może on swojego nie rozwali? Trzecia: popłyniemy, ja rozwalę swój związek, on rozwali swój, ale potem okaże się, że nam się nie układa, bo mieliśmy różne oczekiwania. W związku z tym są osoby, które czują namiętność, ale kontrola rozumowa jest na tyle silna, że rozsądek bierze górę nad emocjami.

I co się z tego ma?

Też dopaminowy haj. Swoją namiętność karmi się w wyobraźni. Z jednej strony jest się niezmiernie szczęśliwym. Z drugiej – niezmiernie nieszczęśliwym, bo odciętym od obiektu. Nie można go przytulić, powąchać.

I później, jak ta namiętność umrze, a jak wiadomo, jest to nieuchronne, to co się czuje do tej osoby?

Jeśli się jej nie zrealizowało – obojętność. Ewentualnie – nutkę sympatii. Jeśli zostaliśmy odrzuceni, namiętność może się przerodzić w nienawiść.

Jest jakaś różnica w tym, jak przeżywają namiętność kobiety, a jak mężczyźni?

Oczywiście, bo nasze mózgi są różnie zbudowane. W życiu płodowym na męski mózg działa znacznie więcej testosteronu niż na kobiecy, w związku z czym wykształcają się różne predyspozycje. Na przykład wy macie lepszą komunikację między półkulami i zakres emocji u was jest bardziej intensywny. Ale kontrola rozumowa zachodzi u was wolniej.

Nie jestem pewna, czy mnie pan teraz nie obraża...

To znaczy, że jak na przykład będziemy razem płynąć pontonem rwącą rzeką i nagle wlecimy do wody, to pani ma większą szansę wpaść w panikę, a ja mam większą szansę powiedzieć: „Uspokój się. Zaraz sobie poradzimy". Mężczyźni mają większą tendencję do dystansowania się, rozumowego analizowania oraz kontroli emocji.

Czyli na przykład stwierdzenie: nie opłaca mi się ta namiętność, za dużo zachodu – to bardziej męskie podejście? A kobieta prędzej skoczy na główkę do pustego basenu?

Mężczyzna prędzej najpierw przeanalizuje, czy mu się to opłaca. Kobieta prędzej najpierw zadziała.

Czy to znaczy, że jak mężczyzna nie będzie mógł zrealizować namiętności, to ona szybciej u niego wygaśnie? Czy podobnie jak kobieta będzie w stanie przerabiać ją tylko we własnej głowie, powiedzmy, przez pół roku, mimo wszystko?

U mężczyzny ta niemożność będzie raczej wywoływała frustrację, która będzie się przejawiać w dziwnych zachowaniach, na przykład w tym, że będzie się wyżywał na swoich pracownikach albo będzie opryskliwy dla bliskich. Kobieta może się zachowywać podobnie, ale równie dobrze może nic nie dać po sobie poznać. Albo wręcz stać się wyjątkowo miła i ugodowa wobec najbliższych.

Przede wszystkim jest to jednak związane z typem osobowości, a nie z płcią. Jak dana osoba w ogóle radzi sobie z sytuacjami trudnymi? Czy one ją napędzają, motywują, czy powodują, że ona się w sobie zapada?

Jest też typ osób, które kompletnie sobie nie radzą z odrzuconą namiętnością, mają słabe mechanizmy hamujące, czyli szlak serotoninergiczny jest u nich słabszy – to tzw. stalkerzy.

Jak to się dzieje, że jedne osoby aktywizują w nas namiętność, a inne nie? Wróćmy do tego mężczyzny, który siedzi sam nad kubkiem kawy w kawiarni. Ma w sobie gotowość do namiętności, z której nie zdaje sobie sprawy. Pojawia się dziewczyna, która zagląda mu w oczy, i nagle trafia go piorun. Dlaczego akurat ona? Chyba nie dlatego, że jest podobna do jego matki?

Może tak być, dlaczego nie? A może przypomina mu kogoś z przeszłości, kto takie uczucia w nim kiedyś wzbudził? Może jest w jego typie, jak to się mówi, bo ma taki biust, taką budowę ciała, która go kręci? Albo przypomina mu dziewczynę z internetu, przy której wielokrotnie się masturbował? Albo wydziela feromony, których tak naprawdę nie czuć, ale które na niego podświadomie działają. Czasami spotykamy kogoś, jeszcze słowa z nim nie zamienimy, a już czujemy do niego nieuzasadnioną sympatię. U jednych fascynację wywoła mailowanie, u innych rozmowa w kawiarni, u jeszcze innych wymiana spojrzeń albo wspólna pasja.

Z tą wspólną pasją to chyba czasem jest kłopot, bo może dojść do tzw. przeniesienia silnych emocji. Na przykład wspinam się z kolegą po górach, doznaję przy tym silnego pobudzenia i nagle się okazuje, że pałam do niego wielką namiętnością. Ale nie dlatego, że „dwie połówki idealnie do siebie pasują", tylko dlatego, że mój mózg mnie oszukał i wydaje mi się, że to mój kolega jest źródłem mojego pobudzenia, a nie wspinaczka. Eksperymentów, które by tego dowodziły, jest mnóstwo.

Zgadza się. Znane jest to, że wspólnie przeżyte negatywne doświadczenia, na przykład porwanie samolotu, napad na bank, czy budzące dużo emocji, jak wspólne uprawianie sportów ekstremalnych – sprawiają, że ludzie się do siebie zbliżają. Ale to jest działanie krótkotrwałe, bo oparte na dużych emocjach. Wie pani, ja za każdym razem, kiedy mijam wiadukt w Stańczykach, lubię sobie popatrzeć na pary, które przychodzą tam skakać na bungee. I ilekroć tamtędy jadę, kusi mnie, żeby tam jakieś badania seksuologiczno--psychologiczne przeprowadzić.

A co się tam takiego dzieje?

Przychodzi para. Obsługa wpina ją we wspólną uprząż, a potem skaczą w dół. Na początku jest okrzyk przerażenia, poziom negatywnych emocji sięga zenitu. Ale potem, kiedy wyhamowują, to najpierw krzyczą z radości, a potem zaczynają się namiętnie całować. I nie mogą przestać. Nawet jak już leżą na ziemi, jak przychodzi ekipa, żeby ich odpiąć, dalej się całują. To niesamowity widok. Świata poza sobą nie widzą.

I jakie by pan tam badania z chęcią przeprowadził?

Po pierwsze, jestem ciekawy, na jakim etapie związku przychodzą i skąd ta potrzeba. Po drugie, na ile im kortyzol skacze, czyli hormon odpowiedzialny za stres. Co każde czuje, kiedy spadają z tego wiaduktu, a co kiedy już leżą na ziemi? Czy w ogóle zdają sobie sprawę, że to się już skończyło?

A ja się teraz zastanawiam, czy taki skok nie mógłby być alternatywą dla terapii par w kryzysie. Żartuję, oczywiście.

Zależy, z czym ta para ma problem, bo jeżeli są na etapie wzajemnego ranienia się, jeśli każda interakcja jest rozczarowująca i nie można dojść do jakiegoś konsensusu, to może takie jednorazowe silne przeżycie spowodowałoby jakąś pozytywną zmianę w ich relacji, ale na krótko. Za chwilę wahadło by się wychyliło w drugą stronę, a te wszystkie problemy, które pozostały nierozwiązane, wróciły.

Raczej myślałam o tym, że to mogłoby pomóc w sytuacji, kiedy odsunęliśmy się od siebie fizycznie, bo na przykład zrobiło się trochę monotonnie, już nas ten seks tak nie kręci...

Pytanie, dlaczego się odsunęliśmy fizycznie. Czy dlatego, że w ogóle się od siebie odsunęliśmy? Nie ma między nami bliskości? Czy może dlatego, że na przykład mój partner, który wychodzi z założenia, że jest, jaki jest, ze szczupłego, energicznego faceta zamienił się w spasionego amatora piwka i golonki i nie myśli o tym, że jego partnerce wciąż podobają się szczupli faceci?

Są też osoby, które mają bardzo udany seks w związku. Tyle że brakuje im odrobiny tego szaleństwa, co na początku. Właśnie tego, które było napędzane dopaminą.

Bo dopamina karmi wyobraźnię. Dlatego zakochani potrafią się na początku związku kochać „na drągu, w przeciągu, w pociągu". Ale kiedy namiętność się kończy, to i szaleństwo często się kończy. I dla niektórych to jest realny kłopot. Bo na przykład partnerka kiedyś się chętnie kochała w lesie, w przebieralni w domu handlowym albo w samochodzie, a teraz przeszła na budowanie intymności i, owszem, chętnie współżyje, ma superorgazmy, ale w domu. Do lasu już nie chce.

I co z tym fantem zrobić?

Tu wchodzi kolejny wątek – umiejętność porozumiewania się. Czy umiemy powiedzieć, co jest dla nas ważne, na czym nam zależy. Niektórzy nie mówią nic, bo „z góry wiem, jaka będzie twoja reakcja", i sobie kombinują coś na boku. Inni mówią, ale słyszą na przykład: „Nie mogę ci tego dać", i w zależności od swoich predyspozycji żyją z tym bez większego żalu, w imię tego, że: „Fajnie by było to robić z tobą, ale jak nie chcesz, to rozumiem, szanuję to", albo z większym żalem: „Ty tak? Aha, to ja tak". I chodzą z taką ukrytą pretensją.

Powiedział pan, że namiętność zawsze umiera. Ale czy nie może się zdarzyć, za przeproszeniem, „reaktywacja" trupa? Podam przykład. Dziewczyna w wieku lat osiemnastu przeżywa wielką miłość, rozstają się, bo ich związek nie ma przyszłości (mieszkają na różnych kontynentach). Spotykają się przypadkiem po dwudziestu pięciu latach i nagle czują się tak, jakby ten sam piorun strzelił w nich po raz drugi. To możliwe?

Jak najbardziej. W naszym układzie nagrody istnieje coś takiego jak ślady pamięciowe. Kiedy dojrzewamy, różnym naszym stanom emocjonalnym towarzyszy bardzo duży ładunek emocji, które trwale wypalają się na, nazwijmy to, naszym twardym dysku, w mózgu. Wzajemna silna fascynacja w wieku lat nastu może zostawić taki ślad. On może być uśpiony i gdybyśmy się nigdy więcej nie spotkali, dalej by sobie tam spał. No, chyba że spotkalibyśmy kogoś, kto pod względem jakichś cech przypominałby tamtą osobę. To mogłoby wyzwolić podobne emocje, chociaż na pewno słabsze. Natomiast jeśli spotkamy tę wielką namiętność po latach, to gwałtowne emocje mogą odżyć z taką samą intensywnością.

Wszystko też zależy od tego, w jakim stanie emocjonalnym jesteśmy. Bo jeśli właśnie weszliśmy w nowy związek, to nasza namiętność jest już zagospodarowana. Możemy odczuć przyjemność ze spotkania ze starą miłością, ale nic więcej się nie wydarzy. Natomiast jeśli jestem w miłym, stabilnym, ale letnim związku i zetknę się z taką intensywnością, to ona, niestety, może przebić tę moją stabilność i mogę popłynąć.

To wyobraźmy sobie, że ktoś płynie na tej fali, ale po zaspokojeniu namiętności okazuje się, że to jedna wielka pomyłka.

Wtedy ona raptownie się kończy, bo następuje gwałtowne rozczarowanie. Czasem uruchamiają się jeszcze takie mechanizmy: „No, raz nie wyszło, to może spróbuję jeszcze raz". Ale jeśli za kolejnym razem też nie wyjdzie, to dopamina natychmiast przestaje się wydzielać. Następuje ostre cięcie. I przez jakiś czas zbieramy się po nim jak po wypadku na rowerze w trakcie szybkiej jazdy. Człowiek wtedy naprawdę cierpi.

Bywają przelotne olśnienia bliskością.
Spędzamy z kimś cały wieczór, weekend, nawet dwa tygodnie, wydaje się, że nadajemy na tej samej fali, ale przychodzi następny dzień, powrót z wyjazdu integracyjnego albo wakacji, i okazuje się, że w naszym prawdziwym życiu nie ma miejsca na tę relację.

Z lękiem przed bliskością jest inaczej niż z lękiem wysokości. Ludzie nie zdają sobie sprawy, że się jej boją ani że jej unikają.

Zdarza się, że ktoś co rusz wykrzykuje partnerowi: „Bo ty się boisz bliskości!", ale jak się zajrzy w ten związek głębiej, to się okazuje, że ten drugi wcale się bliskości nie boi, tylko broni się przed byciem pochłoniętym. Nie ma wcale ochoty wszystkim się dzielić, wszystkiego opowiadać ani każdej minuty spędzać razem.

W DWÓCH GŁOWACH, W DWÓCH SERCACH

Rozmowa z **Zofią Milską-Wrzosińską**

Czym jest bliskość?

Przypomina mi się scena z jakiejś staroświeckiej książki dla młodzieży, chyba z „Ani z Zielonego Wzgórza". Siostrzenica pyta ciotkę, czym właściwie jest ten zdrowy rozsądek, na który ona tak często się powołuje. Ciotka na to: młoda damo, ten, kto zdrowy rozsądek ma, doskonale wie, czym on jest. A kto go nie ma, i tak nie zrozumie, niezależnie od tego, ile by tłumaczyć.

Z bliskością jest podobnie. Ktoś, kto jest blisko z ludźmi, na ogół wie, na czym to polega. Co nie oznacza, że potrafiłby podać definicję. A jeśli komuś tak się życie ułożyło, że bliskości nie doświadcza i nie okazuje, to nie bardzo wie, czym ona jest. Nie rozumie, czym się różni od takich form relacji, jak na przykład współpraca, kolegowanie się czy zakochanie.

To o czym będziemy rozmawiać?

Są różne definicje bliskości, ale nie znalazłam takiej, która ujmuje wszystko, więc powiem własnymi słowami – zwięźle i podniośle. Bliskość to trwałe, wzajemne zaangażowanie emocjonalne z przewagą afektu pozytywnego.

Co to znaczy?

Ktoś jest dla nas ważny, my jesteśmy dla niego ważni i towarzyszą temu głównie pozytywne uczucia. Czyli jak ludzie są dla siebie bardzo ważni, ale negatywnie – odnoszą się do siebie z wrogością, agresywnie rywalizują – to nie o to chodzi. Skądinąd takie związki potrafią trwać latami i bywają bardzo namiętne, ale to już temat na zupełnie inną rozmowę.

Czy blisko można być tylko z kimś, kogo się długo zna?

Bywają przelotne olśnienia bliskością. Spędzamy z kimś cały wieczór, weekend, nawet dwa tygodnie, wydaje się, że nadajemy na tej samej fali, ale przychodzi następny dzień, powrót z wyjazdu integracyjnego albo wakacji i okazuje się, że w naszym prawdziwym życiu nie ma miejsca na tę relację. Z jakichś powodów nie wyłoniła się z niej prawdziwa bliskość – nacechowana troską i otwartością, czyli dwoma zasadniczymi elementami bliskiej relacji.

Zdarza się, że jeden z tych elementów jest obecny bardziej niż drugi. Na przykład niektóre przyjaźnie, częściej męskie, charakteryzują się wielką wzajemną gotowością do niesienia pomocy (żona narzeka: „Mąż, żeby kumplowi auto odholować, to zawsze czas znajdzie, a nasz składzik od miesięcy niesprzątnięty"), ale nie ma specjalnej potrzeby częstych zwierzeń. No, chyba że sytuacja jest wyjątkowa: „Słuchaj, muszę pogadać, zostawiła mnie".

I to też jest bliskość?

Tak, jeżeli możliwość odsłonięcia pozostaje wciąż otwarta, choćby nawet mało używana. Gorzej w drugą stronę. Bywa, że w relacji jest bardzo dużo otwartości, ludzie bez przerwy wszystko sobie opowiadają, ale kiedy jedno trafia do szpitala, to słyszy: „Wiesz, przepraszam, poproś kogoś innego, żeby ci przyniósł wodę, owoce czy co tam jeszcze potrzebujesz. Babcia umierała w szpitalu dwa tygodnie w okropnych warunkach i teraz mam traumę, więc raczej nie przyjdę". A przecież bliskość sprawdza się przede wszystkim wtedy, kiedy ktoś doświadcza cierpienia czy jest w kryzysie.

Czyli mamy trwałość, troskę, otwarcie i wzajemność...

Właśnie, wzajemność. Czasami ktoś mówi, że jest w bardzo bliskiej relacji, powiedzmy, z kolegą w pracy. Jak go zapytać: „A na czym ta bliskość polega?", odpowiada: „Bo zawsze, kiedy wychodzę do domu, to widzę, że on tak na mnie patrzy... I jest mu ewidentnie żal, że już idę". No więc bliskość to nie jest coś, co jest w głowie jednej osoby.

Ma być w dwóch głowach.

I w dwóch sercach. Powinna się przejawiać również w emocjonalnym zaangażowaniu. Wspólnota intelektualna to za mało, choć może być dobrą podstawą bliskiej relacji.

Bliskość poza tym, że jest po prostu bardzo przyjemna, jest też przydatna. Najnowsze badania pokazują, że dobre, głębokie relacje przyczyniają się do zachowania zdrowia, a więc przedłużają życie.

Dlaczego tego całego dobra, o którym pani opowiada, można się bać?

Może nie tyle się bać, ile unikać. Ludzie nie zawsze doświadczają lęku przed bliskością świadomie. A dlaczego unikają? Jeśli najwcześniejsze bliskie relacje zapisały się negatywnie, to bliskość kojarzy się boleśnie, na przykład z zagrożeniem. To są te wszystkie przerażające sytuacje, kiedy dzieci są brutalnie krzywdzone, źle traktowane, maltretowane, a prześladowca ma twarz najbliższej osoby. Ale to mogą też być doświadczenia straty.

Śmierć rodzica?

Na przykład. Ale również utrata kontaktu, ostatnio coraz częściej na przykład w wyniku euroemigracji. Także sytuacje porozwodowe, kiedy jedno z rodziców zostaje pozbawione praw rodzicielskich albo w inny sposób wykluczone z życia dziecka. Czasem nie ma innego wyjścia. Choć to rozwiązanie bywa stosowane częściej niż to konieczne, czasem jako broń w walce z byłym partnerem, z krzywdą dla dziecka.

Dzieciom, które doświadczyły takiej straty, zwłaszcza jeśli w pobliżu nie miały innej bliskiej dorosłej osoby – dziadka, ciotki, wychowawczyni – z którą by mogły przez to przejść, zwierzyć się jej, wypłakać, bliskość może się kojarzyć z utratą poczucia bezpieczeństwa. Być blisko to znaczy, prędzej czy później, przedwcześnie stracić ważnego (czasem najważniejszego) człowieka. Jak się do nikogo nie zbliżę, to nikogo nie utracę.

Jest też inny rodzaj opuszczenia – gdy dziecko jest emocjonalnie pozostawione samo sobie. Nikt nie reaguje na jego strach, wstyd czy upokorzenie. Nie towarzyszy mu w tym.

I to nie musi się wiązać z jakąś wielką patologią.

Ani z dramatem życiowym, tylko z brakiem uważności, czułego towarzyszenia – a w rezultacie z osamotnieniem dziecka, poczuciem, że bliska relacja jest pusta, pozorna.

Uzależnieni rodzice?

To są postaci bardzo trudne, bo dają zmienne sygnały. Raz mamy na przykład groźnego, pijanego ojca, który się awanturuje, bije matkę i rodzeństwo, a potem – skruszonego tatusia, który przez tydzień jest najlepszym ojcem świata. A to, że nigdy nie wiadomo, z kim się będzie miało do czynienia, bardzo zaburza możliwość zaufania drugiej osobie – w dzieciństwie i w dorosłości.

Z teorii przywiązania Johna Bowlby'ego i badań, które później były prowadzone, między innymi przez Mary Ainsworth, jasno wynika, że znacznie większą szansę na budowanie zdrowej bliskości w dorosłym życiu mają ci, którzy w dzieciństwie mogli ufać – mieli tzw. bezpieczny wzorzec przywiązania. Tacy ludzie idą potem w świat z poczuciem, że bliski człowiek jest z grubsza przewidywalny, nie zniknie nagle po okresie przyciągania i uwodzenia. Nie odrzuci. Nie wyszydzi. Nie upije się na ponuro-agresywnie. Można więc bez obaw angażować się w bliskie relacje. Natomiast u tych, którzy mieli tzw. pozabezpieczny wzorzec przywiązania, bliskość i lęk tak się splotły, że trudno je oddzielić. Oni mają wdrukowany wzorzec – im bliżej, tym groźniej, bo to właśnie ta najbliższa kiedyś osoba zawiodła.

Czyli kiedy ktoś z takim doświadczeniem zbliża się do drugiego człowieka, to działa jakby automatycznie?

Louis Cozolino, neurobiolog, opisał zjawisko tak zwanej pamięci pozawerbalnej. Twierdzi on, że bardzo trudne emocjonalnie doświadczenia zapisują się w naszym mózgu, jeszcze zanim zostaną przełożone na słowa. Dzieje się tak, ponieważ mózg w sytuacjach traumatycznych jest zalewany kortyzolem i poznawczo mało co przyswaja, więc to raczej ciało „pamięta", emocje „pamiętają". I potem w sytuacjach, które reaktywują jakiś wzorzec z przeszłości, to właśnie ta pamięć uruchamia się szybciej. Konkretnie – o pół sekundy szybciej.

Co to oznacza w praktyce?

Jeśli szefowa mówi do nas: „Blada ostatnio jesteś. Wyglądasz na przemęczoną", naszą wewnętrzną reakcją może być: „Miło, że się o mnie troszczy, nawet jeśli głównie dlatego, że jestem jej potrzebna. Całkiem dobrze mieć taką szefową", albo: „Wiem, chodzi jej o to, że mam za mało inicjatywy w pracy, tylko nie chce mi tego powiedzieć wprost. Sprytna i podstępna jest". W tym drugim przypadku naburmuszamy się obronnie i już całe w poczuciu wykorzystywania i niezadbania nie dopuszczamy do siebie innych myśli, na przykład: „Ceni mnie jako pracownika, dlatego zwraca na mnie uwagę".

Pani mówi o bliskości, która spleciona jest z poczuciem zagrożenia, a ja teraz pomyślałam o bliskości, która w dzieciństwie była wymuszana.

Ale to żadna bliskość! Winnicott twierdził, że są dwa sposoby nieodpowiadania na potrzeby dziecka: niedobór, i o tym już trochę mówiłam, i nadmiar, który polega na tym, że nie jest się w kontakcie z potrzebami dziecka, tylko ze swoimi: „Przytul się do tatusia. Tatuś cię bardzo kocha" – kiedy dziecko całe sztywnieje i wcale nie ma na to ochoty, zwłaszcza że przed chwilą tatuś miał atak furii.

Inny wariant to zawłaszczanie życia dziecka na różne sposoby. Na przykład wymuszanie na nim, żeby realizowało ambicje rodzica: „Jeden konkurs musisz wygrać – albo geograficzny, albo fizyczny". Albo przypisywanie sobie jego sukcesów: „No, ładnie występowałaś na tej akademii. To dlatego, że wdałaś się we mnie. Moje geny!". Bliskość oznacza bycie wykorzystywanym do realizacji cudzych celów, dlatego w dorosłym życiu można jej unikać albo budować swoje relacje na odgadywaniu pragnień innych.

Niektórzy twierdzą, że w bliskich relacjach się „duszą".

Im bliskość może się kojarzyć z wchłonięciem. Obawiają się, że w bliskim związku przestaną istnieć. Stracą swoją odrębność. Zwykle to się dzieje wtedy, kiedy któreś z rodziców ma tendencje do tego, żeby budować z dzieckiem związek symbiotyczny. Nie widzi, że dziecko ma inne potrzeby, inaczej widzi świat, czasem ma inne zdanie.

Zgroza – inne zdanie.

To są naprawdę traumatyczne historie: „Jak możesz mówić, że ci się podobają te buty? Czy ty masz gust? Czy ty w ogóle jesteś moją córką?". Odróżnianie się karane jest odrzuceniem.

Są też układy rodzinne, gdzie wszystko robi się razem. Nie można się rozstać. Jak słyszę od matki sześcioletniego synka: „On zawsze jest przy mnie, nawet jak idę do łazienki, to trzyma mnie za spódnicę", zastanawiam się, czyja to tak naprawdę jest potrzeba. Bo w normalnym rozwoju dziecka tak się nie dzieje. Dziecko może mieć fazę ponownego przylgnięcia, kiedy na przykład zaczyna widzieć, że świat nie jest taki przewidywalny, albo obawia się, że coś złego się wydarzy, ale jeśli to trwa latami, to już musi chodzić o coś innego.

Albo te wszystkie opowieści o córeczkach, które „zawsze były najbliższymi przyjaciółkami mamusi": tak samo się ubierały, to samo lubiły, wszędzie chodziły razem. Matka domagała się od córki najintymniejszych zwierzeń i chętnie odpłacała tym samym.

Brrr...
No właśnie. Taka dziewczynka, kiedy dorośnie, może unikać bliskości, bo będzie jej się kojarzyć z całkowitą utratą intymności, albo przeciwnie – może chcieć powtórzyć to samo z partnerem, z przyjaciółką. Tylko że na taką propozycję relacji niekoniecznie będą chętni. A jeśli nawet się znajdą, to bliskości i tak nie będzie, bo trudno mówić o bliskości, kiedy dwie osoby są tym samym.

Dlaczego?
Bliskość, zwłaszcza ta dorosła, zakłada istnienie granic – jesteśmy odrębni, jesteśmy różni. Na tym między innymi polega jej wartość, że mimo tych granic i różnic jesteśmy się w stanie spotkać i nawet zaciekawić innością drugiego człowieka.

Rozumiem, że osoba, dla której bliskość realizuje się w związku symbiotycznym, może oskarżać partnera czy partnerkę o lęk przed bliskością.
Zdarza się, że ktoś co rusz wykrzykuje partnerowi: „Bo ty się boisz bliskości!", ale jak się zajrzy w ten związek głębiej, to się okazuje, że ten drugi wcale się bliskości nie boi, tylko broni się przed byciem pochłoniętym. Nie ma wcale ochoty wszystkim się dzielić, wszystkiego opowiadać ani każdej minuty spędzać razem. Notabene, jeśli

chodzi o związki erotyczne, taka symbioza ma katastrofalne skutki, bo jak ludzie są ze sobą stopieni, to trudno o fascynację erotyczną czy – w ogóle – fascynację drugą osobą.

Co się dzieje, kiedy bojący się bliskości człowiek wchodzi w dorosłe życie?

Z lękiem przed bliskością jest inaczej niż z lękiem wysokości. Ludzie nie zdają sobie sprawy, że się jej boją ani że jej unikają. A jeżeli już się nawet zorientują, że brakuje im jej w życiu, to na pewno jest tak dlatego, że „świat jest zły", „ludzie sami egoiści", a nie dlatego, że coś jest też w nich. Słyszę w gabinecie: „Dzieci mnie nie doceniają. Mam dwie dorosłe córki i obie źle mnie traktują. Jedna, jak dzwonię, mówi mi, że nie ma czasu rozmawiać. A ja chcę się jej na sąsiadkę wyżalić – znowu na klatce nabrudziła. Druga wyjechała do Irlandii i w ogóle nie przyjeżdża. Nie nauczyła dzieci, żeby dzwoniły na Dzień Babci albo chociaż laurkę wysłały. Chociaż w sumie po co mi te bazgroły. Nie wiem, dlaczego tak mnie traktują. Jakbym tę jedną namówiła na terapię, toby zrozumiała, że źle robi? Jak pani myśli?".

Psychoanalityk Ronald Fairbairn stworzył taką kategorię opisującą nasz wewnętrzny świat, którą nazwał dość wymyślnie ego antylibidinalnym.

I co to ego nam robi?

To jest taka część w nas, która blokuje nasze pragnienia związane z libido, przy czym libido nie oznacza tu seksualności, ale w ogóle chęć bycia blisko z innymi, różne pozytywne rzeczy skierowane do świata. I ta część, która powstaje na bazie wczesnych doświadczeń, kiedy tylko pojawia się nieśmiała ochota na kontakt, mówi nam na przykład: „Nic z tego nie będzie!", „Będziesz żałować", „Daj sobie spokój, nie warto".

Taki sabotaż.

Tak, zresztą w pierwszej wersji Fairbairn używał określenia „wewnętrzny sabotażysta". I jeśli nawet uda nam się to ego oszukać i jednak wyrwiemy się do drugiego człowieka, to ono dalej potrafi z nas szydzić: „Dlaczego mu wierzysz? Bierze cię na słówka", „Głupia jesteś! Naiwna!".

Ale chyba nie każdy takie ego ma?

Każdy. To kwestia siły. U tych, którzy bardzo boją się bliskości, jest ono bardzo silne i włącza się na wczesnym etapie. Ledwo powstanie w nich cicha nadzieja, na przykład na wycieczce w Hiszpanii: „A może mogłabym się z tą panią zaprzyjaźnić? Sympatycznie wygląda, w dodatku z mojego miasta", a już się odzywa ten złowieszczy szept: „Oplotkuje cię na pewno. Po co ci kolejne rozczarowanie?".

Zdarza się więc, że takie osoby w ogóle nie wchodzą w bliskie relacje. Co bardzo zubaża ich życie, bo bliskość jest klejem relacyjnym. Sprawia, że związki z ludźmi są satysfakcjonujące.

Czasem ludzie dorabiają sobie do tego teorię.

I tłumaczą na przykład tak: „Ja? Ja potrzebuję stymulacji, adrenaliny. Nie mogę zapuścić nigdzie korzeni. Nosi mnie". No i zmieniają – miejsca, środowisko, pracę albo znajdują taką, że ciągle są w rozjazdach, przechodzą od jednej powierzchownej relacji do kolejnej. Można by sądzić, że tacy byli Casanova czy Don Juan – seryjni monogamiści, bardzo zaangażowani na bardzo krótko. Kiedy pojawia się perspektywa zażyłości, intymności, odchodzą. Czasem w brutalny sposób. A czasem mówią tylko: „Wiesz, jakoś tego nie czuję. Ja bym chciał chyba czegoś innego".

Jeszcze inni po prostu dewaluują bliskość.

Jak?

Uważają, że nic takiego nie istnieje, wszystko da się kupić lub wziąć siłą, a ludzie, którzy są ze sobą blisko, mają w tym na pewno jakiś interes albo są naiwni, a na pewno – godni pogardy. Przykładem są bohaterowie „Niebezpiecznych związków" – wicehrabia de Valmont i markiza de Merteuil. Dla każdego z nich bliskość jest groźna, jednocześnie jej potrzebują, ale na różne sposoby próbują temu zaprzeczyć. Twierdzą, że miłość nie istnieje, że bliskość jest naiwna, banalna, a ludzi należy uwodzić, wykorzystywać, a potem porzucać. Kiedy Valmont jednak bliskości doświadcza, markiza robi, co w jej mocy, by to zniszczyć, tak jak niszczyłaby pragnienie bliskości w samej sobie.

I to jest najgorszy scenariusz? Brak jakichkolwiek bliskich relacji?

Czy najgorszy? Na przykład grany przez Daniela Auteuila bohater filmu „Serce jak lód" Claude'a Sauteta (świetne studium psychologiczne, polecam) sądzi chyba, że to dla niego jedyny możliwy wybór. Może lepszy niż wchodzenie w relacje destrukcyjne. On woli być blisko z instrumentami, które troskliwie stroi i naprawia. Bo związki ludzi, którzy się boją bliskości, często się rozpadają w dramatyczny sposób. Nieświadomy lęk przykrywany jest na przykład furią, złością na drugą osobę, w której upatruje się źródła całego problemu – „to z nim, z nią jest coś nie tak".

Tak naprawdę te osoby bardzo pragną bliskości.

Mówią na przykład: „Nie wiem, dlaczego tak się dzieje, ale prędzej czy później wychodzi na to samo". Albo: „Ciągle trafiam na takich, co się nie nadają do związków".

Tylko że raz w życiu wszystko się może zdarzyć, natomiast jeśli to się dzieje cyklicznie, to ja bym proponowała się zastanowić, czy się do tych porażek nie przyczyniamy.

Mówi się, że kobiety, które boją się bliskości, często wiążą się z osobami w ten czy inny sposób niedostępnymi, na przykład z żonatymi.

To jest rzeczywiście częsta interpretacja, ale nadmiernie stosowana – stała się już swojego rodzaju psychologicznym szablonem. Tymczasem przy takich wyborach może nie chodzić o lęk przed bliskością, ale o rywalizację z inną kobietą (albo mężczyzną, jeśli to mężczyzna, który zawsze wybiera zajęte kobiety). To jest znacznie częstszy motyw w takich historiach. Kiedy wybranek czy wybranka stają się wolni, nagle się okazuje, że przestają być atrakcyjni. Tracą cały swój urok, ale nie dlatego, że teraz możliwa jest z nimi prawdziwa bliskość, tylko dlatego, że nie ma się już z kim ścigać, rywalizować, do kogo porównywać. Albo walka z byłą żoną partnera wciąż trwa i angażuje, nawet bardziej niż tak długo wyczekiwany związek.

Co z tymi, którzy są zajęci inaczej, na przykład nie wychodzą z biura, piją?

Ja bym jednak nie sprowadzała wszystkich wyborów relacyjnych do lęku przed bliskością. To pojęcie nie wyjaśnia całego bogactwa ludzkich decyzji, choć łatwo je traktować jak wytrych i wszystko nim tłumaczyć. No, nie. Nie jesteśmy psychologicznie aż tak jednorodni, jak to by wynikało z pop-psychologii.

Oczywiście w tych wyborach, o które pani teraz pyta, może się kryć lęk, ale mogą także inne rzeczy. Ktoś, kto ciągle się wiąże z uzależnionymi, może to robić na przykład dlatego, że dopiero jak kogoś ratuje, to czuje się kochany – takie samo zadanie miał w dzieciństwie – a nie dlatego, że się boi bliskości.

Często osoby bojące się bliskości wybierają sobie partnerów, że tak powiem, całkiem zdatnych. Tylko coś takiego się dzieje, że w pewnym momencie zaczynają ich postrzegać jako wrogich, godnych pogardy, niedobrych itd. Jak tylko się zorientują, że potrzebują tego drugiego człowieka, że on jest dla nich bardzo ważny, zaczynają niszczyć związek, zrzucając winę na przyjaciela czy partnerkę.

Oskarżają ich o różne rzeczy, co się sprowadza do tego, że się do związku nie nadają.

Inną strategią jest wycofanie emocjonalne. Brak dostępu do siebie.

Jak to może wyglądać?

Czasem takie osoby mówią partnerowi: „Nie wiś tak na mnie. Przestań żyć moim życiem". Powiedzmy, że taki bojący się bliskości mężczyzna wraca do domu, żona go pyta: „Jak ci było w pracy?", on na to: „Słuchaj, myślisz, że jak siedziałem tam dziesięć godzin, to nie mam nic lepszego do roboty, niż ci teraz o tym opowiadać?". Zabiera swój komputer, zamyka się w pokoju, bo nie odczytuje pytania żony jako ciepłego komunikatu pt. „Chcę się z tobą jakoś spotkać po tym dniu", tylko jako inwazję, zawracanie głowy. Daje jej wyraźny sygnał: „Nie potrzebuję takich emocjonalnych zaczepek".

A czego on potrzebuje?

Tego, co nazywa świętym spokojem, a co sprowadza się do braku kontaktu.

Ostatnio przyszła do mnie para. Ona powiedziała: „Ja nie rozumiem, o co mu chodzi. Dużo oboje pracujemy i ja potrzebuję mieć czas dla siebie. Jak dziecko pójdzie spać, to chcę sobie coś spokojnie porobić – książkę poczytać, film obejrzeć. On też mógłby coś sobie znaleźć. Ale nie. On chce rozmawiać i naciska: »Kiedy ostatnio ze mną porozmawiałaś, i to nie na tematy bieżące?«. Przecież bliskość nie polega na tym, żeby ciągle rozmawiać!".

Ciągle może nie, ale pomiędzy „ciągle" a „wcale" jest dużo możliwości.

Zdarza się, że dobierają się dwie osoby, które boją się bliskości?

Zdarza się. I tkwią w takim związku typu „sojusz wobec życia" – dom razem zbudują, zrobią kariery, nawet dzieci mogą się pojawić. Natomiast bliskości nie ma.

Dobrze im w tym?

Dobrze dla kogo? Czasem przychodzą i mówią, że im czegoś brakuje w związku. Czują jakąś taką pustkę, samotność. Przy czym rzadko rozpoznają to jako brak bliskości. Bo przecież „oglądamy razem filmy, nawet podobają nam się te same, pomagamy sobie, jak trzeba". Ale jednak czegoś brakuje.

Ciekawości?

Również poczucia, że ja też wzbudzam ciekawość, że jak coś opowiadam, to ta druga strona jest tym zainteresowana, nawet jeśli sam temat nie jest pasjonujący. „A wiesz, pojechałam dziś na pocztę polecony odebrać i wyobraź sobie: kobieta na poczcie powiedziała mi, że..., a ja jej powiedziałam, że…". No, opowieść taka sobie, ale bliska osoba tego słucha, bo widzi, że jestem tym przejęta, i chce wiedzieć dlaczego. Nawet o coś dopyta, może zrobi mi herbaty. Ujmująco to pokazuje film „Paterson" Jarmuscha. Bohaterowie mają swoje rytuały, formy kontaktu, codziennie spotykają się ożywieni nowym zainteresowaniem. Nie ma wątpliwości, że są ze sobą blisko. Przyszło mi teraz do głowy, że może ten film mógłby być odpowiedzią na pani pierwsze pytanie.

Niektórzy mówią: „My jesteśmy tak blisko, że już nawet nie musimy ze sobą rozmawiać", „Czytam w jej myślach", „Wystarczy, że na niego spojrzę, a wiem, co przeżywa".

Jeśli oni tak na siebie spoglądają, i to lubią, a czasem jeszcze biorą się za ręce, to może rzeczywiście nie muszą tyle rozmawiać, dopóki mają poczucie, że trafnie rozpoznają swoje potrzeby, uczucia. Ale na ogół, jeśli to mówi ktoś, kto nie jest w fazie zauroczenia, tylko spędził z kimś, powiedzmy, dwadzieścia lat, to jednak świadczy to o jakimś znużeniu, a nie bliskości: „No, ja zawsze wiem, co ona powie, bo wiem, czego się mogę po niej spodziewać. Inna nie będzie".

Szkoda, że czytelnicy nie mogą tego usłyszeć. Ten ton mówi w sumie wszystko.

Wygląda na to, że bliskość jest stopniowalna. Czasem nie ulega wątpliwości, że jest, a czasem – że jej nie ma i jest całe mnóstwo etapów pośrednich, gdzie tylko część kryteriów jest spełniona, na przykład ludzie są dla siebie ważni, ale nie mają ochoty na odsłanianie się. Można na nich liczyć, pomogą w potrzebie, ale to będzie takie suche. Czasem słyszę od pacjentów: „Wie pani, ja bym chciała zakończyć to małżeństwo. Nie czuję się w nim szczęśliwa, czegoś ważnego mi brakuje. No, ale to przyzwoity człowiek. Wiem, że nigdy mnie nie opuści".

Niektórzy stwierdzają, że da się z tym żyć.

Co jeszcze może uniemożliwiać bliskość?

Psychoanalityk Heinz Kohut pisał o narcystycznym używaniu drugiej osoby. To ma miejsce, kiedy drugi człowiek ma dla nas dużą wartość, ale tylko o tyle, o ile realizuje nasze potrzeby: jest bardzo piękny albo ma pozycję, wprowadza w lepszy świat albo bez końca wysłuchuje rozbudowanych opowieści o naszych wyjątkowych sukcesach. Czujemy się z nim blisko, ale to bliskość pozorna. Bo my go nie widzimy w całości. Widzimy tylko jakąś jego część, która jest dla nas użyteczna, i tylko z nią się kontaktujemy. Jak przestanie być użyteczna, to i z bliskością koniec.

Dziecko ma prawo patrzeć na bliskiego człowieka przez pryzmat tego, co mu aktualnie potrzebne, to naturalne. Ale dorosłość polega na tym, że przechodzi się od relacji zależnościowych, niesymetrycznych, do dojrzałej wzajemności. I wtedy dopiero można wchodzić w dorosłe relacje.

Co można zrobić z lękiem przed bliskością?

Ale kto? Osoby, które tak funkcjonują, rzadko definiują swój kłopot w ten sposób. To głównie otoczenie ma problem.

Otoczenie co może zrobić?

Przede wszystkim może chronić siebie. Jeśli jestem w relacji z kimś takim, mogę zadać sobie pytanie: czy ta relacja jest dla mnie na tyle ważna, że chcę w niej pozostać, mając świadomość, że bliskości w niej mieć nie będę? Mogę też postawić ostrą granicę: „Nie chcę być tak traktowana. Nie może być tak, że odzywasz się do mnie tylko wtedy, kiedy masz jakieś pretensje". Czasami to się spotka z jakąś refleksją, nawet z reakcją.

Problem w tym, że osoby, które wybierają sobie na partnerów czy zaprzyjaźniają się z tymi, którzy się boją bliskości, często nie potrafią stawiać granic. Nie umieją powiedzieć: „Słuchaj, jak to ma tak wyglądać, to jak tak nie chcę".

Tylko co mówią?

„A może to przeze mnie? Może rzeczywiście miałam dla niego za mało czasu i dlatego on się odsuwa?", „A może za dużo pracowałem? Albo rzeczywiście powiedziałem coś te pięć lat temu w domu jej matki, co ją tak głęboko zraniło, że wciąż nie może dojść do siebie?". Przejmują odpowiedzialność, którą tamta strona im wrzuca, a wtedy szansa na zmianę znika.

Załóżmy optymistycznie, że człowiek z lękiem przed bliskością pracuje nad tym, robi się coraz bardziej świadomy...

I chce się zmienić? Jak chce i jak wie, w czym problem, to droga jest w zasadzie prosta. Jeżeli ktoś mówi: „Chcę być z ludźmi bliżej i wiem, że tego nie umiem, i do tej pory robiłem różne rzeczy, żeby sobie i innym to utrudnić", to ma już za sobą pierwszy krok do tego, żeby się bliskości uczyć. Bo jej się można nauczyć, pod warunkiem że weźmie się za to odpowiedzialność. Trzeba się najpierw rozejrzeć, z kim w ogóle ma się ochotę być blisko, bo przecież nie z każdym, co nam przeszkadza, czego się boimy, no i jak chcemy, żeby to wyglądało.

Czy partner osoby, która chce się uczyć bliskości, może jej w tym jakoś pomóc?

Partnerzy nie powinni być dla siebie psychoterapeutami. Nie może być tak, że ktoś przyjdzie i powie: „Mężu mój! Przyjaciółko moja! Mój kolego z drużyny! Ja już doszłam do tego, że boję się bliskości, i nawet wiem dlaczego. Zatem znoś cierpliwie mój dystans, wrogość i lekceważenie, zajmij się tym moim kłopotem. Proszę".

Nie, tak dobrze to nie ma. Ciężar zmagania się spoczywa jednak na tym, kto ma problem.

PRZYJEMNOŚĆ

Jedzenie smakuje inaczej w zależności od tego, czy przyrządził je ktoś, kogo kochamy, ktoś nam obojętny czy wróg.

Niektóre doświadczenia są jednocześnie przyjemne i bolesne. Ma to prawdopodobnie związek z tym, jak są „okablowane" nasze mózgi. Bardzo duży wysiłek fizyczny również daje to uczucie. Pali całe ciało, a jednocześnie jest „ekstra".

Pyszne wino, smaczne jedzenie, muzyka i seks są super, ale bogate życie to tak naprawdę sensowne życie – głębokie relacje z ludźmi, staranie się o to, żeby uczynić świat nieco lepszym, podążanie za interesującymi, wymagającymi projektami, pewna doza zmagania się i niewygody również. Ludzie jednak najczęściej chcą zostawić po sobie jakiś ślad.

ZMYSŁY TO ZA MAŁO

Rozmowa z **Paulem Bloomem**

Po co nam w ogóle przyjemność?

Z ewolucyjnego punktu widzenia to marchewka, tak jak ból jest przysłowiowym kijem. Motywuje nas do aktywności, które są korzystne z punktu widzenia przetrwania. Gdybyśmy nie czerpali przyjemności z zaspokajania głodu, nie jedlibyśmy, gdyby seks nie był przyjemny, nie rozmnażalibyśmy się itd.

Ale ewolucyjne spojrzenie nie wyjaśnia wszystkiego. Bo co na przykład z literaturą, sztuką, muzyką? Dlaczego obcowanie z nimi jest dla wielu ludzi tak przyjemne? Z jedzeniem i seksem sprawa również nie jest taka prosta. Owszem, dzielimy te przyjemności z innymi zwierzętami, ale tylko my jesteśmy zainteresowani na przykład tym, skąd pochodzi to, co jemy, czy zostało wyprodukowane w etyczny sposób, ile kosztuje. W seksie też nie chodzi nam jedynie o reprodukcję, ale na przykład o to, żeby satysfakcję z niego miał także nasz partner.

Twierdzi pan, że przyjemność ma głębię. Jak to rozumieć?

To znaczy, że o tym, czy coś nam się podoba, czy nie, decydują nie tylko nasze zmysły, ale w dużej mierze to, co na ten temat myślimy. I zasada ta odnosi się zarówno do najprostszych przyjemności, jak właśnie jedzenie i seks, jak i do tych bardziej wyrafinowanych – sztuki, muzyki.

Weźmy wino. Będzie pani smakować bardziej, jeśli będzie mieć pani świadomość, że jest drogie albo pochodzi z wyśmienitej winnicy. Gdy podaję ten przykład w swoich wystąpieniach, wiele osób podchodzi do mnie później i mówi: „Kiedy JA piję wino, delektuję się wyłącznie smakiem. Niezależnie od tego, co wiem o jego pochodzeniu". Ludziom się wydaje, że są odporni na takie mechanizmy, ale wszyscy im podlegamy. Akurat w przypadku wina przeprowadzano mnóstwo eksperymentów, które dowodzą, że nawet kiperzy dają się wyprowadzić w maliny. Na przykład zaserwowano ekspertom do skosztowania ten sam rodzaj bordeaux, z tym że jedne butelki opatrzono etykietą „grand cru" a inne – „wino stołowe". Oczywiście znaczna większość stwierdziła, że grand cru jest warte grzechu, bo ma przyjemny, złożony, drzewny smak, natomiast stołowe uznano za słabe, płaskie i nijakie. Przypominam, że mowa o tym samym winie.

Jedzenie smakuje inaczej w zależności od tego, czy przyrządził je ktoś, kogo kochamy, ktoś nam obojętny czy wróg. Inaczej czujemy dotyk cioci, inaczej kochanka. W wypadku sztuki liczy się, kto ją stworzył, jaka stoi za nią historia albo co sądzą o niej inni. Świadomość, że ma się w domu oryginał, a nie reprodukcję, robi dużą różnicę.

Odkrycie zaś, że posiada się falsyfikat, może być wstrząsem.
Myśli pani teraz o Göringu?

Tak. To wspaniała historia.
Opowiem ją w takim razie. Hermann Göring, jak wiadomo, był potwornym człowiekiem – nazistą, oficerem, który pomógł zbudować potęgę Hitlera. Jednocześnie podobnie jak jego przełożony był wielkim miłośnikiem sztuki i w czasie wojny przywłaszczył sobie – konfiskując, wymuszając, czasem nielegalnie kupując – setki dzieł, z których utworzył imponującą kolekcję. Szczególnie upodobał sobie XVII-wiecznych mistrzów holenderskich, a najcenniejszym obrazem,

jaki posiadał, był „Chrystus i jawnogrzesznica" Vermeera, który nabył od holenderskiego malarza i kolekcjonera sztuki Hana van Meegerena. Po wojnie Göringa posadzono w Norymberdze, gdzie oczekiwał na proces za zbrodnie na ludzkości. W tym czasie wojska alianckie odnalazły jego ukrytą kolekcję i namierzyły Meegerena, którego oskarżono o kolaborację z wrogiem i bezprawną sprzedaż cennego obrazu. W więzieniu Meegeren się przyznał, ale...

...do czego innego.

Właśnie. Powiedział, że to on namalował „Chrystusa i jawnogrzesznicę", jak również parę innych „Vermeerów", w tym najbardziej chyba jego znane płótno – „Uczniowie z Emaus", które za grube pieniądze upłynnił różnym holenderskim muzeom. Meegeren, jak się okazało, był po prostu genialnym fałszerzem.

Na początku sądzono, że w ten sposób chce uniknąć surowej kary, więc żeby udowodnić, że nie kłamie, poprosił o dostęp do pracowni, odpowiedni zapas alkoholu i morfiny, bo tylko tak potrafił malować, i w niecałe dwa miesiące stworzył kolejnego Vermeera, czym przekonał ekspertów o swoim talencie. Z dnia na dzień w oczach opinii publicznej z kolaboranta stał się bohaterem narodowym, który wykiwał nazistów. Göring natomiast, kiedy dowiedział się, że najcenniejsze dzieło sztuki, jakie posiadał, to falsyfikat, wyglądał „jakby po raz pierwszy w życiu dowiedział się, że na świecie istnieje zło". Tak napisał później jego biograf.

Można powiedzieć, że lepiej późno niż wcale...

Cha, cha, cha, można. Ale przytoczyłem tę anegdotę, dlatego że ona dobrze pokazuje, iż przyjemność z posiadania dzieła sztuki jest w dużej mierze związana z tym, kto je stworzył. Jeśli przekonanie, które mamy na ten temat, okaże się nieprawdziwe, przyjemność się ulotni.

Tak było też z obrazami Marli Olmstead, cudownej dziewczynki, która w wieku kilku lat malowała abstrakcje w stylu Pollocka.

    Kosztowały krocie. Między innymi właśnie dlatego, że malowała je mała dziewczynka, prawdziwy geniusz. Dobra passa trwała dopóty, dopóki do domu Olmsteadów nie zawitała ekipa popularnego amerykańskiego programu. Podczas nagrania okazało się, że dziewczynka nie maluje sama, pomagał jej ojciec. Po emisji programu, jak można się domyślić, wartość jej obrazów dramatycznie spadła.

    Ale bywa odwrotnie. Odkrycie, że coś, co posiadamy, co wydaje się niewiele warte, jest tak naprawdę bardzo cenne, sprawia, że przyjemność automatycznie wzrasta.

Czy to nie zwykły snobizm?

    Czasami, ale to nie jest wystarczające wyjaśnienie. Bo ten sam mechanizm pojawia się w przypadku przedmiotów, które mają wyłącznie wartość sentymentalną. Ja na przykład mam w domu kilka „dzieł", które wykonali moi synowie, kiedy byli mali. Nikt by mi nie dał za nie złamanego grosza, ale dla mnie są bezcenne i byłoby mi niewymownie przykro, gdybym je stracił.

    Każdy ma taką rzecz – obrączki, ubranka z okresu niemowlęctwa, buciki, wazon po babci – przedmioty osobiste niosące pewne wspomnienia, skojarzenia. I ja twierdzę, że w tym wszystkim chodzi o tak zwaną esencję, ukrytą naturę przedmiotu.

Czym jest „esencjalizm"?

    To bardzo ciekawa teoria z dziedziny nauk poznawczych. Leży u podstaw naszego rozumienia świata. Według niej wszyscy widzimy głębiej, poza to, co się jawi na powierzchni. Ja postanowiłem posłużyć się tą teorią, próbując zrozumieć, czym jest przyjemność. I czasem „esencja" przedmiotu (organizmów żywych również) związana jest z tym, co jest w środku, czasem z jego historią, pochodzeniem, a czasem z tym, kto był jego pierwszym właścicielem, nawet z tym, kto go dotknął – to tak zwany efekt styczności.

Dlatego zwykła taśma miernicza warta kilka dolarów potrafi osiągnąć cenę 50 tysięcy, bo należała do prezydenta Kennedy'ego, a piłka rzucona przez gwiazdę baseballu na zakończenie kariery kosztuje nawet kilka milionów?

Dokładnie. Bo to już nie są „zwykłe" piłki czy taśmy! Ktoś ważny miał je w ręku. Mają więc w sobie to „coś". Są przepojone „esencją" tej osoby.

W jednym z eksperymentów, które przeprowadziliśmy z kolegami tu, na Yale, poprosiliśmy uczestników o wskazanie osób publicznych, które podziwiają najbardziej. Najczęściej typowano Baracka Obamę i George'a Clooneya. Następnie zapytaliśmy ich, ile byliby w stanie zapłacić za sweter tego kogoś. Okazało się, że dużo. Potem chcieliśmy wiedzieć, co by było, gdyby taki sweter, zanim trafi w ich ręce, został dokładnie wyprany. Wtedy oferowana cena spadała o jedną trzecią. Ludzie nie chcieli mieć wypranego swetra George'a Clooneya.

Chodziło o zapach?

O coś znacznie więcej. Tak jakby jakaś część aktora siedziała w tych włóknach. I to jest fascynujące! Jak zapytać ludzi, dlaczego to ma znaczenie, czy sweter jest wyprany, czy nie, nie potrafią odpowiedzieć. Przyjemność wiąże się często z bardzo silnymi doznaniami, których nie da się do końca wyjaśnić. Ja na przykład byłbym w stanie wydać majątek na biurko należące do Einsteina. Dlaczego? Nie umiem powiedzieć.

Ale to działa też w drugą stronę. W niektórych regionach USA istnieje prawo, zgodnie z którym agent nieruchomości ma obowiązek poinformować nabywcę, że w danym domu czy mieszkaniu miało miejsce coś strasznego – samobójstwo, morderstwo itd. Często trudno jest sprzedać taką nieruchomość, jakby została skażona. Co prawda z pewnością znalazłyby się osoby, które marzyłyby, żeby w takim domu zamieszkać właśnie ze względu na jego mroczną historię, tak jak są osoby, które wiele by dały za sweter Hitlera, no ale to zdecydowana mniejszość.

Szczerze, to wszystko brzmi trochę jak czary-mary.

Ale esencjalizm ma solidne oparcie w nauce. Jest mnóstwo badań dowodzących, że esencjalistyczne podejście do świata przejawiają nawet małe dzieci. Przeczuwają, że rzeczy mają niewidoczne właściwości.

W jednym z eksperymentów pokazywano pięciolatkom zdjęcia psa i pytano, co to jest. Odpowiadały, że pies. Później pokazano im inne zdjęcia, na których psa poddano różnym przeróbkom tak, żeby wyglądał na przykład jak kot – miał domalowane wąsy, kocie futro itd. Ale dzieci nadal były przekonane, że to pies… który udaje kota. Co wydaje się sensowne. Gdybym ja się przebrał za kogoś innego, nawet z pomocą genialnego charakteryzatora, to nadal byłbym Paulem Bloomem, prawda?

Inne badania pokazują z kolei, że kiedy dzieci myślą o tym, czym jest pies, to nie myślą, że to jest coś, co ma ogon, uszy, cztery łapy, tylko że to jest coś, co ma w środku pewną „psowość", która czyni go psem. Dzisiaj naukowcy mogą powiedzieć, że w przypadku organizmów żywych tym „czymś" są geny, układ DNA. Ale inne kultury inaczej tłumaczą, czym jest „esencja" – że to określony rodzaj „ducha" albo mocy.

Jak kultura wpływa na to, co nam się podoba?

Zdecydowanie wpływa. W każdej kulturze ludzie doceniają jedzenie, opowieści, sztukę, to jest uniwersalne, ale już to, co uważa się za smaczne albo piękne, jest zmienne. Dlatego jedni zajadają się kimchi, a inni stekiem.

Większość osób w mojej kulturze uważa na przykład, że jak coś jest drogie, to znaczy, że jest więcej warte, i przyjemność z posiadania takiej rzeczy rośnie. Ale znam ludzi, którym prawdziwą frajdę sprawiają przeceny. W zachodniej kulturze ważne jest, żeby wiedzieć, kim jest autor dzieła, w innych liczą się okoliczności jego powstania, sam proces twórczy.

Albo weźmy seksualność. Przyjemność seksualna nie jest wyłącznie kwestią doznań fizycznych. Bardzo ważne jest to, za kogo uważamy osobę, z którą uprawiamy seks. W niektórych kulturach odkrycie, że kobieta, która nas pociąga, ma męskie genitalia, może natychmiast zabić pożądanie, w innych – niekoniecznie. W jednych społecznościach dziewictwo jest czymś niezwykle cennym, co sprawia, że dziewica wydaje się automatycznie atrakcyjniejsza, w innych – fakt ten nie ma żadnego wpływu na wzrost atrakcyjności kobiety.

To, co się ludziom podoba, nie zależy jedynie od kultury, ale chyba również od momentu w historii?

Oczywiście. Spójrzmy na sztukę nowoczesną. Wielu ludzi dzisiaj się nią zachwyca. Potrafią z nią obcować, docenić talent artysty, co znajduje swoje odzwierciedlenie w wartości niektórych współczesnych dzieł. I dziś sztuką może być równie dobrze nieposłane łóżko, jak gładkie, białe płótno. Ale gdybyśmy pokazali je ludziom sprzed stu lat, pękliby ze śmiechu, bo ich gusta były zupełnie inne. One się zmieniają, ale to, że ludzie potrzebują się czymś zachwycać, podziwiać coś, jest niezmienne.

Jak to jest, że jedni zachwycają się obrazami, inni – przyrodą, a jeszcze inni uwielbiają grać w gry komputerowe?

Nikt tego do końca nie wie. Ludzie się różnią, po prostu. Niektórzy uwielbiają horrory, inni wolą piękne, smutne piosenki i filmy, są i tacy, którym przyjemność sprawia ból.

Częściowo wpływ ma na to kultura, ale znaczenie ma też osobowość, różne życiowe doświadczenia, nawet płeć. W USA na przykład kobiety czerpią zdecydowanie większą przyjemność z czytania powieści od mężczyzn, w ogóle kupują więcej książek. Ważny jest także wiek. Wiele z naszych gustów kształtuje się, kiedy jesteśmy bardzo młodzi, bo muzyka, filmy, literatura są społeczne, służą do budowania więzi i konstruowania własnej tożsamości. Pomagają odpowiedzieć na pytanie: „Kim jestem?". I jak pani wie, ile ktoś ma lat i skąd pochodzi, to może pani z dużym prawdopodobieństwem zgadnąć, jakiej muzyki słucha. Ja na przykład jestem po pięćdziesiątce. Podoba mi się parę współczesnych zespołów, ale przyznam, że nic nie jest w stanie przebić Floydów i Led Zeppelin, których słuchałem namiętnie, mając lat kilkanaście.

Nostalgia zabarwia różne nasze przyjemności?

Zdecydowanie. Przyjemność to niezgłębiony temat. Nie powiedzieliśmy jeszcze na przykład o tym, że ma też wymiar moralny: jedne przyjemności są dozwolone, dobre, inne – zakazane, złe.

Niektórym przyjemność sprawia zjadanie innych ludzi. Na przykład Arminowi Meiwesowi, słynnemu współczesnemu niemieckiemu kanibalowi, o którym pan pisze.

Wie pani, trochę żałuję, że umieściłem ten przykład w książce, bo już kilka osób powiedziało mi, że w tym momencie przestały ją czytać. A ja opisałem ten przypadek wyłącznie po to, żeby dać kolejny dowód na to, że esencjalizm naprawdę istnieje.

A nie również po to, żeby pokazać, że niektórym przyjemność może sprawić bycie zjedzonym? Meiwes, szukając przyszłego „dania", zamieścił ogłoszenie w internecie, na które odpowiedziało dwieście osób.

To też, choć ważniejszy był dla mnie jednak wątek esencji, bo kanibalizm dość dobrze oddaje istotę tej teorii. W kulturach, w których był praktykowany, wierzono, że człowiek zjadany ma coś wartościowego, niewidocznego, jakąś cnotę – honor, odwagę na przykład – która przechodzi na tego, kto go zjada. Ale wrócę do Meiwesa. Spośród osób, które odpowiedziały na jego anons, wybrał pewnego inżyniera posługującego się biegle językiem angielskim. To ważna informacja, bo po tym, jak już go zjadł (nie będę tu wnikał w szczegóły przygotowania i serwowania „potrawy") i wpadł w ręce policji, wyznał, że jego angielski na skutek owej konsumpcji bardzo się poprawił.

Chciałabym, żeby było jasne, że tak naprawdę się nie poprawił.

Cha, cha, cha! Oczywiście, że nie. Dodam, że moim zdaniem to zdecydowanie najgorszy z możliwych sposobów nauki języka obcego.

Ale to zjawisko, które pan opisuje, widać też dobrze przy okazji transplantacji. Wiele osób wierzy, że przeszczep organu – serca, wątroby – powoduje, iż pewne cechy charakteru dawcy przechodzą na biorcę.

Rzeczywiście tak jest. Badania potwierdzają, że wiara w to wcale nie należy do rzadkości. Dlatego często wybór dawcy jest tak trudną, skomplikowaną decyzją. Ważne jest, kim był, jaki był.

Przyznam się pani, że temat przyjemności tak mnie fascynuje, że po latach (bo książkę, o której rozmawiamy, napisałem już jakiś czas temu) postanowiłem znów do niego wrócić. W tej chwili pracuję nad kolejną książką, tym razem o bardziej nieoczywistych przyjemnościach. O tym, dlaczego niektórzy lubią się bać, inni smucić, a jeszcze inni, kiedy ich boli. Zatytułuję ją chyba „Przyjemność cierpienia".

Co jest przyjemnego w baniu się?

Jedna z teorii mówi, że jako gatunek wyewoluowaliśmy po to, żeby poznawać różne rzeczy, odkrywać, rozwijać się. Pomaga nam w tym między innymi zabawa. Próbując różnych rzeczy „na niby", sprawdzamy, „jak by to było, gdyby...". Dzieci bawią się w dom, ale też walczą ze sobą, przepychają się itd. Kiedy stajemy się dorośli, te zabawy prowadzimy nadal, tyle że najczęściej we własnych głowach. Fantazjujemy na przeróżne tematy: „Co by było, gdyby mój dom spłonął?" na przykład, albo: „Co by się stało, gdybym zakochał się w koleżance z pracy?". W ten sposób przymierzamy różne życiowe scenariusze.

Rozumiem, że fantazja o zakochaniu się w koleżance może być przyjemna, ale fantazjowanie o spalonym domu?

To też, paradoksalnie, może być przyjemne. Bo kiedy wyobraża sobie pani, jak to by mogło wyglądać, jak by się pani zachowała, przygotowuje się pani psychicznie na taką ewentualność. Ćwiczy, tyle że w bezpiecznych warunkach.

Co ciekawe, badania, w których monitoruje się marzenia ludzi na jawie, dowodzą, że większość z nas odpływa myślami w negatywne rejony.

Naprawdę?

Tak. Częściej wyobrażamy sobie przykre rzeczy – porażki, straty, nieprzyjemności. Ma to sens, bo na szczęśliwe wydarzenia nie trzeba się specjalnie przygotowywać. Fajnie jest sobie o nich czasem pomyśleć, ale nie musimy przerabiać na okrągło, jak to będzie, kiedy dostaniemy podwyżkę albo awans. Wiadomo, że to będzie miłe. Lepiej więc skupić się na tym, co zrobię, jak mnie wyleją z roboty. Albo jak żona ode mnie odejdzie.

Taki suchy trening?

Ja to nazywam bezpieczną praktyką. I w ten sposób można również tłumaczyć zamiłowanie ludzi do horrorów. Wiele z filmów tego gatunku tak naprawdę oddaje prawdziwe ludzkie lęki i dzięki temu pomagają nam obrabiać je mentalnie. Lubimy filmy o zombi nie dlatego, że pozwalają nam przyszykować się na ich przyjście, jest raczej mała szansa, że się pojawią, ale dlatego, że oglądając je, przygotowujemy naszą psychikę na potencjalną sytuację, kiedy to nasze społeczeństwo się rozpada. Albo nasze życie się rozpada.

Niektórzy horrorów nie cierpią.

Zgoda. Są inne sposoby przygotowywania się na najgorsze. Są ludzie, którzy uwielbiają filmy z ludzkimi dramatami w tle, chorobą, śmiercią. Inni gustują w filmach o nieszczęśliwej miłości, o zdradzie. Niektórzy na okrągło katują się smutnymi piosenkami.

Ale są i tacy, którym patrzenie nie wystarcza. Musi się dziać. Jedni oglądają boks w telewizji, a inni zakładają rękawice bokserskie i idą na salę powalić w worek. Jest to trochę bardziej niebezpieczne, ale także bardziej intensywne. Inni idą krok dalej i wchodzą w sytuacje, w których naprawdę doświadczają bólu i upokorzenia. Myślę teraz o osobach angażujących się na przykład w praktyki sadomasochistyczne. Wszystkich ich łączy jedno – panują nad tym, co robią. W sadomasochizmie istnieje nawet tak zwane bezpieczne słowo. Wypowiada je osoba, która doświadcza bólu, informując w ten sposób partnera, że ból staje się już nie do zniesienia. Więc najbardziej nieprzyjemne rzeczy na świecie mogą stać się przyjemne, jeśli mamy je pod kontrolą.

Powiedzmy, że uwielbia pani saunę albo gorące kąpiele. Gdyby ktoś panią tam wpychał siłą, wbrew pani woli, to byłoby straszne, a nie przyjemne, prawda?

A co z takimi prozaicznymi sytuacjami jak zajadanie się tabasco albo wasabi? Niektórzy mają z tego prawdziwą frajdę.

To jest ciekawe, bo jesteśmy chyba jedynym gatunkiem, który potrafi się delektować tym, że coś wypala język. Jedno z możliwych wyjaśnień jest takie, że spożywanie tabasco czy wasabi to często towarzyska rozrywka. Czasem chodzi w tym jedynie o to, żeby udowodnić sobie i innym, jakim się jest twardzielem. Osoby, którym wielką przyjemność sprawia zjadanie ostrych potraw, to często młodzi mężczyźni, którzy chcą sobie nawzajem zaimponować.

W mojej rodzinie tylko ja i mój teść startujemy do konkursów o to, kto zje więcej papryczek chili.

Jak widać, od każdej reguły jest wyjątek, choć przyznam, że jestem pod wrażeniem. Czy pani je te papryczki tylko wtedy, kiedy rywalizuje pani z teściem?

Sama też. Po prostu lubię ostre potrawy.

A czy przyjemność odczuwa pani głównie w trakcie jedzenia? Czy po? Niektórzy uważają, że przyjemność z robienia rzeczy nieprzyjemnych wynika po części stąd, że jak się skończą, odczuwa się dużą ulgę.

Chyba najfajniej jest w trakcie.

Niektóre doświadczenia są po prostu jednocześnie przyjemne i bolesne. Nie wiadomo do końca, dlaczego tak jest, ale ma to prawdopodobnie związek z tym, jak są „okablowane" nasze mózgi. Bardzo duży wysiłek fizyczny również daje to uczucie. Pali całe ciało, a jednocześnie jest „ekstra".

Twierdzi pan, że schemat niektórych przyjemności przypomina kształt odwróconego „U". Jak jeszcze czegoś nie znamy, to niespecjalnie nam się podoba, ale

w miarę oswajania się z tym, podoba nam się coraz bardziej, a potem zaczyna nam się nudzić.

Powiedzenie: „Najbardziej lubimy piosenki, które znamy", ma w sobie ziarno prawdy, choć nie jest prawdziwe do końca, bo istnieje też coś takiego jak przyzwyczajenie. Dobrym przykładem jest muzyka. Każdy zna to uczucie. Słyszy pani jakiś kawałek po raz pierwszy, na początku coś tam pani szemrze, potem zaczyna się pani w niego wsłuchiwać, słyszy coraz to nowe rzeczy, zachwyca się, potem puszcza go pani na okrągło, a na końcu ma go pani serdecznie dość. Schemat odwróconego „U" pasuje do różnych przyjemności. Gdybym był cyniczny, tobym powiedział, że sprawdza się również w przypadku ludzi, ale tu akurat bywa odwrotnie. W związkach, które są, nazwijmy to, szczęśliwe, partnerzy z upływem czasu wydają się sobie nawzajem atrakcyjniejsi w stosunku do tego, jak postrzegają ich inni. Dostrzegają rozmaite aspekty osoby partnera, które dla innych mogą być mniej widoczne.

Człowiek na szczęście nie jest przez całe życie tą samą piosenką.

Choć pewnie znajdą się tacy, którzy by z panią polemizowali: „Moja żona akurat jest tą samą piosenką od trzydziestu lat. I nie mogę już jej słuchać". Dlatego ważne jest, co się dzieje między ludźmi, jaka ta relacja jest. Ale obszar związków międzyludzkich to w ogóle delikatny temat. Jest w nim wciąż wiele zagadek. Zdarza się przecież, że ludzie kompletnie się nie znają i z niewiadomych przyczyn od razu do siebie ciągną – coś jest takiego w gestach, w twarzy danej osoby, w sposobie jej mówienia, co przyciąga, i „esencja" na pewno nie tłumaczy wszystkiego, choć będę się upierać, że ma większe znaczenie, niż się wydaje.

Wierzę, że im bardziej się w coś zagłębimy, im więcej wiemy na jakiś temat, tym większe nasze uznanie dla tego czegoś. To jest w zasadzie fundament dobrego gustu.

Na przykład?

Muzyka klasyczna. Za pierwszym razem, kiedy się ją słyszy, często nie budzi specjalnych emocji. Ale jak człowiek zacznie się interesować tym, skąd pochodzi, jak powstała, trochę poczyta o autorze, wsłucha się w melodię, może się okazać, że zacznie mu to sprawiać ogromną przyjemność.

Byłem niedawno na wystawie Kandinskiego, z przewodniczką. Przedtem to był dla mnie jedynie zlepek pewnych kształtów i kolorów, ale kiedy się dowiedziałem, jaka historia stoi za każdym z tych obrazów, jak wyglądał proces ich powstawania, poznałem trochę biografię artysty, nagle zacząłem patrzeć na nie zupełnie inaczej. I miałem z tego dużo radości. Część przyjemności bierze się stąd, że naprawdę potrafimy docenić czyjąś wirtuozerię, talent, że coś zostało pięknie wykonane. Nie tylko w sztuce, w sporcie też. Kiedy oglądam jazdę figurową na łyżwach, nie mogę wyjść z podziwu, co oni tam wyprawiają, jak to jest w ogóle możliwe.

Powiedział pan o biografii artysty, a ja pomyślałam, że nie zawsze wiedza na ten temat zwiększa przyjemność odbioru utworu czy dzieła. Przeciwnie – może ją odebrać. Co widać na przykładzie tego, co się dzieje po akcji #metoo w świecie sztuki. Niektórzy domagają się, żeby prace artystów, którzy wykorzystywali, molestowali dziewczynki i kobiety, wycofać z muzeów albo opatrzyć specjalnymi tabliczkami.

To jest bardzo, bardzo interesująca kwestia. W tej chwili na Yale przeprowadzamy eksperymenty, w których pokazujemy ludziom wybrane dzieła wraz z życiorysem artysty, z tym że w jednej wersji artysta jest porządnym człowiekiem, a w innej – przestępcą, na przykład pedofilem. Jesteśmy ciekawi, jak te informacje wpłyną na przyjemność odbioru sztuki. Uważamy, że zdecydowanie będzie to miało znaczenie, ale jeszcze tych badań nie skończyliśmy, więc na razie nie mogę więcej pani powiedzieć.

Czy są ludzie, którzy w ogóle nie odczuwają przyjemności?

Tak. Na przykład osoby w głębokiej depresji. Na nic się nie czeka. Rzeczy, które kiedyś cieszyły, już nie cieszą. Jedzenie nie smakuje. Nie ma się ochoty na seks. Ale poza stanem głębokiej depresji ludzie się po prostu różnią. Jedni czerpią z życia więcej przyjemności, inni mniej. Generalnie uważam, że w życiu chodzi o coś znacznie więcej. I mimo że poświęcam temu tematowi drugą książkę, wcale nie myślę, że uganianie się za tym, co przyjemne, to dobry sposób na życie.

Pyszne wino, smaczne jedzenie, muzyka i seks są super, ale bogate życie to tak naprawdę sensowne życie – głębokie relacje z ludźmi, staranie się o to, żeby uczynić świat nieco lepszym, podążanie za interesującymi, wymagającymi projektami, pewna doza zmagania się i niewygody również. Ludzie jednak najczęściej chcą zostawić po sobie jakiś ślad.

W świecie, w którym wartością jest świetne samopoczucie, wydajność, sukcesy, orgazm piętnaście razy dziennie i pięciocyfrowa pensja, człowieka smutnego należy się wystrzegać jak ognia.
Bo nie daj Boże – zarazi.

Co się łatwiej popsuje, komputer czy drewniane liczydło? Oczywiście komputer! Bo ma więcej skomplikowanych mechanizmów. Podobnie – skomplikowany człowiek będzie częściej doświadczał smutku, bo więcej rzeczy będzie go uwierać, będzie miał większą niezgodę na to, co jest.

Ja jestem smutny inaczej niż pani, inaczej niż pani dzieci są smutne i inaczej niż człowiek bezdomny. Smutek w nas przekłada się tak, jak perfumy na ciele. Na każdym te same perfumy będą inaczej pachnieć.

PIĘKNA UTRATA ZŁUDZEŃ

Rozmowa z **Bartłomiejem Dobroczyńskim**

Kiedy powiedziała pani, że chce rozmawiać o smutku, zacząłem się zastanawiać, czy to w ogóle jest emocja...

...jak to? Niektórzy twierdzą nawet, że jedna z podstawowych.

A nie można by było sobie wyobrazić, że to jest na przykład cecha charakteru?

Emocja, z definicji, jest czymś krótkotrwałym, a przecież oboje znamy ludzi, o których można by powiedzieć, że są po prostu smutni, czy też, jak to się mówi, bardziej do smutku usposobieni.

Ale zostawmy te rozważania, bo znacznie ciekawsze wydaje mi się to, że smutek jest czymś, czego świat, w którym aktualnie żyjemy, nie lubi w sposób szczególny.

Dlaczego?

Jeśli przyjmiemy, że smutek jest emocją, to jest ona emocją paradoksalną.

O większości emocji mówi się trochę tak, jakby się mówiło o dzieciach, zwierzętach czy procesach natury, w domyśle, że są one czymś, co się wymyka spod kontroli, czymś gwałtownym. Samo źródło słowa „emocje" to łacińskie „emovere" – „poruszać". Ślady tego można znaleźć w potocznym języku: „To mną wstrząsnęło", „Bardzo mnie porusza to, co mówisz", „Targała nim wściekłość", „Dygotała ze zdenerwowania". To tak, jakby była pani rękawiczką i jakaś ręka by w panią weszła i zaczęła się poruszać, o tak. A smutek jest emocją nieporuszającą. Raczej człowieka spowalnia. Sprawia, że się wycofuje. Czasem wręcz go paraliżuje, na przykład w depresji.

I w przeciwieństwie do wielu emocji, które „rzucają" człowieka w objęcia świata, jest skierowany do wewnątrz. Refleksyjny.

Jak ktoś „szaleje z radości", to ciężko sobie wyobrazić, że będzie jednocześnie prowadził wysublimowaną wewnętrzną narrację, prawda? Podobnie jeśli jest wściekły czy w furii. A w smutku człowiek zaczyna się zastanawiać, zadaje sobie różne pytania.

Tyle że one zwykle prowadzą do niewesołych wniosków.

Bo smutek jest selektywny. Skupia się na tym, co ciemne, przytłaczające, ale nie odbiera logiki, a czasem również i poczucia humoru, choć jest to „czarny" humor. Jednym słowem jest emocją nieprzeszkadzającą w myśleniu, a często je nawet wspomaga.

I z tego powodu, między innymi, się go dzisiaj nie ceni.

Bo nie ceni się ludzi refleksyjnych?

To coś więcej. Smutek uniemożliwia realizowanie najbardziej podstawowego celu naszej kultury, czyli handlu.

A mógłby pan tę myśl rozwinąć?

System, w którym żyjemy, opiera się na produkowaniu, sprzedawaniu i kupowaniu. Jak ktoś nie wierzy, wystarczy, żeby sobie włączył telewizor. Poza wiadomościami i pogodą jedynym stałym elementem są tam reklamy. Jak to kiedyś świetnie ujął Bill Gates, najważniejszą rzeczą dziś jest, „żeby informacja o produkcie jak najszybciej dotarła do konsumenta".

Chce pan powiedzieć, że człowiek smutny nie kupuje?

Przede wszystkim smutek uniemożliwia bardzo wiele aktywności, które są w tym świecie pożądane. Człowiek smutny na przykład niechętnie udziela informacji o sobie na Facebooku, tych wszystkich Instagramach, WhatsAppach, które służą głównie temu, żeby ludzie sprzedający wiedzieli, co nam mogą wcisnąć. Mówi: „To nie ma sensu", „Dajcie mi spokój", „Chcę być sam". Wypada z obiegu chwalenia się, co posiada, gdzie to nie był, oceniania tego, co inni nabyli, oraz opowiadania o tym, co chciałby mieć, dokąd pojechać. Po co mu nowy telefon czy samochód, „skoro i tak zaraz umrze, wszyscy umrzemy"? Można więc powiedzieć, że w tym systemie smutek jest najbardziej anarchistyczną, wywrotową, podminowującą emocją.

Chyba to nie do końca tak. W mediach społecznościowych jest całkiem sporo smutnych, również takich, którzy o swoim smutku chętnie opowiadają. Słyszał pan o Audrey Wollen?

Nie.

To młoda amerykańska artystka, która stworzyła „teorię smutnej dziewczyny". Zaczęła od tego, że na Instagramie zamieszczała swoje zdjęcia, na których widać, jak płacze, leży w rozmazanym makijażu, w ogóle jest dość nieszczęśliwa. Szybko wokół tej teorii zbudowała się społeczność dziewczyn, które się z nią identyfikowały. I ze smutkiem jako pewną konstytucją.

Ja nie wiem, czy to jest prawdziwy smutek. Jak ktoś jest bardzo chory, to leży w łóżku, a jak jest martwy, to nie żyje. Wie pani, co chcę powiedzieć? Jak ktoś jest naprawdę smutny, to ta emocja go tak pochłania, że nie ma miejsca na nic innego. Nie chcę oceniać tej artystki, ale ze smutku też można zrobić cudowny marketing. Istotą naszej kultury jest to, że wszystko prędzej czy później staje się towarem. Z miłością włącznie, jak dowodzi izraelska socjolożka Eva Illouz. Smutek też może zostać utowarowiony.

I wtedy jako towar będzie w pełni akceptowany.

Oczywiście. Proszę zobaczyć, ile jest smutnych filmów, piosenek, powieści. Ludzie akurat to uwielbiają, a udziałowcy są zachwyceni! Smutny twórca jest jak najbardziej OK, ale już nie smutny konsument i kredytobiorca.

Trochę się nasza rozmowa depsychologizuje, nie wiem, czy chcę iść w tym kierunku... Chcę tylko pokazać, że bez tego całego współczesnego kontekstu nie będziemy potrafili zrozumieć negatywnej oceny smutku, który na przykład w średniowiecznych klasztorach miał zupełnie inny status: „Błogosławieni, którzy się smucą" – mawiano. A jeszcze na początku XIX wieku melancholijni to byli poeci, poetki, filozofowie, filozofki, pisarze, pisarki, czyli ludzie o ponadprzeciętnej wrażliwości.

Dzisiaj smutek jest nielubiany również dlatego, że smutni przypominają innym o tym, że wszystko ma swój koniec...

Są takim chodzącym „memento mori"...

...a tej kulturze zależy raczej na tym, żebyśmy żyli w iluzji nieśmiertelności.

I w takim przypadku smutny występuje niejako w roli osoby z przytułku czy hospicjum, która w mniejszym nasileniu pokazuje, że tak czy owak wszystko kończy się raczej źle.

W świecie, w którym wartością jest świetne samopoczucie, wydajność, sukcesy, orgazm piętnaście razy dziennie i pięciocyfrowa pensja, człowieka smutnego należy się wystrzegać jak ognia.

Jak kiedyś trędowatego.

Dokładnie. Bo nie daj Boże – zarazi. Przyjdzie na imprezę na przykład i ją zdołuje. Wejdziesz w dobrym nastroju, a wyjdziesz w złym, bo ci go smutny „skisił". To co? To go lepiej nie zapraszać. Wykluczyć.

To jest takie prawdziwe... Ludzie uciekają.

Coś pani powiem. To będzie dygresja, ale może przynajmniej częściowo pomoże nam odpowiedzieć na pytanie, dlaczego ludzie w takich sytuacjach znikają.

Gdybym miał zabrać na bezludną wyspę tylko dwie płyty, to wziąłbym „Pieśń o ziemi" Mahlera i „Jedynkę" Ramones, bo one ze wszystkich płyt, które mam, znudziłyby mi się najpóźniej. Mahlera cenię za jego refleksyjność, spleen, otwarcie na przemijanie, rozpacz, śmierć. Nikt tak pięknie nie mówi o tym, że nic nie będzie takie, jak byś chciał. Ale na co dzień znacznie częściej słucham muzyki podobnej do Ramones. Dlaczego? Bo żeby zmierzyć się z czymś tak głębokim jak Mahler, tak przejmującym i melancholijnym, musiałbym się znajdować w luksusowej sytuacji klasy próżniaczej. Przeciętna symfonia Mahlera trwa półtorej godziny i więcej.

Chce pan powiedzieć, że dla smutnego człowieka trzeba mieć czas?

Nie tylko czas. Również dużo energii, troski, zrozumienia. Proszę sobie wyobrazić, że dzwoni pani do mnie i mówi: „Bartek, słuchaj, potrzebuję twojej pomocy. Jestem tak smutna, że pięć godzin nie wystarczy, żebym opowiedziała, jak mi źle, a będę potrzebować jeszcze trzech, żebyś mnie podniósł na duchu, więc przygotuj się, że przyjadę do ciebie na osiem godzin i bez przerwy będziemy się zajmować mną".

Podoba mi się to.

Ale nie wiem, kim musiałbym być, żeby powiedzieć: „Cudownie! Czekam! Przyjeżdżaj!". Chyba Panem Bogiem. Jako człowiek zrobię to tylko w dwóch wypadkach – jeśli mi pani za to zapłaci, to znaczy jeśli będę psychiatrą albo psychoterapeutą, albo jeśli będę panią kochał nad życie.

Dzieci kochamy ponad wszystko, a mimo to często nie jesteśmy w stanie unieść ich smutku. Od razu wytaczamy jakieś armaty rozweselająco-pocieszające.

Bo znów kultura nam to często uniemożliwia. Proszę popatrzeć na swoje życie czy życie któregokolwiek ze znajomych – ludzie bez przerwy zasuwają, na nic nie ma czasu. A smutne dziecko, jak Mahler, wymaga półtorej godziny, a często i więcej.

Członkowie plemiennych wspólnot, jak wyliczył amerykański antropolog Marshall Sahlins, autor „Pierwotnego społeczeństwa dobrobytu", przeznaczali cztery godziny dziennie na pracę, a przez resztę czasu robili, co chcieli. W takiej sytuacji można doświadczać różnych stanów emocjonalnych. Nikt nam w tym nie przeszkadza, bo nikomu to nie przeszkadza. A w naszym kontekście smutek czy tak zwany obniżony nastrój, jak go nazywają psychiatrzy, jest problematyczny, dlatego trzeba szybko coś na niego zaradzić.

Dodatkowo u rodziców smutek dziecka wzbudza czasem poczucie winy, że może coś zrobiłem nie tak, nie potrafię zapewnić mu odpowiednich warunków, jestem złym rodzicem.

Jak najlepiej byłoby się tym smutkiem zająć, pokazać dziecku, że to emocja, jak każda inna, że dużo nam mówi o nas samych?

Banalne to będzie, ale nie należy smutku u dzieci tępić. „Jesteś smutny?", „OK, to siądź sobie, pobądź z tym smutkiem, to jest w porządku". Tyle. Dać czas, przestrzeń.

Smutek jest jedną z najinteligentniejszych emocji. W tym widzę jego ogromną wartość.

W jakim sensie?

W takim, że jeśli potraktujemy go jako poznanie, jako coś, co dostarcza nam wiedzy na temat otaczającej rzeczywistości, to można powiedzieć, że smutek jest najbardziej realistyczny.

Jeśli popatrzeć na diagnozę współczesnego świata, na to, w jakiej kondycji znajduje się Ziemia, polityka, ludzkość w ogóle, to trudno bronić entuzjastycznych tez, nie? Wygrywają populizmy, mamy zagrożenie klimatyczne, wszystko wygląda, jak by to powiedzieć, źle.

Wie pani, czym się różnią optymiści od pesymistów?

I nie chodzi o przysłowiową szklankę?

Nie. Pesymiści są lepiej poinformowani. Niektórzy tak to widzą. Potrafią pokazać innym, że ich euforia jest nieuzasadniona, wręcz niebezpieczna, jeśli oczywiście ci inni chcieliby tego słuchać.

Gdzie by pan postawił granicę między smutkiem a depresją? Praktycznie pod każdym tekstem na ten temat pojawiają się pytania o to.

Hmm... To jest problem, który znów ma tło kulturowe i wiąże się z czymś, co można by nazwać medykalizacją naszej kultury. Wiele problemów, z którymi ludzie się stykali przez setki lat, dziś stało się problemami medycznymi. W tym i smutek. Jak pani myśli, dlaczego ludzie pytają, jaka jest różnica między smutkiem a depresją? Najczęściej dlatego, że obawiają się, że smutek, którego doświadczają, jest już chorobą.

Bo czasem jest.

Często bardzo trudno to stwierdzić. Najgorszy jest przypadek graniczny, kiedy jest pani potwornie smutna, nie może sobie z tym dać rady i nie wie, czy to jest już depresja, czyli coś, co wymaga konsultacji psychiatrycznej i zażywania leków, czy to jest potężny problem psychologiczny do omówienia z psychologiem, czy też jest to sytuacja, którą można załatwić rozmową z kimś bliskim, podróżą, a może to jest coś, co wystarczy przeczekać.

Albo naturalna reakcja na stratę.

Właśnie. A ten zmedykalizowany świat, w postaci DSM czy ICD, czyli klasyfikacji zaburzeń psychicznych, zakłada, że istnieje coś takiego, jak „normalna", „zdrowa" żałoba, i że ona ma określony czas trwania. Jeśli ten czas się przedłuża, to już jest patologia. Tylko że ten czas jest piekielnie krótki.

Kiedyś mówiło się o roku, teraz to jest chyba raptem kilka miesięcy.
A kto mi powie, że nie mogę być w żałobie dwa lata? Albo i całe życie?

Pięć lat temu umarła moja przyjaciółka. Dalej mi jej brakuje. Czy jestem w żałobie, w sensie dosłownym, że chodzę na czarno, posypuję głowę popiołem i tłukę nią o ścianę? Nie. Ale czy porzuciłem myślenie o niej? Nie. I wcale nie zamierzam!

Ale jednak pan funkcjonuje, nie leży plackiem, nie patrzy w ścianę.
Czasem leżę. Robi mi się smutno, kiedy o niej myślę, tęsknię za nią, złoszczę się: „Janka, dlaczego nie mogłaś jeszcze pożyć?".

Nasza cywilizacja coraz bardziej się maszynuje. Wszystko ma swoje procedury: organizacje, korporacje, a teraz i ludzi chce się wyposażać w procedury, które będą im mówiły, ile, co i jak ma przebiegać, jakie stany są dozwolone, jakie nie, itd. Smutek się wymyka temu umaszynowieniu. Nie chcę przez to powiedzieć, że depresja nie istnieje. Istnieje, i jest jej coraz więcej, ale nie da się jej ująć w sztywne ramy, odtąd dotąd: „Jak masz pięć z siedmiu objawów, to ją masz, a jak tylko jeden – to nie".

Dlaczego chorych na depresję przybywa?
Moim zdaniem dlatego, że ludziom coraz trudniej radzić sobie z wymaganiami, które świat przed nimi stawia, a równocześnie większość buforów, które kiedyś zabezpieczały ich w tego typu sytuacjach, umarła.

Na przykład?

Religia. Człowiek wierzący mógł kiedyś powiedzieć na przykład: „Wprawdzie pracuję ciężko, nie doceniają mnie, płacą mi śmiesznie mało, ale cierpienie jest oznaką bycia wybranym przez Boga". Albo: „Jestem jak jego syn, którego skazał na cierpienie, więc moje życie ma sens".

To, co straciliśmy jako kultura, to jest właśnie sens.

Trochę wierzących się jeszcze znajdzie. Chce pan powiedzieć, że depresja ich omija?

Ludzie wierzący mogą mieć dziś taką samą depresję jak wszyscy inni, bo wierzą już w innym kontekście, w którym liczy się przede wszystkim to, żeby mieć, w którym ich religia sama się dyskwalifikuje codziennie każdym aktem pedofilskim w Kościele, każdym nienawistnym kazaniem.

Żyjemy w świecie, który jest po prostu nieludzki.

Mimo że sami go stworzyliśmy.

Już Erich Fromm o tym pisał pół wieku temu, że to społeczeństwo w żaden sposób nas nie wspiera. A wie pani jak było dawniej u Lakotów?

Nie.

Oni mieli coś, co się nazywało „tańcem słońca". To taka ichnia matura, rytuał, w którym chłopcy stają się mężczyznami. Niezwykle brutalny, tu się podwiesza, tam ciągnie, krew sika na wszystkie strony. I teraz jeśli byłeś młodym mężczyzną Lakota i tańczyłeś ten taniec, to całemu plemieniu zależało na tym, żeby ci się udało. Oczywiście nie ma co ich idealizować, to są ludzie tacy jak my, ale u podstaw tej wspólnoty leży taka pragmatyczna idea, że jak „komukolwiek z nas dzieje się źle, to nam wszystkim będzie się działo źle". Będziemy mieli mniej ludzi do walki i polowania, mniej jedzenia, w związku z tym wszyscy musimy o siebie dbać.

A teraz proszę spojrzeć na nasze społeczeństwo. Czy jak u nas człowiek staje się, przynajmniej teoretycznie, dorosły, czyli zda maturę, to kogoś obchodzi, co będzie z nim dalej, czy będzie szczęśliwy, czy nie?

Rodzinę?

Rodzinie czasem w gruncie rzeczy chodzi o to, o co chodzi całemu społeczeństwu, żeby dziecko „nie sprawiało problemu". Jak nie sprawiasz problemu, to w zasadzie reszta jest już obojętna.

Margaret Thatcher powiedziała kiedyś: „Nie ma czegoś takiego jak społeczeństwo". Święta prawda, niestety. Kultura, w której żyjemy, ma człowieka gdzieś. Mówi mu: sam za siebie odpowiadasz. A do tego wrzuca ludzi w jakiś bezsensowny wir rywalizacji, ciągłego konkurowania, że „Colgate zawsze numer jeden na świecie" itd. Wiele osób tego nie wytrzymuje, bo to jest na dłuższą metę nie do wytrzymania.

Chce pan powiedzieć, że czasem depresja jest zdrową reakcją na niezdrową sytuację?

Niektórzy tak uważają, i w jakimś sensie granica między zdrowiem a chorobą jest arbitralna. Jest wyznaczona przez szereg kulturowych czynników.

Ja wiem, że w różnych pismach chcą, żeby im jasno powiedzieć: smutek kończy się tu, depresja zaczyna się tu, żeby „nasze czytelniczki, medytując na poduszkach do jogi, wiedziały, czy mają już pędzić do lekarza po prozac, czy jeszcze nie", ale ja takiej odpowiedzi nie mogę udzielić.

Nie jest tak, że, jak to się mówi, każdy jest panem własnego losu. Bzdura. Jesteśmy od siebie nawzajem zależni. Potrzebujemy akceptacji, miłości, żeby nas lubili, podziwiali. Ludzie sobie w większości tego wszystkiego nie uświadamiają.

Tych zależności?

W czym tak naprawdę funkcjonują, jaki jest ten kontekst. Tylko wkładają mnóstwo wysiłku w to, żeby się dopasować, żeby właśnie zasłużyć na tę aprobatę, i często zachowują się nieadekwatnie do tego, jak się czują. Część pęka.

Ta kultura ma jedno kryterium oceny smutku: czy jesteś w stanie funkcjonować i wykonywać swoje obowiązki, czy nie? Czy jesteś w stanie zarobić na siebie, spłacać kredyty, zaciągać kolejne, sprzątnąć dom, odprowadzić dzieci do szkoły, ubrać się, nie śmierdzieć, czy nie?

Jakby pani pokazała „dzikiemu" znad Amazonki, co musimy robić, toby powiedział: „Jesteście wszyscy popieprzeni! Chlubicie się tym, że wyzwoliliście się z natury, że żyjecie w luksusie, a z tego wcale nie korzystacie. Wasze życie to jedno nieustające pasmo obaw, zabiegania, przepracowania, stresu, smutku, daremnego oczekiwania, rozczarowań i frustracji". A od siebie dodałbym, że cały dyskurs publiczny służy tylko przysłonięciu tego faktu. Moim zdaniem wszyscy powinni mieć już depresję.

Może niedługo tak się stanie. Statystyki WHO raczej nie pozostawiają złudzeń.

Możliwe. Tylko że to nie ludzie są chorzy, ale system jest chory.

Co jeśli ktoś swoim smutkiem rzeczywiście zaczyna „sprawiać problem"?

Najpierw są jakieś akcje wewnątrz mikrosystemu zwanego rodziną czy grupą przyjaciół. Teksty tak zwane motywujące typu: „Weź się w garść!", „Chodź, pójdziemy na imprezę", „Rozerwiesz się!". Czasem to pomaga, częściej nie. Potem wiele zależy od człowieka i środowiska, w którym funkcjonuje. W niektórych środowiskach „interwencja" może być bardzo szybka, bo na przykład człowiek pracuje w korporacji, gdzie oczekuje się, że będzie cały czas uśmiechnięty, pozytywny, a jak taki nie jest, to firma jest stratna, więc wtedy lekarz i jakieś tabletki najlepiej, żeby czym prędzej „stanął na nogi". Ale jak się wypala węgiel drzewny z Kazkiem i Józkiem w Bieszczadach i przez dwa tygodnie, miesiąc jest się wycofanym, ponurym i się milknie, to Kazik z Józkiem mogą powiedzieć: „Dobra, ten tak ma, może zapił, może ma doła, pracujemy dalej".

Problem polega na tym, że w kulturze, która smutku nie akceptuje, ludzie, którzy go doświadczają, sami szybko mają poczucie, że coś jest z nimi nie tak, że może powinni coś z „tym" zrobić.

Wstydzą się go?

Dokładnie. Bo smutek przestał być problemem osobistym czy psychologicznym, a stał się problemem społecznym. I wiąże się z pewnego rodzaju stygmatyzacją.

„Uśmiechaj się albo zgiń" – jest taka świetna książka amerykańskiej dziennikarki Barbary Ehrenreich, którą znajomi zarzucili literaturą o pozytywnym myśleniu, kiedy zachorowała na raka. Napisała tę książkę z wściekłości, bo dla niej rak nie był żadną „kolejną lekcją", tylko brzydką, śmiertelną chorobą, w której jest się samemu.

No właśnie. A wie pani, jaką Nawahowie mają strategię leczniczą?

Pan mi tu znowu o Indianach. A w czym nam to pomoże?

W niczym, ale i tak chcę opowiedzieć. Strategia Nawahów jest taka, że jak wszystko już zawiedzie, jak wszyscy uzdrowiciele już nad tobą posiedzieli, leczyli cię i nie wyszło, to zbiera się cała osada, siada przed twoim namiotem i czeka, aż wyzdrowiejesz. To jest petarda.

Tak moi przełożeni mówią na tekst, który się świetnie „klika" w internecie...

No, a to jest petarda prawdziwa. Bo znów pokazuje, że całej wspólnocie na tobie zależy. Nie ruszymy się stąd, póki się nie dźwigniesz i nie powiesz nam, że jest w porządku. Z drugiej strony to jest oczywiście szantaż. Tym zachowaniem mówią też: „Zajmujesz nasz czas, nie możemy robić tego, co chcemy, co lubimy, bo jesteś chora/y". Ale ten szantaż jest po coś.

Uważa pan, że gdyby pod drzwiami człowieka z depresją w Krakowie albo w Zgierzu usiedli sąsiedzi i czekali, aż wyzdrowieje, to miałby większą szansę na to?

To jest niemożliwe. Taka osoba nie potrafiłaby tego odczytać. A może nawet by się poczuła jeszcze gorzej, pod presją. Kultury są jak żywe organizmy. Nie da się wyciąć z niedźwiedzia wątroby i przeszczepić wydrze. Ona na niedźwiedziej wątrobie nie pojedzie. Jeśli chcemy, żeby było inaczej, musimy zmienić naszą kulturę od środka.

Co może zrobić ktoś, kto jest smutny, bo tak ma i nie chce tego zmieniać?

Może spróbować przejrzeć mechanizmy, które tą kulturą rządzą, nabrać dystansu i powiedzieć tym, którzy mu coś zarzucają: „A ja mam prawo do smutku. Nie ma w tym nic złego. Dajcie mi żyć". Bo wie, że istnieją konstytucje, które są do tego skłonne, jest też świadomy, że jak powiada pewne rosyjskie porzekadło: „Kto mnoży wiedzę, mnoży smutek".

Czyli?

Im więcej wiesz o świecie, tym jesteś smutniejszy, bo zaczynasz dostrzegać, że, jak to mówiła Barbara Skarga: „Człowiek to nie jest piękne zwierzę". Można powiedzieć, że życie człowieka wrażliwego i inteligentnego jest ciągiem utraty złudzeń. Tacy ludzie częściej bywają smutni, bo złożoność, pewne wyrafinowanie sprawiają, że łatwiej się psują.

Co się łatwiej popsuje, komputer czy drewniane liczydło? Oczywiście komputer! Bo ma więcej skomplikowanych mechanizmów.

Podobnie – skomplikowany człowiek będzie częściej doświadczał smutku, bo więcej rzeczy będzie go uwierać, będzie miał większą niezgodę na to, co jest.

Czy od smutku da się odciąć?
   Ale jak to zrobić?

Niektórzy próbują.
   Są tacy, którzy bez przerwy biorą antydepresanty i mają przez to podniesiony nastrój, fakt. Mówi się, że kryzys z 2008 roku był w dużej mierze wynikiem działań takich osób, które podejmowały ryzykowne decyzje biznesowe i miały przekonanie, że mogą więcej, że wolno im więcej, a tak naprawdę potracili kontakt z rzeczywistością.
   Pytanie, co jeśli ktoś w pewnym momencie te leki odstawi?
   Jakby pani zobaczyła, jak wygląda sformułowany przez pewną amerykańską psychiatrę przepis na bezpieczne odstawienie benzodiazepin (grupa leków o działaniu przeciwlękowym, uspokajającym), toby się pani złapała za głowę. To wygląda gorzej niż wychodzenie z heroiny, a w tej chwili takie leki bierze masa ludzi.
   Smutek nie jest czymś, co można wydestylować i wyjąć z siebie. To integralna część człowieka. Jak się odetniesz od smutku, to się odetniesz od wszystkiego. Można na smutek wypić pół litra wódki, on na chwilę zniknie, ale razem z nim dostęp do innych emocji. A kiedy alkohol przestanie działać, wróci z jeszcze większą siłą. Tak działają wszelkiego rodzaju zagłuszacze czy inne triki stosowane z zewnątrz. Kiedy przestajesz je dostarczać, dalej zostajesz z tym, co jest.
   Emocje są rzeczywiste, są po to, żeby je przeżywać. Nie da się ich pozbyć, zdystansować do nich. Trzeba je poznać i nauczyć się z nimi postępować w taki sposób, który będzie najlepszy dla danego człowieka.

Zauważyłam, że część osób o smutnym usposobieniu radzi sobie w sposób, który nazwałam homeopatycznym. Słuchają smutnej muzyki, czytają smutne książki, oglądają smutne filmy.

Klin klinem.

Paradoksalnie dzięki temu czują się lepiej. Jak ostatnio spojrzałam na komentarze na YouTubie pod jednym z moich ulubionych kawałków pt. „Black" zespołu Pearl Jam, to aż się do siebie uśmiechnęłam. Mnóstwo było tam wpisów w duchu: „To jest najsmutniejsza piosenka w historii rocka. Jezu, jak mi dobrze", „Jaki wspaniały smutek, od razu mi lepiej!".

Po pierwsze, to, jak pani powiedziała, działanie homeopatyczne. A po drugie, to poczucie wspólnoty. Ci ludzie mają poczucie, że nie są w tym smutku osamotnieni: „Aha, to inni też tak czują", „Aha, to jest nas dużo", „O, to może znaczy, że ze mną wszystko w porządku!", „Cudownie, kocham was!".

Wreszcie można się poczuć normalnie?

O to chodzi. Gdybyśmy żyli w systemie, w którym smutek jest ceniony, to ci wszyscy ludzie byliby z tego dumni, czuliby się wartościowi, a nie uważali się za dziwadła.

Wiele osób zapomina, że smutek ma też swoją jasną stronę, nie tylko ciemną.

Gdzie jest ta jasna strona?

Najpierw powiem o ciemnej, bo one z siebie wynikają. Smutek zazwyczaj wiąże się z tym, że coś jest nie tak, jak powinno być albo jak byśmy chcieli. Na przykład widzę, że mimo że chronią słonie w Afryce, to dalej kłusownicy obcinają im ciosy i nie mam na to żadnego wpływu. Albo: chciałbym, żeby pewna kobieta mnie przytuliła do serca, ale ona tego nie chce. Albo: chciałbym, żeby mnie bardziej cenili, a to się nie dzieje.

Natomiast dobrą stroną smutku jest to, że on może panią w pewnym momencie skłonić do powtórnego rozważenia czy przewartościowania pani relacji ze światem.

W jakim sensie?

Na przykład może pani pomóc uzmysłowić sobie, że wiele smutków wynika z tego, że mamy zbyt wysokie oczekiwania wobec życia, zbyt wyidealizowane wyobrażenia. Planujemy coś, nastawiamy się, potem to się nie wydarza i przychodzi smutek i rozczarowanie. Planowanie jest może przydatne, jak się wyrusza w podróż, ale w życiu słabo się sprawdza. Bo ono jest wielorako uwarunkowane, a przez to nieprzewidywalne.

Jednym słowem smutek może nas urealnić?

O to chodzi.

Co by się mogło stać, gdyby w tej kulturze zrobiło się więcej miejsca na smutek?

Kiedyś wierzyłem, jako przekonany anarchista, że istnieje sposób na przynajmniej częściowe wymknięcie się z systemu. Na przykład tworzy się własne środowisko – zaprzyjaźnionych rodzin, ludzi, przyjaciół, usług, w którym toczy się życie jakby niezależne, oparte na innym modelu i wartościach. W latach 80. przez jakiś czas tak żyliśmy z żoną. Nie mieliśmy dzieci, zajmowaliśmy się dziećmi naszych przyjaciół, w zamian dostawaliśmy jedzenie albo coś innego, wymienialiśmy się między sobą różnymi rzeczami. Ale to były lata 80., inny świat. Dzisiaj każdy taki ruch natychmiast zostałby przerobiony na trend, na produkt. Jakiś odpowiednik bycia „hipsterem".

Próbuję sobie wyobrazić taki trend „smutnych ludzi", a z nim te wszystkie kubki, okładki na iPhone'a i koszulki z napisem „Mam depresję" albo „Jestem smutny"...

Tak by właśnie mogło być. I zaraz by się zaczęło: ten ma prawdziwą depresję, znaczy jest „dobry", tamten ma udawaną, czyli „zły", itd.

Ja wiem, że wszyscy umrzemy i tak dalej, ale naprawdę nic się nie da zrobić?
Jak mówiłem, mamy ograniczone możliwości, ale to nie znaczy, że nic nie możemy.

Mogę pani powiedzieć, co mnie ostatecznie ratuje – to jest mój świat, moje pasje i mój czarny humor.

Nie chcę nic panu ujmować, ale to chyba jest w ogóle cudowna broń ludzi smutnych i inteligentnych. Choć czasem pomaga głównie innym. Weźmy na przykład takiego Robina Williamsa.
Albo Charliego Chaplina. Oczywiście, ma pani rację.

Lubię znaną anegdotę o tym, jak przychodzi facet do psychiatry w XIX wieku i mówi, że jest na granicy samobójstwa. Lekarz na to: „Kurczę, nic nie pomaga, żadne terapie, żadne lekarstwa, ale wie pan co, jest taki jeden facet, który potrafi rozśmieszyć każdego. Taki klaun, tu w cyrku występuje. Niech pan pójdzie do niego". „To ja nim jestem" – odpowiada pacjent. To à propos Robina Williamsa i innych genialnych komików, którzy byli przeżarci czarnymi myślami. Ale to jest też kolejny dowód na to, jak smutni ludzie mogą być przydatni. Można się z tego śmiać, szydzić, uważać za głupie, ale poczucie bycia potrzebnym jest dla człowieka szalenie ważne, vide – pierwsze dni na emeryturze.

I gdzie takie smutne usposobienie się przydaje, poza branżą komediową, jak ustaliliśmy?
Na przykład w zawodach, w których oczekuje się, że człowiek będzie wyciszony, stonowany, refleksyjny. Nie gwałtowny, nie impulsywny, tylko cierpliwy: choćby w pracy z trudnymi przypadkami, z osobami starszymi, z dziećmi, gdzie łatwo stracić równowagę.

Na koniec chciałbym pani powiedzieć o tym, co kiedyś napisał słynny włoski badacz kultury tybetańskiej Giuseppe Tucci w swojej książce „Mandala". On twierdził, że różnica między zachodnią kulturą a tamtą zasadza się na tym, że kultura zachodnia wierzy w istniejącą obiektywnie prawdę, a kultura tybetańska ma do niej taki stosunek jak lekarz do choroby, mianowicie, że nie ma czegoś takiego jak grypa.

Pierwszy raz słyszę.

Są konkretne zarazki grypy i konkretni ludzie chorzy na grypę, a każdy z nich inaczej ją przechodzi. Analogicznie mógłbym powiedzieć, że nie ma czegoś takiego jak smutek. Nie istnieje taki obiekt we wszechświecie, który mogłaby pani wskazać palcem i powiedzieć: „O, to jest to!". Podobnie jest ze szczęściem czy z miłością. To są abstrakcyjne byty językowe, które stworzyliśmy po to, żeby móc się komunikować. Ale to, co określają, nie istnieje samodzielnie. Są jedynie konkretni ludzie smutni, konkretni ludzie kochający innych konkretnych ludzi, konkretni ludzie szczęśliwi itd. Ja jestem smutny inaczej niż pani, inaczej niż pani dzieci są smutne, inaczej niż pani przełożona i inaczej niż człowiek bezdomny. Smutek w nas przekłada się tak jak perfumy na ciele. Na każdym te same perfumy będą inaczej pachnieć.

A więc: „Poznaj swój smutek".

Dokładnie, poznaj swój smutek. Dla jednego smutek będzie czymś, na co szczególnie powinien uważać, bo w nadmiarze będzie on zagrażał jego związkom, psuł relacje z rodziną, z dziećmi, a dla drugiego będzie czymś, co powinien w sobie pielęgnować. Materiałem do pisania symfonii, poezji, do malowania. Ten drugi powie: „A ja lubię być smutny".

Redakcja: Ewa Wieczorek
Korekta: Danuta Sabała

Projekt graficzny okładki: Krzysztof Rychter
Projekt graficzny makiety i skład: Elżbieta Wastkowska

ul. Czerska 8/10
00-732 Warszawa

WYDAWNICTWO KSIĄŻKOWE:
DYREKTOR WYDAWNICZY: Małgorzata Skowrońska
REDAKTOR NACZELNY: Paweł Goźliński
KOORDYNACJA PROJEKTU: Katarzyna Kubicka

Zebrane wywiady były publikowane w latach 2016-2019 na łamach „Wysokich Obcasów", „Wysokich Obcasów Extra" oraz miesięcznika „Charaktery" („Wstyd").

© copyright by Agora, SA 2019
© copyright by Agnieszka Jucewicz, 2019
© copyright by Bartek Arobal Kociemba, 2019

Wszelkie prawa zastrzeżone
Warszawa 2019
ISBN: 978-83-268-2785-3

Druk: Drukarnia Abedik

prawolubni Książka, którą nabyłeś, jest dziełem twórcy i wydawcy. Prosimy, abyś przestrzegał praw, jakie im przysługują. Jej zawartość możesz udostępnić nieodpłatnie osobom bliskim lub osobiście znanym. Ale nie publikuj jej w internecie. Jeśli cytujesz jej fragmenty, nie zmieniaj ich treści i koniecznie zaznacz, czyje to dzieło. A kopiując ją, rób to jedynie na użytek osobisty.

Szanujmy cudzą własność i prawo!
Polska Izba Książki